高等职业教育经管类专业平台课精品教材
"互联网+"新形态立体化教学资源特色教材

管理学基础

主　编　段圣贤　刘雨之
副主编　旷健玲　谭新明　何艳君
参　编　李炫林　邓颖颖　肖丽清

中国轻工业出版社

图书在版编目（CIP）数据

管理学基础 / 段圣贤，刘雨之主编. -- 北京：中国轻工业出版社，2025. 8. --（高等职业教育经管类专业平台课精品教材）. --ISBN 978-7-5184-5512-6

I . C93

中国国家版本馆CIP数据核字第20257G3U24号

责任编辑：刘　晶　　责任终审：劳国强　　设计制作：锋尚设计
策划编辑：张文佳　刘　晶　　责任校对：刘小透　晋　洁　　责任监印：张　可

出版发行：中国轻工业出版社（北京鲁谷东街5号，邮编：100040）
印　　刷：河北鑫兆源印刷有限公司
经　　销：各地新华书店
版　　次：2025年8月第1版第1次印刷
开　　本：787×1092　1/16　印张：16
字　　数：360千字
书　　号：ISBN 978-7-5184-5512-6　定价：49.80元
邮购电话：010-85119873
发行电话：010-85119832　010-85119912
网　　址：http://www.chlip.com.cn
Email：club@chlip.com.cn

242075J2X101ZBW

前言

习近平总书记在党的二十大报告中指出："高质量发展是全面建设社会主义现代化国家的首要任务。"高质量发展是当前我国经济社会发展的主题，是中国式现代化的本质要求。做好管理工作，提高管理水平，是国家经济社会高质量发展的重要推动力量。

在现代社会中，管理作为组织实现目标的一种手段，可以说无时不在、无处不在。国家的强盛、社会的进步、企业的壮大和个人的发展都离不开管理。随着社会经济的迅猛发展，各类经济组织形式不断涌现，组织面临的环境越来越复杂。管理这一稀缺生产要素对组织的生存和发展所起的作用日益凸显，管理已成为一种重要的生产力。因而，学习和掌握一些管理学的基本原理和方法，对于当代大学生，特别是经济管理类专业的大学生非常必要。

作为一门基础课，"管理学基础"课程的相关教材很多。但由于管理学涉及经济学、心理学、行为学、社会学、数学等众多领域的理论和专门技术，相当复杂。对于学时有限的高职高专教学来说，如何对其进行有效梳理和简化，并根据学习对象的特点进行组织编排，使得学习对象能在较短时间内掌握管理学的基本理论知识与技能，以便能在实际工作中灵活运用，仍然需要进一步探索。为此，我们近年来对高职经管类专业人才的培养模式进行了大量的探索，并不断将相关成果应用于"管理学基础"课程的教学实践之中。我们围绕"培养基层一线高技能人才"这一总体目标，本着"突出能力培养，强化实践教学"这一思路，在大量借鉴国内外相关文献的基础上，结合近年来相关课程教学的经验和体会，编写了这本教材。

本教材内容简洁生动、行文流畅、案例新颖与经典兼备、故事有趣且富含管理哲理、项目实训充满趣味性与挑战性。全书以管理的基本原理、理论与方法为基础，以管理职能为主线，包括走进管理、追寻管理思想、决策、计划、组织、领导与协调、沟通与激励、控制与评价、企业战略与创新管理9大模块。教材设置“学习目标”“导入案例”“管理故事”“管理实践”“同步测试”“项目实训”“案例研讨”等精彩栏目。通过体系、内容和体例的创新，力争使本教材体现出“引导、感悟、训练”一体化的特色。

全书由湖南现代物流职业技术学院段圣贤、刘雨之担任主编，旷健玲、谭新明和何艳君担任副主编，李炫林、邓颖颖和肖丽清参编。

本教材可作为高职高专经济、管理、财会、金融、市场营销、人力资源及相关专业的教材，也可作为高职高专非经济类专业的选学教材，还可作为社会从业人士的参考读物。在编写过程中编者参考了大量的相关文献，参阅并引用了一些专业网站的资料，在此表示感谢。由于编者水平有限，书中不妥之处在所难免，恳请专家和读者给予批评和指正。

编者

目录

模块1 走进管理

模块2 追寻管理思想

模块3 决策

模块8 控制与评价

模块1

走进管理

学习目标

知识目标

1. 掌握管理的概念，理解管理的职能与性质；
2. 了解管理系统与数字化管理，掌握管理的基本方法与基本原理；
3. 了解管理者的概念及分类，理解管理者的角色及基本素质要求；
4. 掌握管理者的基本技能要求。

能力目标

1. 能够应用管理的基本方法与基本原理解决一般问题；
2. 能够掌握管理者的基本技能。

素质目标

1. 培养与人合作的团队意识、人类命运共同体意识；
2. 引导正确认识自我，坚持中国特色社会主义的道路自信、理论自信、制度自信、文化自信。

导入案例

全面优化流程制度，提升总部管理效率

湖南华菱钢铁集团（以下简称“华菱”）坚持系统思维、流程思路的管理理念，以战略与投资、财务与融资、人力资源与绩效、审计与风控“四大核心”职能为重点，对总部管理和业务流程进行了全面梳理优化，并通过信息化手段，将流程标准化和固定化，构建了以信息化为载体的流程体系。在此基础上，华菱按照流程标准化、标准制度化、制度规范化的要求，把涉及总部核心职能管理要求、母子公司权责边界和面向客户的流程作为制度建设的重点，相继制（修）订了集团管控与公司治理指引、投资管理办法、项目后评估办法以及子公司“三会”议案管理办法、“三会”会议指导意见等制度，建立了以公司章程为核心的制度体系。近几年，华菱新制（修）订制度62项，删除、废止制度15项，总部目前在用的有效管理制度达200余项。

通过流程优化和制度建设，总部的管理效率有效提高，子公司和员工满意度大幅提升。据不完全统计，子公司“三会”议案签审时间节省3～5个工作日；月度绩效评价与工资发放由最长13个工作日，缩短到6个，准点率达到100%；员工招聘方案的审核均在1个工作日内完成，效率提高70%；常规费用报销控制在1个工作日内，大部分实现了当天到账。

那么，华菱提升总部管理效率取得成功的关键在哪里？管理的主要原理与方法有哪些？

1.1 管理与管理系统

一、管理的含义

管理的含义

“管理”这个词，在不同的国家有不同的含义。

在我国，“管”，古代指锁钥。如《左传·僖公三十二年》记云：“郑人使我掌其北门之管”，后来“管”引申为管辖、管制之意，体现着权力的归属。“理”，古时有整治土地、雕琢玉器和治疗疾病之意，以后引申为处理事务。再后来人们把这两个意思相近的字合在一起组成“管理”一词，意为“管辖和疏导或约束与引导”，接近于现代管理的含义。

在国外，“管理”一词的英文是“manage”，这是从意大利文“maneggiare”和法文“manage”演变而来的，原义是“训练和驾驭马匹”，后来这个词用于管理学。

管理学界对管理有不同的定义，有代表性的主要有以下几种，如表1-1所示。

表1-1 管理学界对管理的不同定义

定义角度	定义内容	代表人物
工作任务	管理就是要确知你要别人去干什么，并使他用最好、最经济的方法去干	科学管理之父泰勒
职能和过程	管理，就是实行计划、组织、指挥、协调和控制	法国管理学家法约尔
管理的有效性	管理是设计和维持一种良好的环境，使人在群体里高效率地完成既定目标	美国管理学家哈罗德·孔茨
管理所产生的资源效果	管理同土地、劳动和资本一样，都是一种生产因素或资源。一个公司的管理将在很大程度上决定其生产率和盈利能力	苏联管理学家波波夫
文化角度	管理不只是一门学问，还是一种“文化”，它有自己的价值观、信仰和语言	美国管理学家德鲁克
决策在管理中所占重要地位	管理过程就是决策的过程	诺贝尔经济学奖获得者西蒙

管理故事

袋鼠与笼子

有一天，动物园的工作人员发现袋鼠从笼子里跑出来了，于是开会讨论，一致认为是笼子的高度过低。因此，他们决定将笼子的高度由原来的十公尺[①]加高到二十公尺。结果第二天他们发现袋鼠还是跑到外面来，所以他们又决定再将高度加高到三十公尺。没想到隔天居然又看到袋鼠全跑到外面，于是管理员们大为紧张，决定一不做二不休，将笼子的高度加高到一百公尺。

一天长颈鹿和几只袋鼠闲聊：“你们看，这些人会不会再继续加高你们的笼子？”长颈鹿问。

“很难说。”袋鼠说：“如果他们再继续忘记关门的话！”

点评：事有“本末”“轻重”“缓急”之分，关门是本，加高笼子是末，舍本而逐末，当然就不得要领了。那么管理是什么呢？

综合各家之说，管理既强调了过程及过程中的职能，又强调了效率。

因此，管理的定义可以概括为：管理是在特定的环境条件下，一定的人或组织依据一定的权力，对组织所拥有的人力、物力、财力和其他资源进行有效决策、计划、组织、领导和控制，以期高效达到组织目标的过程。

① 1公尺=100厘米。

二、管理的职能

管理的职能

1. 决策职能

决策是管理活动的核心，它贯穿于管理的整个过程。整个管理活动都是围绕着决策的制定和组织而展开的。

2. 计划职能

计划职能是管理诸职能中的首要职能，也是其中最基本的一个职能。组织职能、领导职能和控制职能是围绕着计划职能而展开的，以保证达到计划规定的目标。

3. 组织职能

组织职能是管理的基本职能之一。组织工作是为了有效地实现计划预期目标而在组织中进行部门划分、权力分配和工作协调的过程。在计划工作确定了组织的具体目标与实现途径之后，还需要设计和维持一种组织结构，以便其成员能够有效开展工作。首先，要将组织中的各项工作进行分类组合，划分出若干部门；其次，要根据管理幅度原理，划分出相应的管理层次，进行合理的授权，协调组织中的各种关系。同时，组织还必须根据内外部环境的变化，不断地对组织结构做出调整和变革，以确保组织目标的实现。

4. 领导职能

领导职能是指领导的活动及其功能，包括选人用人、指挥协调、沟通激励等。只有通过卓有成效的领导，组织的目标才有可能实现。领导者需要进行有效的沟通和激励，还要富有想象力，能够预见未来。斯蒂芬·罗宾斯指出，“每个组织都包含人，于是指导和协调这些人就成为管理工作，这就是管理的领导功能。当管理者激励、指导下属工作、选择有效的沟通渠道或解决成员之间的冲突时，他们就卷入了领导工作”。

5. 控制职能

控制是指管理人员为了保证组织目标的实现，对下属的实际工作进行衡量和评价，并采取措施纠正各项偏差的过程。只有发挥管理的控制职能，才能提高管理活动过程的有效性。

决策是计划的前提，计划是决策的逻辑延续。决策和计划的顺利实施需要通过组织、领导和控制来保证。

三、管理的性质

1. 管理的自然属性和社会属性

管理的自然属性是指管理同生产力、社会化大生产相联系的属性。

管理的社会属性是指管理同生产关系、社会制度相联系的属性。

以上两种属性统称为管理的二重性。管理的二重性体现了生产力和生产关系的矛盾运动和辩证统一关系。一方面，先进的管理理论、方法与技术是人类智慧的结晶，不分国界，具有客观性和连续性，能为我所用。另一方面，由于管理是社会生产关系的实现方式之一，体现着一定的统治阶级的意志，这就要求我们在学习和应用管理理论时，要因地、因时制宜，有所取舍。

2. 管理的科学性和艺术性

（1）管理的科学性。管理工作是一门科学，需要依据实际情况而行事，要以反映客观规律的管理理论和方法为指导，有一套分析问题、解决问题的科学的方法论，包括从经验、技能中提炼发展而来的管理技术。

（2）管理的艺术性。管理工作是一门艺术，要灵活运用，因人、因事、因时、因地而异。管理的艺术性主要体现为管理的实践性、灵活性与创造性。

管理的科学性和艺术性并不相互排斥而是相互补充。只强调管理的科学性而忽视管理的艺术性，管理科学将会是僵硬的教条；只强调管理工作的艺术性而忽视管理的科学性，将使管理变得随意而无法有效控制。管理的科学性来自管理的实践，管理的艺术性要结合具体情况并在管理实践中体现出来，二者是统一的。

四、管理的原理

原理是指某种客观事物的实质及运动的基本规律。管理原理是对管理工作的实质内容进行科学分析总结而形成的相对真理，它是现实管理现象的抽象，是对各项管理制度和管理方法的高度综合与概括，因而对一切管理活动具有普遍的指导意义。它主要包括系统原理、人本原理、责任原理、效益原理和伦理原理等。

1. 系统原理

系统原理是现代管理科学的基本原理之一。它是指人们运用系统的观点、理论和方法对管理活动进行系统分析，以达到管理的优化目标。

管理的系统原理源于系统理论，它认为应将组织作为人造开放性系统来进行管理。它要求管理应从组织整体的系统性出发，按照系统特征的要求从整体上把握系统运行的规律，对管理各方面的前提做系统的分析，进行系统的优化，并按照组织活动的效果和社会环境的变化，及时调整和控制组织系统的运行，最终实现组织目标，这就是管理系统原理的基本含义。在实际工作中运用系统原理研究、管理问题，应依据以下原则。

（1）动态相关性原则。任何企业管理系统的正常运转，不仅要受到系统本身条件的限制和制约，还要受到其他有关系统的影响和制约，并随着时间、地点以及人们的不同努力程度而发生变化。

（2）整分合原则。该原则的基本要求是充分发挥各要素的潜力，提高企业的整体功能。首先，要从整体功能和整体目标出发，对管理对象有一个全面的了解和谋划；其次，要在整体规划下实行明确的、必要的任务分工；最后，在分工的基础上，建立内部横向联系或协作，使系统协调配合、综合平衡地运行。

（3）反馈原则。成功的、高效的管理，离不开灵敏、准确、迅速的反馈。

（4）封闭原则。在任何一个管理系统内部，管理手段、管理过程等必须构成一个连续封闭的回路，才能形成有效的管理活动。企业系统内各种管理机构之间，各种管理制度、方法之间，必须存在相互制约的关系，这样管理才能有效。

2. 人本原理

人本原理就是以人为中心的管理思想。人本原理主要包括下述主要观点：员工是企业的主体；员工参与是有效管理的关键；使人性得到最完美的发展是现代管理的核心；服务于人是管理的根本目的。

人本原理特别强调人在管理中的主体地位，它不是把人看成脱离其他管理对象的要素而孤立存在的人，而是强调在作为管理对象的整体系统中，人是其他构成要素的主宰，财、物、时间、信息等只有在为人所掌握、为人所利用时，才有管理的价值。具体地说，管理的核心和动力都来自人的作用，没有人在组织中起作用，组织将不成为组织，各种资本物质也会因没有人去组织和使用而成为一堆无用之物。因此，组织的各项管理活动，都应以调动和激发人的积极性、主动性和创造性为根本。

3. 责任原理

管理是追求效率和效益的过程。在这个过程中，要挖掘人的潜能，就必须在合理分工的基础上明确规定这些部门和个人必须完成的工作任务和必须承担的与此相应的责任。责任原理的本质是保证及提高组织的效益和效率。

责任原理的基本要求有如下几条：①明确每个人的职责，责权一致。②职位设计和权限委授要合理。③奖惩要分明、公正而及时。

管理故事

留一个缺口

在一次企业家报告中，当被问及成功的秘诀时，一位知名企业家在黑板上画了一个未完成的句号，留下了一个缺口。他反问道："这代表什么？""是零，还是句号，或是未完成的事业，抑或成功？"台下的听众纷纷猜测。企业家微笑着说："其实，这只是一个未完成的句号。我之所以能取得如今的成就，正是因为我懂得在关键时刻放手，让我的团队去填补那些空白。"

点评：过度亲力亲为，往往会限制员工的成长空间，甚至抑制他们的创造力。长此以往，员工可能会形成依赖心理，缺乏主动性和责任感。而赋予员工适当的自主权和责任，不仅能激发他们的潜能，还能增强他们的归属感和成就感。让员工参与决策过程，是对他们能力的认可，也是满足其自我价值实现的重要途径。

4. 效益原理

效益原理是指组织的各项管理活动都要以实现有效性、追求高效益作为目标的一项管理原理。它表明现代社会中任何一种有目的的活动，都存在着效益问题，它是组织活动的一个综合体现。影响企业效益的因素是多方面的，如：科学技术水平、管理水平、资源消耗和占用的合理性等。从管理的这一具体因素来看，管理的目标就是追求高效益。有效地发挥管理功能，能够使企业的资源得到充分利用，带来企业的高效益。管理者在实际工作中运用效益原理，应处理好三个方面的关系：①正确处理社会效益与经济效益的关系：社会效益是前提，经济效益是根本。②正确处理全局效益与局部效益的关系：既要从全局效益出发，又要从局部效益着眼，以获得最佳的整体效益。③正确处理长远目标与当前任务的关系：要善于把长远目标与当前任务相结合，增强工作的预见性、计划性，减少盲目性、随意性，达到事半功倍的效果。

5. 伦理原理

伦理是指人与人相处的各种道德规范与准则。一个组织并不是孤立存在的，总是以这样或那样的方式同组织内外的个人和其他组织发生联系，从而使其行为不可避免地牵涉伦理问题。在当今世界，一个组织要想维持足够长的生命力，不仅需要遵守法律，还需要遵守伦理规范或讲究伦理。这要求管理者在管理活动中要正视由组织的行为所引起的伦理问题。正视伦理问题，有助于经济组织取得较高的经济效益与社会效益。

知识拓展

人类命运共同体

2015年9月28日，习近平在第七十届联合国大会一般性辩论上发表重要讲话，强调构建以合作共赢为核心的新型国际关系，打造人类命运共同体。他提出五点主张：建立平等相待、互商互谅的伙伴关系，营造公道正义、共建共享的安全格局，谋求开放创新、包容互惠的发展前景，促进和而不同、兼收并蓄的文明交流，构筑尊崇自然、绿色发展的生态体系。这被看作中国为世界各国迈向人类命运共同体提出的“路线图”。

五、管理的方法与应用

管理的方法

1. 行政管理方法

行政管理方法是依靠行政组织的权威，运用指示、规定、条例和命令等行政手段，按行政系统由上级到下级逐层进行管理活动的方法。

2. 法律管理方法

法律管理方法是运用法律规范和类似法律规范的各种行为规则进行管理的方法。

3. 经济管理方法

经济管理方法是按照客观规律的要求，运用经济杠杆和经济手段来进行管理的方法。

4. 咨询管理方法

咨询管理方法是为了解决某种社会问题、经济问题或某项科学技术问题（包括卫生和健康），运用专家们的知识、智力、经验、阅历，为决策部门提供有科学根据的计划、方案、意见的一种管理方法。

5. 思想工作方法

思想工作的主要方法有思想教育、启发自觉；树立榜样、典型示范；运用社会舆论，形成健康的社会风气；研究合理需要，把工作做在前头。

思想工作的主要方式有演讲报告、座谈讨论、个别谈心、各种文化活动、参观访问、评比竞赛。

六、管理系统

管理系统是指由相互联系、相互作用的若干要素和子系统，按照管理的整体功能和目标需要结合而成的有机整体。管理系统一般由以下要素构成。

（1）管理目标。管理目标是管理系统建立与运行的出发点和归宿，管理系统必须围绕目标建立与运行，最终有效实现目标。

（2）管理主体。管理主体即管理者，是管理系统中最核心、最关键的要素。配置资源。组织活动、推动整个系统运行和促进目标实现，所有这些管理行为都要靠管理者去实施。

（3）管理客体。管理客体即管理对象，作为管理行为的受作用一方，对管理成效以及组织目标的实现，具有重要的影响作用。管理对象既包括不同类型的组织，又包括各组织中的构成要素及职能活动。

（4）管理机制与方法。管理机制与方法是管理主体作用于管理客体的一些运作原理与实施方法、手段。管理机制在管理系统中具有极为关键的作用，它是决定管理功效最关键、最核心的因素。而管理方法则是管理机制的实现形式，是管理的直接实施手段。

（5）管理环境。管理环境是指在实施管理过程中，存在于社会组织内部与外部的影响管理实施和管理效果的各种力量、条件和因素的总和。管理行为依据一定的环境而存在，并受到管理环境的重要影响。

七、数字化管理

数字化管理是指在新技术革命、新经济、新时代大背景下，利用计算机、通信、网络、大数据、云计算等信息技术与载体，通过统计技术量化管理对象与管理行为，实现研发、计划、组织、采购、生产、协调、销售、服务、创新等职能的管理活动和方法。数字化管理是以管理理念、管理系统、管理职能创新与重构为重点的一场管理革命。

1.2 管理者

管理故事

分工

一位年轻的炮兵军官，在视察下属部队操练时，发现了一个有趣的现象：在每次操练中，总有一个士兵始终站在大炮的炮筒下方，纹丝不动。经过一番询问，他得知，这是操练条例中明确规定的。原来，这个条例是沿袭了马拉大炮时代的规则，那时，站在炮筒下的士兵主要负责拉住马的缰绳，以防止大炮发射后的后坐力导致距离偏差，从而缩短再次瞄准的时间。然而，现在大炮已经不再需要这样的角色了。但由于条例未能及时更新，因此出现了“不拉马的士兵”这一现象。这位军官的敏锐观察与及时反馈，最终赢得了国防部的表彰。

点评：科学分工是管理的首要任务。明确的岗位职责可以避免推诿责任等不良现象的出现。公司的每个员工好比机器上的零件，只有他们各司其职、爱岗敬业，公司的整体运作才能顺畅高效。随着公司的发展，管理者应及时根据实际情况对人员数量和分工进行调整。否则，队伍中就可能出现“不拉马的士兵”，这不仅会造成公司资源的浪费，还会导致其他员工的心态失衡，进而影响整个公司的工作效率。

一、管理者的概念及分类

管理者的层次

管理者是指在正式组织内拥有正式职位，运用组织授予的制度权力做出决策，负责指挥别人的活动并承担对组织实现预期目的做出贡献的责任的各类主管人员。如企业的经理，学校里的校长等。他们虽然有时也做一些具体的工作，但其主要职责是指挥下属工作。

根据在组织中所处的地位不同，可以将管理者划分为高层、中层及基层管理者。

高层管理者：承担决策性工作，如企业里的总裁、总经理。负责决定组织的方针政策，与外界的交往联系，把主要精力放在组织全局性或战略性问题的考虑上。

中层管理者：承担执行性工作，如企业里的部门经理、项目经理，学校里的系主任等。他们的主要职责是贯彻高层管理者所制定的方针、政策，组织基层管理者开展工作。他们的主要管理对象是基层管理者。

基层管理者：承担作业性工作，如企业里的班组长、工长、领班等。他们是组织中最下层的管理者，主要负责具体任务的完成，直接指挥和监督现场作业人员。

二、管理者的角色

根据亨利·明茨伯格的一项广为引用的研究，管理者扮演着十种角色，这十种角色可归入三类，如表1-2所示。

表1-2 明茨伯格的管理理论

项目	角色	描述	特征活动
人际关系 包括了人与人以及其他具有礼仪性和象征性的职责，这归因于管理者的正式权力	1. 挂名首脑	象征性首脑；必须履行许多法律性或社会性的例行义务	迎接来访者，签署法律文件
	2. 领导者	负责激励下属；负责人员配备、培训等相关职责	和员工一起工作并通过员工的努力来确保组织目标的实现
	3. 联络者	与外部利益相关者建立良好关系，从中得到帮助和信息	发感谢信；从事外部委员会的工作；从事其他有外部人员参与的活动

续表

项目	角色	描述	特征活动
信息传递　包括信息的接受、收集和整理	4. 监听者	寻求和获取各种内部和外部信息，以便透彻地理解组织与环境	阅读期刊报告；与有关人员保持私人接触
	5. 传播者	将从外部人员和下级那里获取的信息传递给组织的其他成员	举行信息交流会；以电话方式传达信息
	6. 发言人	向外界发布组织的计划、政策、行动、结果等	召开董事会；向媒体发布信息
决策制定　管理者负责做出决策，并分配资源以保证决策方案的实施	7. 企业家	寻求组织和环境中的机会，制定改进方案以发起变革	组织战略制定和检查会议，以开发新项目
	8. 冲突管理者	当组织面临重大的、意外的混乱时，负责采取纠正行动	组织应对混乱和危机的战略制定和检查会议
	9. 资源分配者	负责分配组织的各种资源；制定和批准所有有关的组织决策	调度、授权、开发预算活动，安排下级的工作
	10. 谈判者	在主要的谈判中作为组织的代表	与员工、供应商和其他组织的谈判活动

三、管理者的素质

1. 品德

忠诚于国家和人民、公正廉洁、强烈的责任感、良好的精神素质（创新精神、合作精神、奉献精神等）。

2. 知识

知识是提高管理水平和管理艺术的基础。包括政治、法律、经济学、管理学、心理学、社会学等方面的知识。

四、管理者的技能

管理者的技能

1. 概念技能

概念技能指管理者的综合分析能力、创新能力以及处理突发事件的能力。概念技能对高层管理者最重要，对中层管理者较重要，对基层管理者较不重要。

2. 技术技能

技术技能是管理者掌握和熟悉特定专业领域中的过程、惯例、技术和工具的能力。技术技能对于基层管理者最重要，对于中层管理者较重要，对于高层管理者较不重要。

3. 人际技能

成功地与别人打交道并与别人沟通的能力。人际技能对于所有层次的管理者都同等重要。

以上三种技能对于各种层次管理者的重要性可以用图1-1来表示。

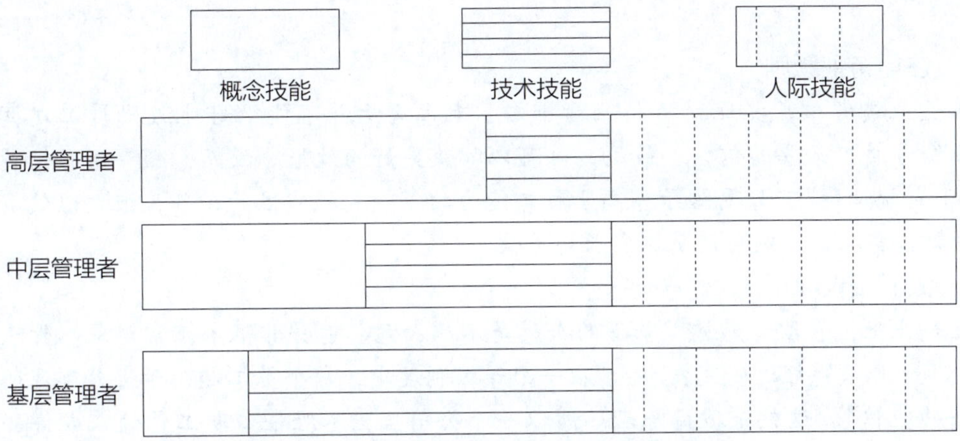

图1-1 各种层次管理者所需要的管理技能比例

管理实践

做一名“激励型”管理者

现代企业人力资源管理的目标不仅仅是要千方百计地“买到员工全身心的投入”，更要培养、塑造员工的事业心，让公司成为老板与员工共同创业、一起成长、携手并进的事业平台。

基于此，企业的人力资源管理就不能仅仅着重于“高业绩、高奖励、高回报”的结果式管理，更要从日常的行为、过程的管理中，切实关注员工的成长与提升；而与员工一起“战斗”的各级领导、直线经理们，为激发员工的工作热情，培育员工的工作技能，应学会做一名导师型、激励型的管理者，而不是任务型、专制型的主管。

1. 让员工充分参与

在实际工作中，如果仅仅把员工当作执行命令的士兵，指望他们能够“不用别人告诉，就能出色地完成工作”，简直就是一种不可实现的奢望。研究表明：只有让员工充分参与到工作中，让他们理解工作的意义，明确工作的目的，清晰工作的方向，掌握工作的方法，才有可能高效地完成自己的工作。

行为科学研究表明：由需求促发的行为不但是强大而持久的，而且会使人的潜力和能力不断发挥出来。通过满足、引导或激发员工的内在需要，使单调繁重的工作成为满足需要的一种手段或途径，从而使工作不再是一种负担，也不再是外界强加的任务。

因此，请不要仅命令、安排员工去执行任务，要给员工讲明工作的目的，倾听员工对于如何有效开展工作的建议，给予员工参与对自我、对工作的管理！

2. 注重特别激励

单凭业绩考核，奖优罚劣与业绩排名、末位淘汰并不能很好地激励员工发挥潜力，而给予员工必要的信任、鼓励，却可以收获更好的效果。故而，领导不必怕员工“给点阳光就灿烂”，只要给予稍高于员工能力的、颇具挑战性的工作，配之以鼓励、信任的期许，相信一定会使员工成长得更快。

3. 大胆授权

在企业里，管理者感觉“手下的人总是不尽人意”也并非很不正常现象。管理学家劳伦斯·J. 彼得经过研究发现：“在一个等级制度中，每个员工趋向于上升到他所不能胜任的地位”，这就是彼得原理。所以一个公司里，不胜任本职工作的人或许并不在少数，并且越是高层，越是关键岗位，任职者越会倾向于不胜任，不是因为他不优秀，而是因为岗位的责任太大，肩上的担子太重。那么倘若遇上一批不胜任的部属该怎么办呢？不妨学习一下老鹰的“育子之道”：在自然界，老鹰会把自己的孩子逼向悬崖，以迫使胆怯的雏鹰学会飞行。由于担心部属不成熟而不敢放手的高管们，也不妨反省一下，或许正是自己的这种“不放心、不放手”，才让公司养了一群永远也张不开翅膀的雏鹰。

4. 甘当幕后支持

有一位业务员非常能干，推销能力很强，曾经在公司连续四年被评为“金牌销售员”。后来，他当了区域销售经理，走上了管理岗位。很快，他与部属之间的冲突也随之而起。为了蝉联“金牌销售员”的荣誉称号，他不是积极地向部属提供帮助，反而抢他们的订单。结果，他的员工纷纷离开了他，另寻出路去了。

管理者的最高境界是“无为”。作为一个出色的管理者，对于部属既不能不放手锻炼他们，也不能听之任之，由员工“自生自灭”，在很多时候需要扮演“幕后支持者”和“台后策划者”的角色。

松下幸之助说：“管理者以身作则可以说非常重要，但光是这样还不够，如何把工作交给部下是相当重要的一件事。不久之后，部下必会善尽自己的职责，可代替上司的工作，能力甚至会超过上司。凡是拥有众多这类人的公司或集团，必定会有长足的进步。”每一位卓有成效的领导者，都应该充分理解人的需求的多层次性、需求的复杂性，切实做到：关注员工的心理感受；注重关怀与鼓励；给予员工施展自己能力的空间；提供幕后支持，成为帮助、引领员工成长、成功的激励型领导。

问题：你认为如何才能成为一名成功的激励型领导？

同步测试

一、名词解释

管理　管理者　技术技能　人际技能　概念技能

二、填空题

1. 管理职能包括________、________、________、________、________。

2. 管理的自然属性是指管理同________、________相联系的属性。

3. 管理的社会属性是指管理同________、________相联系的属性。

4. 管理的方法主要包括________方法、________方法、________方法、________方法和________方法。

5. 管理的原理主要包括________、________、________、________和________等。

三、判断题（正确的用T，错误的用F）

1. 决策不是管理活动的核心，但它贯穿于整个管理活动。(　)

2. 组织职能、领导职能和控制职能是围绕着计划职能而展开的，以保证达到计划规定的目标。(　)

3. 领导职能的作用主要是通过领导者的领导行为和领导方式，激励组织中的成员去完成组织目标。(　)

4. 计划是决策的前提，决策是计划的逻辑延续。(　)

5. 组织、领导和控制旨在保证决策和计划的顺利实施。(　)

6. 管理的二重性体现了生产力和生产关系的矛盾运动和辩证统一关系。(　)

7. 管理的科学性和艺术性相互排斥。(　)

8. 中层管理者主要承担决策性工作。(　)

9. 管理学是一门综合性的学科。(　)

10. 从管理的这一具体因素来看，管理的目标就是追求高效益。(　)

四、单选题

1. 以下不属于管理职能的是(　)。

A. 组织　　B. 控制　　C. 有效获取资源　　D. 计划

2. 下面属于基层一线管理人员的职位是(　)。

A. 总裁　　B. 厂长　　C. 部门主管　　D. 董事长

3. 某位管理人员把大部分时间都花费在直接监督下属人员工作上，他一定不会是(　)。

A. 组长　　B. 董事长　　C. 领班　　D. 车间主任

4. 管理者在作为组织的官方代表对外联络时，他扮演的角色是以下哪一方面？(　)
A. 信息情报方面　B. 决策方面　C. 人际关系方面　D. 组织方面
5. 古人云："凡事预则立，不预则废。"这是说哪一项管理职能的重要性？(　)
A. 领导职能　B. 计划职能　C. 控制职能　D. 组织职能
6. 中层管理人员的主要工作是(　)。
A. 战略管理　B. 现场作业　C. 组织协调　D. 开拓创新
7. 在特定工作领域内运用技术、工具、方法等的能力称为(　)。
A. 人际关系技能　B. 技术技能　C. 形成概念的技能　D. 上述均不是
8. 洞察事物，抽象形成概念的能力对下列哪类管理人员最为重要？(　)
A. 高层管理人员　B. 中层管理人员　C. 基层管理人员　D. A和B
9. 管理的二重属性是指(　)。
A. 科学性与艺术性　B. 自然属性与社会属性
C. 主观性与客观性　D. 科学性和社会性
10. 企业在销售产品时，需要预估货款回收的可能性。为此，信用审核部门力图以一种低成本的方式处理有关客户资信的材料，但因为过程速度太慢，使许多客户另求他处购货。该项信用审核工作可以说是(　)。
A. 重效率、轻效果　B. 轻效率、重效果
C. 重效果、轻效率　D. 效率和效果都不重视
11. 对于管理人员来说，需要具备多种技能，如概念技能、人际技能、技术技能等，越是处于高层的管理人员，对于以上三种技能按其重要程度的排列顺序为(　)。
A. 概念技能、技术技能、人际技能　B. 技术技能、概念技能、人际技能
C. 概念技能、人际技能、技术技能　D. 人际技能、概念技能、技术技能
12. 第二次世界大战以后，跨国公司获得了很快的发展，但在后来却一度因为一些发展中国家的国有化政策受到很大影响，这属于(　)。
A. 政治环境　B. 社会文化环境　C. 经济环境　D. 自然环境
13. 一个管理者所处的层次越高，面临的问题越复杂，越无先例可循，就越需要具备(　)。
A. 技术技能　B. 学习技能　C. 概念技能　D. 人际技能
14. "管理过程就是决策的过程。"是下列哪位管理学家提出的(　)。
A. 法约尔　B. 泰勒　C. 西蒙　D. 波波夫
15. 管理的核心是处理(　)。
A. 人与物的关系　B. 物与物的关系　C. 各种人际关系　D. 隶属关系

五、多选题

1. 管理的艺术性主要体现为管理的(　　)。
A. 实践性　B. 灵活性　C. 客观性　D. 主观性

2. 在管理中，思想工作的主要方式有（　　）。

A. 演讲报告　　B. 评比竞赛　　C. 参观访问　　D. 各种文化活动

3. 管理者的技能主要有（　　）。

A. 人际技能　　B. 技术技能　　C. 学习技能　　D. 生活技能

六、简答题

1. 什么是管理？你是如何理解管理的职能与性质的？
2. 举例说明管理的基本方法。
3. 请你以班级管理为例说明管理者的角色。
4. 管理者应该具备哪些基本素质与基本技能要求？

项目实训

项目实训1

1. 测验说明

请进行管理能力自我测验。以下15道题，表示“肯定”的计1分，表示“否定”的计0分。做完后将总分与结果对照。

2. 测验题目

（1）习惯于行动之前制订计划。

（2）经常因为效率上的考虑而更改计划。

（3）能经常收集他人的各种反映。

（4）实现目标是解决问题的继续。

（5）临睡前思考筹划明天要做的事情。

（6）事务上的联系、指令常常是一丝不苟。

（7）有经常记录自己行动的习惯。

（8）能严格制约自己的行动。

（9）无论何时何地，都能有目的地行动。

（10）能经常思考对策，扫除实现目标中的障碍。

（11）能每天检查自己当天的行动效率。

（12）经常严格查对预定目标和实际成绩。

（13）对工作的成果非常敏感。

（14）今天预先安排的工作决不拖延到明天。

（15）习惯于在掌握有关信息基础上制订目标和计划。

3. 测验结果分析

0~5分：管理能力很差。但你具有较高的艺术创造力，适合从事与艺术有关的具体工作。

6～9分：管理能力较差。这可能与你言行自由、不服约束有关。

10～12分：管理能力一般，对你的专业方面的事务性管理尚可。管理方法经常受到情绪的干扰。

13～14分：管理能力较强。能稳重、扎实地做好工作，很少出现意外或有损组织发展的失误。

15分：管理能力很强。擅长有计划地工作和学习，尤其适合管理大型组织。

项目实训2

假如你是校学生会、校团委干部或班团干部，请为自己选择合适的管理原理与方法，谈谈怎样扮演好管理者与服务者的角色。要求每位学生提交一份发言稿，选取部分学生上台发言。

案例研讨

京东模式及管理之道

2014年5月22日，作为中国最大的自营电子商务企业，京东正式在美国纳斯达克证券交易所挂牌上市，定价为19美元。京东成为中国第一家在美国成功上市的综合电子商务公司；是目前中国互联网企业赴美IPO规模最大的公司；京东是中国近20年来发展速度较快的大型综合电子商务公司之一。

京东自2004年成立至今，交易额增长了数万倍。京东集团2023全年营业收入达到10847亿元人民币，归属于公司普通股股东的净利润为人民币242亿元，创造了中国电子商务的奇迹，京东模式也因此获得了资本市场的高度认可。

京东的管理理念：通过低成本、高效率实现更佳的用户体验

京东持续高速发展的背后，印证了京东管理理念的成功。京东集团经过多年的摸索和实践，提出了"倒三角"管理模型，这也是京东管理理念的核心。

在这个模型里，团队处在最底层，是京东高速成长的基石。处在第二层的是京东持续打造的供应链体系，由IT、财务和物流三大系统组成，管理着京东的信息流、现金流和产品流。尤其值得一提的是，京东自2007年开始自建物流，构建起覆盖全国的物流体系，并推出极速达、211限时达等创新服务。同时，京东秉承"技术驱动"的发展理念，构建起可以处理海量订单的IT系统，并不断通过技术引领创新。

模型的第三层是京东全体人员的考核指标，即成本和效率。京东始终追求低成本、高效率，无论是电商业务，还是互联网金融业务都是如此。以电商业务为例，京东正是实现了相比线下实体店更低的运营成本和更高的运营效率，才实现了业务的持续高速增长。

京东模式：互联网思维下的供应链深度整合

京东是一家供应链服务公司，致力于在整个供应链中创造新的价值。借助低成本、高效率的互联网，构建完善、快速的供应链体系，为供应商和用户创造价值。

京东的供应链模式依托电子商务业态，实现了互联网与零售的创新性结合，是继集贸市场、大商场、连锁店之后的全新模式，通过省去商品流通环节的大量中间成本，使商品从供应商工厂到达消费者手中的过程极大地简化，大幅提升了产业链的效率。

京东模式，更是价值链整合的模式，可以从根本上保障用户体验。京东通过自营采销，实现大多数商品从供应商直接进货，从而在源头上实现了对品质的把控。对于开放平台，京东也从一开始就坚持品质的把控，通过精选卖家和商品实现更好的用户体验。同时，通过自建物流，并不断将物流服务开放给第三方卖家，京东能够实现更好的配送服务。从而全流程保障更好的用户体验。京东模式的成功，体现了电子商务的巨大力量。

自营零售和自营物流是京东的核心竞争力。京东的核心业务是自营零售业务，即京东从供应商采购商品，再以具有竞争力的价格销售给客户。同时，京东自建物流体系进行商品的仓储和配送，快速安全地配送到消费者手中。

问题：

1. 为什么京东在激烈的电子商务行业市场竞争中能够脱颖而出？
2. 京东应如何应对阿里巴巴、拼多多等强大竞争对手的竞争？

模块2

追寻管理思想

学习目标

知识目标

1. 了解中国和西方古代管理思想；
2. 掌握西方管理理论的基本内容。

能力目标

1. 能够应用中国古代管理思想与方法解决学习与生活中的问题；
2. 能够应用西方管理理论中的基本方法解决学习、工作中的问题。

素质目标

1. 培养科学管理意识；
2. 提升对中华传统管理文化的自信心。

导入案例

尚和合，求大同：中国管理，走向世界

海信海内外资本并购、跨文化整合的成功实践，证明了中国管理模式、中国文化在全世界范围内的有效性和先进性，奠定了海信成为世界一流企业的管理基础。

“过去一段时间，我们在与学界、业界沟通当中，多次强调，海信在国外并购过程当中，特别是成功并购日本的东芝电视、日本的三电株式会社、欧洲的gorenje的过程中，我们深切感受到根植于中国的传统文化，具有鲜明的东方文明特点的中国管理，相比于西方管理而言我们更具有竞争力、战斗力、包容性。”海信集团董事长贾少谦如是说。

在海信成功的背后，是中国传统文化当中“尚和合、求大同”的理念，这种理念形成了强大的感召力、感染力和影响力，使得海信在收购国外企业后，不仅用非常短的时间就实现被收购企业的扭亏为盈，更将企业品牌很好地保留了下来，实现了老树开新花。同时，从中华文化的厚道与包容出发，基于全球化当中“Local for Local”的本土化理念，海信达成了同在地政府、社区、工会、员工的深度理解与融合，充分给予当地管理信任，使品牌迅速融入当地社会。

（资料改编来源：中国发展改革. 海信集团董事长贾少谦：以数智创新赋能中国管理，建设世界一流企业 [EB/OL].（2025-01-13）[2025-05-24]. https://baijiahao.baidu.com/s?id=1821121538041820934&wfr=spider&for=pc.）

那么，人类的管理思想是如何发展的呢？有哪些好的管理理论值得学习呢？

2.1 古代管理思想

古代人类在管理实践中不断探索，逐渐萌发了管理思想。不论是东方还是西方的管理思想，都已有几千年的历史。不过，那时候的管理思想只是零散体现在哲学家、政治家、思想家的观点言论中，可是也对当时的国家管理、社会发展以及经济发展起到重要的推动作用，我们把这一时期的管理思想称为管理思想萌芽时期。

一、中国古代管理思想

中国作为世界文明古国之一，不仅有丰富的社会发展实践，而且有灿烂的思想文化。中国古代的管理实践和管理思想是中华文明的重要组成部分，在人类管理思想发展中占有重要地位。

我国古代的管理思想及理论框架基本形成于先秦至汉代这一时期。

从宏观的角度看，我国古代管理思想大致可分为三个部分，如表2-1所示。

表2-1 古代管理思想——治国、治生和治身

类型	内容描述
治国	主要是处理整个社会、国家管理关系的活动，即“治国之道”。它是治理整个国家、社会的基本思路和指导思想，是对行政、军事、人事、生产、市场、田制、货币、财赋、漕运等方面管理的学问
治生	是在生产发展和经济运行的基础上通过官、民的实践逐步积累起来的，它包括农副业、手工业、运输、建筑工程、市场经营等方面的管理学问
治身	主要是研究谋略、用人、选才、激励、修身、公关、博弈、奖惩等方面的学问

下面我们以管理的几个基本职能为出发点，归纳几种具有代表意义的管理思想。

1. 全面统筹的系统管理思想

系统管理思想集中表现在整体观上，例如，我国最早的医学典籍《黄帝内经》，就把人作为一个开放的整体系统来研究。在系统管理方面具有代表性的实例有《孙子兵法》、万里长城的修建和都江堰工程。

万里长城是体现我国古代系统管理思想的一大杰作。在工程上，明代长城是由镇城、路城、卫城、关城、堡城、城墙、敌台、烟墩等不同等级、不同形式、不同用途的建筑组合形成的一个完整的防御工程体系。在管理上，沿线设九个镇，每镇设总兵，上受兵部指挥，每镇之下又分别设路、关及城堡、墩台，这种“金字塔”式的多级管理系统，命令从上而下，层层传达；如遇敌情，信息从烽火台自下而上，层层反馈，直到朝廷。万里长城在整个构思、建造、使用和管理过程中，体现了系统工程和系统管理思想。

管理故事

一箭三雕

宋真宗祥符年间，因皇城失火，宏伟的昭君宫殿被烧毁，大臣丁渭受命全权负责宫殿的修复。这是一项浩大的工程，需要解决很多问题，特别是运输问题。丁渭提出了一个巧妙的“一箭三雕”方案：先在宫殿前的街道挖沟，取出的泥土烧砖烧瓦；再把京城附近的汴水引入沟渠中，形成一条运河，用船把各地的木材石料等建筑材料运至宫前；最后沟渠撤水，把清墟的碎砖烂瓦和建筑垃圾就地回填，修复了原来的街道。

点评：这个蕴含着运筹学思想的方案合理、高效地同时解决了三个问题，是中国古代管理实践的典型范例。

2. 谋而后动的决策管理思想

在管理工作中，决策是一个管理者必须首先考虑的问题。那么，管理者应该如何决策才能确保决策不失误，我国的古代先贤给我们留下了许多精辟的见解，“凡事预则立，不预则废”“人无远虑，必有近忧”“先谋后事者昌，先事后谋者亡”这些话语告诉我们无论做什么事情都要先谋而后动，只有谋划得充分、合理、科学，才能在执行时游刃有余，才能做到“不动声色，而措天下于泰山之安”，做事情才能成功而不失败。所谓“日之能烛远，势高也；使日在水中，则不能烛十步矣”，意思是作为领导者，应该具备高瞻远瞩的特质，绝对不能一叶障目，不见森林，或者鼠目寸光，只看眼前利益。宋代文学家苏轼在《策别十八》中说：“为国有三计：有万世之计，有一时之计，有不终月之计。”这是说做事应该有战略决策和战术决策、长远规划与短期计划之别，根据形势情况的变化按照既定目标或相时而动，有助于管理成功。可见，预测和决策关系全局成败，中国人向来强调谋划和规划，强调战略和战术的综合运用，主张谋而后动。所以孙子说：“知彼知己者，百战不殆”“知天知地，胜乃不穷”。

3. 职责分明的组织管理思想

我国远在公元前11世纪周朝时，就有一套官僚组织制度。《周礼》一书记载，周朝官员的设置按天、地、春、夏、秋、冬分为六官，六官又分为360职，并规定了设置官员的级别和员额，职责分明。

在《韩非子·扬权》一书中，韩非子的“事在四方，要在中央。圣人执要，四方来效”。区分了决策层和执行层两个组织层次：中央政府决策，地方政府执行。

在《管子·明法》中，管仲的“威不两错，政不二门”，强调统一指挥原则，不能政出二门，必须维护中央政府的权威。

4. 知人善任的人才管理思想

（1）人才标准。人才标准为德才兼备。司马光指出：“才者，德之资也；德者，才之帅也”。“是故才德全尽谓之圣人，才德全亡谓之愚人；德胜才谓之君子；才胜德谓之小人”，就是论述了德与才的关系。

（2）选人。俗话说“知人知面不知心”，因为人是会伪装的。诸葛亮提出了识别人才的“七观法”：问之以是非而观其志，穷之以辞辩而观其变，咨之以计谋而观其识，告之以祸难而观其勇，醉之以酒而观其性，临之以利而观其廉，期之以事而观其信。魏征则提出了识别人才的“六观法”：贵则观其所举，富则观其所养，居则观其所好，习则观其所言，穷则观其所不受，贱则观其所不为。因此，识别人才要对人的举止、言行、兴趣、修养、追求等多方面进行考察。

（3）用人。《史记·高祖本纪》记载，刘邦平定天下后，在洛阳南宫举行酒宴，询问列侯诸将，请他们谈谈“我们为什么能得天下，而项羽为什么失去天下?”高起、王陵对答：“陛下使人攻城略地，所降下者因以予之，与天下同利也。项羽妒贤嫉能，有功者害之，贤者疑之，战胜而不予人功，得地而不予人利，此所以失天下也。”高祖说：“公知其一，未知其二。夫运筹帷幄之中，决胜于千里之外，吾不如子房。镇国家，抚百姓，给馈饷，不绝粮道，吾不如萧何。连百万之军，战必胜，攻必取，吾不如韩信。此三者，皆人杰也，吾能用之，此吾所以取天下也。项羽有一范曾而不能用，此其为我所擒也。”一个“用”字淋漓尽致地说明了刘邦能得天下的原因所在。

我国古代的思想家们对如何使用人才提出了许多有价值的观点，这些观点至今仍有借鉴意义：①视能授官原则；②用人所长，避其所短原则；③用人不疑原则；④职责明确原则；⑤量功分禄原则；⑥考核赏罚原则。

5. 赏罚分明的激励管理思想

在激励和奖惩方面，战国时期的韩非子主张“诚有功，则虽疏贱必赏；诚有过，则虽近爱必诛。”对此诸葛亮论述得更加具体，他说“赏以兴功，罚以禁奸。赏不可不平，罚不可不均。”只有做到赏罚分明，才能对良善功将有所激励发扬，对奸恶无功有所咸惧，以确保管理组织的正常、科学运转。

6. 富国有道、义利两全的经营管理思想

我国战国时期的商鞅、西汉时的桑弘羊、唐代的刘晏、宋代的王安石、明代的张居正等人，都进行过经济与管理的改革，影响很大。

《管子》是先秦诸子中研论富国之道的名著，其中提出了“轻重之势、轻重之学和轻重之术”的“轻重论”思想。所谓轻重之势，就是国家要控制货币和生活资料，用经济手段在流通领域中通过国家调节来全面支配社会经济生活；所谓轻重之学，就是掌握流通领域中的一些规律，如供求变动对商品价格的影响，货币、谷物和其他商品的比价变化等，作为制定经济政策的依据。所谓轻重之术，就是在轻重之学的指导下制定相应的政策、措施，稳定物价，增加财政收入。

在中国古代社会中，虽然有一些人主张重义轻利，但是也有一批实用主义的思想家、哲学家提倡讲义与利并举，主张义利双兼，这种充满着浓重的讲利重义的管理思想，倡导“见利思义”“义然后取”“义，利也”“兼相爱，交相利”。宋代苏洵就是其中之一，他在《利者义之和论》中说“义利、利义相为用”主张义利互为共用，二者不能偏废。春秋时的管子更是认为“自利”是人所共有的情结：“民，利之则来，害之则去。民之从利也，如水走下，于四方无择也”。然而，管子并未走向极端。他还认为“自利”与“利人”并不是完全矛盾的，而且“自利”之德与“利人”之德也是统一调和的。

7. 不偏不倚的中庸管理思想

“中庸”思想，是儒家贯彻始终的核心管理思想。孔子道“过犹不及”。程颐对中庸的解释是“不偏之谓中，不易之谓庸。中者，天下之正道；庸者，天下之定理”（《二程遗书·卷七》）。朱熹在《中庸章句》的开首将其注之为“中者，不偏不倚，无过不及之名。庸，平常也”。教育和引导人们在处理和解决问题的时候不应该走极端，应从两端入手，抓住问题的“终始本末、上下精细、无所不尽”，再“量度以取中，然后用之”。“中庸之道”，通俗地说，就是正确掌握事物发展的“度”，以实现管理的和谐发展。

8. 对立转化的辩证管理思想

我国古代先人在总结与自然、部族及国家斗争的成功和失败的基础上，逐渐形成了朴素的辩证思想，这在《易经》《老子》《孙子兵法》中都得到了集中、充分的体现。中国这种充满了哲学思辨的管理思想，主要表现在整体观和转化观两个方面。与西方人的思维不同，中国古代的管理思想也常常习惯于从整体到个体或者从个体角度审视和对待整体，主张整体和个体的有效统一。表现在集体组织中，特别注重少数服从多数，个人服从组织，下级服从上级，这种管理思想虽然有时容易压抑个体能动性的发挥，但是特别容易形成拼搏、奉献、团结的战斗群体，有利于发挥团体的整体优势。

至于在转化观方面，其中“物极必反”“否极泰来”和“盛极必衰”等，就是其所蕴含的辩证的管理思想，从中我们可以看出古人早已认识到了万物相互联系、阴阳互相消长之间哲学管理理论。例如，《老子》中“以顺待逆，以逸待劳，以卑待骄，以静待躁”的后发制人思想，“欲先取之，必先予之”的取予之法，“不战而胜，是为上策”的战略思想，“避实而击虚”“因敌变化而取胜”的应变之策等，都是这种因应变化转化的精彩论述，即便现在依然左右着我们的思想行动，给我们以管理的启迪。

二、西方古代管理思想

西方古代管理思想散见于古埃及、古巴比伦的史籍与宗教文献之中。远在奴隶制时代，古巴比伦、古埃及、古罗马人就在指挥军队作战、治国和教会管理中体现出了比较有效的管理思想。如古巴比伦时期，国王汉谟拉比建立了强大的中央集权国家，制定了有名的《汉谟拉比法典》，共有282条，内容涉及人的行为、惩罚、工资及贸易管理等许多方面。古埃及建立了以法老为最高统治者的金字塔式的管理机构来管理国家。古埃及人通过严密的组织和管理，用原始工具建造起了举世闻名的金字塔；古罗马从一个小城市发展成为一个世界帝国，统治延续了几个世纪，若没有高超的管理方法和技能是不可能做到的。古代罗马的天主教会建立了一套有效的组织管理方法，能够全面地控制在世界各个角落的、五亿以上的教徒的生活，成功地解决了大规模活动的组织问题。天主教会是按照地理区域划分基层部门的，但是也在此基础上采用高效的职能分工，以便更好地处理问题。

公元3世纪后，随着奴隶制的衰落和基督教的兴起，这些古代文明逐渐被基督教文化所取代。在基督教《圣经》中所包含的伦理观念和管理思想，对以后西方封建社会的管理实践起着指导性的作用。

15世纪初的威尼斯兵工厂拥有近两千名工人，工厂采用了流水作业的生产和管理方法，在一小时之内就可以完成一艘大型战船的装配，生产效率已非常高。按照这种管理方法，工厂管事直接指挥工头和技术顾问，全权管理生产，同时建立早期成本会计制度，负责独立核算。全厂的工作划分为若干职能部门，每一部门都由一名工头负责，分阶段、有计划地进行，重要事情集中管理。这种集权与分权的统一，初次体现出近代管理思想的雏形。

西方古代管理思想，受人类历史发展程度和社会实践深入程度的限制，孤立、零散，缺乏理论的系统性和深刻性。

2.2 传统管理理论

一、古典管理理论

18世纪下半叶工业革命首先开始于英国的纺织业，后来蒸汽机的发明促进了化学、冶金和机器制造业的发展。19世纪，工业革命波及法、德、美、日等国，使社会生产的组织形式从家庭转向工厂，管理思想有了飞跃的发展，出现了亚当·斯密（Adam Smith）、查尔斯·巴贝奇（Charles Babbage）、罗伯特·欧文（Robert Owen）等许多近代管理理论的先驱者。他们的主要观点如表2-2所示。

表2-2　西方早期古典管理思想代表人物及观点

代表人物	观点
亚当·斯密	在1776年出版了《国民财富的性质和原因的研究》一书，提出了劳动经济论和经济人的观点。他认为：①劳动是国民财富的源泉，只有减少非生产性劳动，增加生产性劳动，同时提高劳动者技能，才能增加国民财富；②分工可以使劳动者专门从事某一操作，从而提高劳动技能和熟练程度，分工还可以减少劳动者的工作转换，节约劳动转换中损失的时间。分工有利于促进生产工具的改革，使生产合理化；③人们在经济行为中追求的是私人利益
查尔斯·巴贝奇	1832年发表了《论机器和制造业的经济》，提出了以专业职能作为工资与奖金的基础、分工可缩短学会操作的时间和促进专用工具和设备发展的“边际熟练”原则。巴贝奇也很重视对生产的研究和改进，主张实行有益的建议制度，鼓励工人提出改进生产的建议。他认为工人的收入应该由三部分组成，即：①按照工作性质和工种所确定的固定工资；②按照生产效率及所做贡献分得的利润；③为提高劳动效率而提出建议所应给予的奖励。提出按照生产效率不同来确定报酬的具有刺激作用的制度，是巴贝奇做出的重要理论贡献
罗伯特·欧文	他经过一系列试验，首先提出在工厂生产中要重视人的因素，要缩短工人的工作时间，提高工资，改善工人住宅。他的改革试验结果证实，重视人的作用和尊重人的地位，也可以使工厂获得更多的利润

上述的这些管理理念和方法实际上只是管理思想，还不能称为系统的理论，管理理论比较系统地建立是在19世纪末20世纪初。这个阶段所形成的管理理论称为“古典管理理论”，主要包括科学管理理论和组织管理理论，管理的重点是解决分工与协调问题。

1. 科学管理理论

从19世纪末到20世纪初形成了较为系统、颇有影响的古典管理理论。

（1）弗雷德里克·温斯洛·泰勒与“科学管理理论”。弗雷德里克·温斯洛·泰勒（Frederick Winslow Taylor），美国著名管理学家与经济学家。他在1911年出版的《科学管理原理》标志着管理由经验上升为科学和科学管理理论的正式形成，为现代管理理论奠定了基础，使他赢得了“科学管理之父”的美誉。

科学管理理论

科学管理理论主要内容如表2-3所示。

表2-3 科学管理理论主要内容

要点	内容描述
工作定额	为了发掘工人们劳动生产率的潜力，就要制定出有科学依据的工作量定额。为此，首先应该进行时间和动作研究。方法是把工人的操作分解为基本动作，在对尽可能多的工人测定后，确定完成这些基本动作所需的时间。同时选择最适用的工具、机器，确定最适当的操作程序，消除错误的和不必要的动作，将最后得出的最有效的操作方法作为标准。最后，将完成这些基本动作的时间汇总，加上必要的休息时间和其他延误时间，就可以得到完成这些操作的标准时间，据此制定一个工人的“合理的日工作量”
能力与工作相适应	为了提高劳动生产率，必须为工作挑选第一流的工人，即能力最适合做这种工作而且也愿意去做这种工作的人。要根据人的能力把他们分配到相应的工作岗位上，鼓励他们努力工作并进行培训，教会他们科学的工作方法，使他们成为第一流的工人
标准化	使工人掌握标准化的操作方法，使用标准化的工具、机器和材料，并使作业环境标准化
差别计件工资制	①通过时间和动作研究来制定有科学依据的工作定额；②实行差别计件工资制来随完成定额的程度而上下浮动；③工资支付的对象是工人而不是职位，即根据工人的实际工作表现而不是根据工作类别来支付工资
计划职能与执行职能相分离	工人凭经验很难找到科学的工作方法，而且他们也没有时间研究这方面的问题。所以，应该把计划同执行分离开来。计划由管理当局负责，执行由工长和工人负责，这样有助于采用科学的工作方法。计划工作的具体内容包括：①进行时间和动作研究；②制定科学的工作定额和标准化的操作方法；③拟订计划，发布指令和命令；④对照标准，对实际的执行情况进行控制等

（2）其他人的贡献。主要内容见表2-4。

表2-4 吉尔布雷斯夫妇与甘特的贡献

学者姓名	主要贡献
弗兰克·吉尔布雷斯夫妇	美国工程师弗兰克·吉尔布雷斯（Frank Bunker Gilbreth）侧重研究工人的操作方法和操作动作，通过减少劳动中的动作浪费来提高效率，被称为“动作研究之父”。研究步骤：①通过拍摄照片来记录工人的操作动作；②分析哪些动作是合理的、应该保留的，哪些动作是多余的、可以省掉的，哪些动作需要加快速度，哪些动作应该改变次序；③制定标准的操作程序 他夫人的工作则是侧重于管理心理学方面的研究，强调应注意对工人的培训和教育，使工人能全面发展
亨利·劳伦斯·甘特	亨利·劳伦斯·甘特（Henry Laurence Gantt）的两大贡献： ①1917年首创的“每日平衡图”（甘特图）是计划与控制生产的有效工具 ②提出了“计件奖励工资制”，即对于超额完成定额的工人，除了支付给他日工资，超额部分以计件方式发给他奖金；对于完不成定额的工人，工厂只支付给他日工资

2. 组织管理理论

组织管理理论注重研究管理职能和整个组织结构。

（1）亨利·法约尔与管理过程理论。亨利·法约尔（Henri Fayol）以企业整体作为研究对象，以管理过程和管理组织为研究重点，致力于研究适用于各种组织类型的管理理论，被后人称为“管理过程之父”，其代表作是1916年问世的《工业管理与一般管理》。

法约尔一般管理的主要内容详见表2-5。

表2-5 法约尔一般管理的主要内容

要点	内容描述
企业活动类别和人员能力结构	企业无论大小，简单还是复杂，其全部活动都可以概括为六种： 1. 技术性的工作——生产、制造 2. 商业性的工作——采购、销售和交换 3. 财务性的工作——资金的取得与控制 4. 会计性的工作——盘点、会计、成本及统计 5. 安全性的工作——商品及人员的保护 6. 管理性的工作——计划、组织、指挥、协调及控制 对基层工人主要要求其具有技术能力。随着组织层次中职位的提高，人员的技术能力的相对重要性降低，而管理能力的要求逐步加大，并且随着企业规模的增大，管理能力显得更加重要，而技术能力的重要性在减少
管理的一般原则	①劳动分工原则：劳动分工属于自然规律。劳动分工不只适用于技术工作，而且也适用于管理工作。应该通过分工来提高管理工作的效率 ②权利与责任原则：要贯彻权利与责任相符的原则，就应该有有效的奖励和惩罚制度 ③纪律原则：纪律应包括两个方面，即企业与下属人员之间的协定和人们对这个协定的态度及其对协定遵守的情况。制定和维持纪律最有效的办法是：好的各级领导；尽可能明确而又公平的协定；合理执行惩罚 ④统一指挥原则：按照这个原则的要求，一个下级人员只能接受一个上级的命令 ⑤统一领导原则：在设置组织机构的时候，一个下级只能有一个直接上级 ⑥个人利益服从整体利益原则 ⑦报酬合理原则 ⑧集权与分权原则 ⑨等级制度原则 ⑩秩序原则 ⑪公平原则 ⑫人员稳定原则 ⑬首创精神 ⑭团队精神

（2）马克斯·韦伯与行政组织理论。马克斯·韦伯（Max Weber），德国著名的社会学家，他在管理理论上的研究主要集中在组织理论方面，有“组织理论之父”之称。韦伯的所谓理想的行政组织体系理论集中反映在他的代表作《社会组织和经济组织理论》一书中，这一理论的核心是通过职务或职位而不是通过个人或世袭地位来管理。

韦伯的理想行政组织体系具有以下特点。

①存在明确的分工。②按等级原则对各种公职或职位进行法定安排，形成一个自上而下的指挥链或等级系统。③根据经过正式考试或教育培训而获得的技术资格来选拔员工，

并完全根据职务的要求来任用。④除个别需要通过选举产生的公职以外，所有担任公职的人员都是任命的。⑤行政管理人员是专职的管理者，领取固定的薪金，有明文规定的升迁制度。⑥行政管理人员不是其管辖的企业的所有者，只是其中的工作人员。⑦行政管理人员必须严格遵守组织的规则、记录和办事程序。⑧组织中成员之间的关系以理性准则为指导，不受个人情感的影响。组织与外面的关系也是这样。

（3）切斯特·巴纳德的贡献。切斯特·巴纳德（Chester I.Barnard）为系统组织理论创始人，美国现代管理理论之父，其代表作为《经理人员的职能》，他在该书中详细地论述了自己的组织理论。

巴纳德组织理论的主要内容详见表2-6。

表2-6 巴纳德组织理论的主要内容

要点	内容描述
组织是一个合作系统	“组织是二人或二人以上，用人类意识加以协调而成的活动或力量系统”，在组织内主管人是最为重要的因素，只有依靠主管人的协调，才能维持一个“努力合作”的系统。主管人有三个主要职能：①建立并维护一个信息系统；②使组织中每个人都能做出贡献；③明确组织的目标
正式组织存在要有三个基本条件	组织不论大小，其存在和发展都必须具备三个条件，即明确的目标、协作意愿和意见交流
组织效力与组织效率原则	组织效力是指组织实现其目标的能力或实现其目标的程度。组织效率是指组织在实现其目标的过程中满足其成员个人目标的能力和程度
管理者的权威来自下级的认可	管理者权威的大小和指挥权力的有无，取决于下级人员接受其命令的程度。单凭职权发号施令是不足取的，更重要的是取得下级的同意、支持和合作

二、行为科学理论

行为科学理论开始于20世纪20年代至30年代，是运用人类学、社会学和心理学等学科的理论和方法来研究人和群体的行为以及这些行为产生的原因，以协调组织内部人际关系，达到提高工作效率的目的。行为科学理论早期称为人际关系学说，以后发展为行为科学，也称为组织行为理论。

1. 行为科学理论的形成——人际关系学说

代表人物是美籍澳大利亚人乔治·埃尔顿·梅奥（George Elton Mayo），他1922年移居美国从事教学与科学研究工作，从霍桑实验中总结出了人际关系学说，其代表作是《工业文明中人的问题》和《工业文明中的社会问题》。

（1）霍桑实验。霍桑实验是指从1924年到1932年分四个阶段在西方电气公司所属的霍桑工厂，为测定各种有关因素对生产率的影响程度而进行的一系列实验。梅奥的霍桑实验在管理学发展中不仅具有理论意义，而且具有重要的方法论意义。霍桑实验的主要内容详见表2-7。

人际关系学说

表2-7 霍桑实验的主要内容

实验阶段	实验名称	实验内容与研究结论
第一阶段	工场照明实验（1924—1927年），简称“照明实验”	研究小组发现照明度只是影响生产效率的一项微不足道的因素，而另有未被掌握的因素在起作用，有必要继续进行研究
第二阶段	继电器装配测试室实验（1927—1928年），简称“福利实验”	为了准确地测定工作条件的变化与产量的关系，一个由自愿参加的装配工组成的实验小组搬进了一间隔离的专门实验室，选择了增加工间休息、供应午餐和茶点、缩短工作时间、团体计件工资制、改变工作作风与工作方式等可能提高生产率的因素进行实验，实验结果表明产量不断上升。在这些措施实施一年半以后，又恢复到原来的工作条件，结果产量仍然维持在高水平上 研究小组经过研究分析发现：工人们的态度在实验室发生了明显的变化，有了高度的集体精神，而工作态度的变化是因为实验室里有较自由的氛围，实验室的管理对工人较少采用直接命令的方式，表现出更多的人情味和兴趣。而工作条件不是影响员工生产效率的重要原因，重要的是员工的工作态度和情绪
第三阶段	大规模访谈研究（1928—1931年），简称“访谈实验”	通过访谈研究发现，影响生产率最重要的是工作中发展起来的人际关系，而不是待遇和工作环境，而且任何一位员工的工作绩效都受其他人的影响
第四阶段	接线板小组观察实验（1931—1932年），简称“群体实验”	实验是在某一接线板接线工作室中进行的，以集体计件工资制刺激，企图形成“快手”和“慢手”的压力以提高效率。公司确定工作定额为每人每天7312个接点，但研究小组发现，生产小组无形中形成默契的行为规范——仅完成6000～6600个接点。分析原因一是怕公司提高工作定额；二是怕造成一部分人失业；三是保护那些速度慢的同事，以免他们受到管理阶层的斥责

（2）人际关系学说的主要内容。①工人是具有复杂需要的“社会人”，而不是“经济人”，社会和心理因素等方面形成的动力对效率有更大影响。②企业中除了“正式组织”外，还存在着“非正式组织”，非正式组织不仅存在，而且同正式组织相互依存，对生产率的提高有很大的影响。③工人的工作态度与士气是影响工作效率的关键因素，新的领导能力在于提高职工的满足度，工人的满足度越高，士气也越高。

2. 行为科学理论的发展

1949年在美国芝加哥召开的一次跨学科的会议上，首先提出了行为科学这一概念，以后在1953年美国福特基金会召开的各大学科学家参加的会议上，正式定名为行为科学。

行为科学主要在以下四个领域获得了继续发展。①有关人的需要和动机、激励理论研究。②关于管理中的“人性”理论研究。③有关领导理论研究。④关于企业群体行为理论研究。行为科学的主要理论如表2-8所示。

期望理论

表2-8 行为科学的主要理论

代表人物	主要理论	基本观点
亚伯拉罕·马斯洛	需求层次理论	将需求分为五种，像阶梯一样从低到高，按层次逐级递升，分别为：生理上的需求，安全上的需求，情感和归属的需求，尊重的需求，自我实现的需求。另外两种需要：求知需要和审美需要。这两种需要未被列入他的需求层次排列中，他认为这二者应居于尊重需求与自我实现需求之间
道格拉斯·麦格雷戈	X理论和Y理论	麦格雷戈归纳了基于对人性的不同看法而形成的两种理论。他认为，传统理论是以对人性的错误看法为基础的，这种理论认为人是天生厌恶工作，逃避责任，不诚实和愚蠢等。因此，为了提高劳动生产效率，就必须采取强制、监督、惩罚的方法。麦格雷戈把这种理论称为X理论。与之相对的是Y理论，其基本观点是：人并不是被动的，人的行为受动机支配，只要创造一定的条件，他们会视工作为一种得到满足的因素，就能主动把工作做好。因此，对工作过程中存在的问题，应从管理上找原因，排除职工积极性发挥的障碍。麦格雷戈把这种理论称为Y理论。他认为X理论是一种过时的理论，只有Y理论才能保证管理的成功
弗雷德里克·赫茨伯格	双因素理论	双因素理论认为引起人们工作动机的因素主要有两个：一是保健因素，主要有企业的政策、行政管理、工资发放、劳动保护、工作监督以及各种人事关系处理等；二是激励因素，主要有工作表现机会、工作本身的乐趣、工作上的成就感、对未来发展的期望、职务上的责任感等。只有激励因素才能够给人们带来满意感，而保健因素只能消除人们的不满，但不会带来满意感 双因素理论与马斯洛的需求层次理论是相吻合的，马斯洛理论中低层次的需求，相当于保健因素，而高层次的需求类似于激励因素
维克托·弗鲁姆	期望理论	期望理论是以三个因素反映需要与目标之间的关系的，要激励员工，就必须让员工明确：①工作能提供给他们真正需要的东西；②他们需要的东西是和绩效联系在一起的；③只要努力工作就能提高他们的绩效 这种需要与目标之间的关系用公式表示，即： 激励力=期望值×效价
戴维·麦克利兰	成就需要理论	戴维·麦克利兰认为在生存需要基本得到满足的前提下，人主要的需要有成就需要、亲和需要、权力需要三种平行的需要，这三种需要在人们需要结构中有主次之分，人们的主需求被满足以后，往往会要求更多更大的满足，也就是说拥有权力者更追求权力、拥有亲情者更追求亲情、而拥有成就者更追求成就。同时，由于他认为其中成就需要的高低对人的成长和发展起到特别重要的作用，所以很多人就称其理论为成就需要理论

2.3 现代管理理论

一、系统管理理论

系统管理理论是运用现代系统科学的理论、范畴和一般原理，来全面分析研究组织的管理活动和管理过程的管理理论。主要代表人物是弗里蒙特·卡斯特（Fremont E. Kast）和詹姆斯·罗森茨韦克（James E. Rosenzweig）。

系统管理理论的理论要点主要有：

企业是由人、物资、机器和其他资源在一定的目标下组成的一体化系统。它的成长和发展同时受到这些组成要素的影响，在这些要素的相互关系中，人是主体，其他要素则是被动的。

企业是一个由许多子系统组成的、开放的社会技术系统。企业是社会这个大系统中的一个子系统，它受到周围环境（顾客、竞争者、供货者、政府等）的影响，也同时影响环境。在企业内部又包含着若干子系统，它们是：①目标和准则子系统，包括遵照社会的要求和准则，确定战略目标；②技术子系统，包括为完成任务必需的机器、工具、程序、方法和专业知识；③社会心理子系统，包括个人行为和动机、地位和作用关系、组织成员的智力开发、领导方式，以及正式组织系统与非正式组织系统等；④组织结构子系统，包括对组织及其任务进行合理划分和分配、协调他们的活动，并由组织图表、工作流程设计、职位和职责规定、章程与案例来说明，还涉及权力类型、信息沟通方式等问题；⑤外界因素子系统，包括各种市场信息、人力与物力资源的获得，以及外界环境的反映与影响等。此外，还有一些子系统，如经营子系统、生产子系统等。这些子系统还可以继续分为更小的子系统。

运用系统观点来考察管理的基本职能，可以提高组织的整体效率，使管理人员不至于只重视某些与自己有关的特殊职能而忽视了大目标，也不至于忽视自己在组织中的地位与作用。

二、战略管理理论

战略管理理论的发展经历了三个阶段：经典战略理论阶段、竞争战略理论阶段（波特阶段）和核心能力理论阶段，如表2-9所示。

表2-9 战略管理理论的发展

发展阶段	主要理论	代表人物及主要观点
20世纪60年代	经典战略理论	该理论的主要特点是强调企业战略要适应外部环境。1962年艾尔弗雷德·钱德勒（Alfred D. Chandler）的《战略与结构》一书出版，该书研究环境、战略和组织结构之间的关系，首开企业战略问题研究之先河。他认为，企业经营战略应当适应环境以满足市场需要，而组织结构又必须适应企业战略，随着战略变化而变化。他被公认为研究环境—战略—结构之间关系的第一位管理学家。其后，就战略构造问题的研究，形成了两个学派："设计学派"（Design School）和"计划学派"（Planning School） 设计学派认为：分析企业的优势和劣势、机会与威胁是制定战略的基础；战略是根据自身条件与外界机会设计出来的；高层管理人员应当是战略的设计师；战略制定的模式应当具有创造性、灵活性。设计学派对于战略管理理论的发展做出了很大的贡献，尤其是SWOT模型的建立充分体现了组织内外部关系对制定战略的重要性 计划学派认为：战略制定应是有控制、有意识的计划过程；企业最高层对计划的全过程负责，具体制订和实施计划的人员对最高层负责；通过目标—项目—预算来分解和落实所制订的战略计划
20世纪80年代	竞争战略理论	迈克尔·波特（Michael E. Porter）认为，企业战略的核心是获取竞争优势，而影响竞争优势的因素有两个：一是企业所处产业的盈利能力，即产业的吸引力；二是企业在产业中的相对竞争地位。因此，竞争战略的选择应基于以下两点考虑：①选择有吸引力的、高潜在利润的产业。不同产业所具有的吸引力以及带来的持续盈利机会是不同的，企业选择一个朝阳产业，要比选择夕阳产业更有利于提高自己的获利能力；②在已选择的产业中确定自己的优势竞争地位 波特的竞争战略理论的基本逻辑是：①产业结构是决定企业盈利能力的关键因素；②企业可以通过选择和执行一种基本战略影响产业中的五种作用力量（行业现有的竞争状况、供应商的议价能力、客户的议价能力、替代产品或服务的威胁、新进入者的威胁），以改善和加强企业的相对竞争地位，获取市场竞争优势（低成本或差异化）；③价值链活动是竞争优势的来源，企业可以通过价值链活动和价值链关系（包括一条价值链内的活动之间及两条或多条价值链之间的关系）的调整来实施其基本战略
20世纪90年代	核心能力理论	加里·哈默尔（Gary Hamel）核心能力理论代表了战略管理理论在20世纪90年代的最新进展。核心能力理论认为，并不是企业所有的资源、知识和能力都能形成持续的竞争优势。区分核心能力和非核心能力主要在五个方面：①价值性。核心竞争能力必须对用户看重的价值起重要作用；②异质性。一项能力要成为核心能力必须成为某公司所独有的、稀缺的，没有被当前和潜在的竞争对手所拥有；③不可模仿性。其他企业无法通过学习获得，不易为竞争对手所模仿；④难以替代性。没有战略性等价物；⑤延展性。从公司总体来看，核心竞争能力必须是整个公司业务的基础，能够产生一系列其他产品和服务，能够在创新和多元化战略中实现范围经济

三、学习型组织理论

彼得·圣吉（Peter Senge）是学习型组织理论的奠基人。他用了近十年的时间对数千家企业进行研究和案例分析，于1990年出版了其代表作《第五项修炼——学习型组织的艺术与实务》（以下简称《第五项修炼》）。他指出现代企业所欠缺的就是系统思考的能力。

系统思考的能力是一种整体动态的搭配能力，因为缺乏它而使得许多组织无法有效学习。之所以会如此，正是因为现代组织分工、负责的方式将组织切割，而使人们的行动与其时空上相距较远。当不需要为自己的行动结果负责时，人们就不会去修正其行为，也就无法有效地学习。

《第五项修炼》提供了一套使传统企业转变成学习型企业的方法，使企业通过学习提升整体运作“群体智力”和持续的创新能力，成为不断创造未来的组织，从而避免了企业“夭折”和“短寿”。彼得·圣吉提出了建立学习型组织的四条标准：人们能不能不断检验自己的经验；人们有没有生产知识；大家能否分享组织中的知识；组织中的学习是否和组织的目标息息相关。该书一出版即在西方产生极大反响，彼得·圣吉也被誉为20世纪90年代的管理大师。未来最成功的企业将是学习型企业。学习型组织的提出和一套完整的修炼的确立，实际上宣告整个管理学的范式在彼得·圣吉这里发生了转变。正是在这个意义上，不少学者认为，《第五项修炼》以及随后的《第五项修炼·实践篇》《变革之舞》的问世，标志着学习型组织理论框架的基本形成，该理论主要体现在五个方面。

①建立共同愿景（Building Shared Vision）。愿景可以凝聚公司上下的意志力，通过组织共识，大家努力的方向一致，个人也乐于奉献，为组织目标奋斗。

②团队学习（Team Learning）。团队智慧应大于个人智慧的平均值，以做出正确的组织决策，通过集体思考和分析，找出个人弱点，强化团队向心力。

③改变心智模式（Improve Mental Models）。组织成员个人发展的障碍，多来自个人的旧思维，如固执己见、本位主义。唯有透过团队学习以及标杆学习，才能改变心智模式，有所创新。

④自我超越（Personal Mastery）。个人有意愿投入工作，专精于专业工作技巧，个人与愿景之间有种“创造性的张力”，正是自我超越的来源。

⑤系统思考（System Thinking）。应透过资讯搜集，掌握事件的全貌，以避免见树不见林，培养综观全局的思考能力，看清楚问题的本质，有助于清楚了解因果关系。

学习是心灵的正向转换，企业如果能够顺利导入学习型组织，不只能够达到更高的组织绩效，更能够焕发组织的生命力。

四、精益思想

精益思想（Lean Thinking）源于20世纪80年代日本丰田发明的精益生产（Lean Production）方式，以丰田的大野耐一等人为代表的精益生产的创始者们，在不断探索之后，终于找到了一套适合日本国情的汽车生产方式：准时制生产、全面质量管理、并行工程、充分协作的团队工作方式和集成的供应链关系管理，逐步创立了独特的多品种、小批量、高质量和低消耗的精益生产方法。

精益思想

精益思想的核心就是（消除浪费）以越来越少的投入——较少的人力、较少的设备、较短的时间和较小的场地创造出尽可能多的价值；同时也越来越接近用户，提供他们确实要的东西。

詹姆斯·沃麦克（James P. Womack）和丹尼尔·琼斯（Daniel Jones）在他们精辟的

著作《精益思想》中提炼出精益管理五原则：顾客确定价值、识别价值流、价值流动、需求拉动、尽善尽美。精益管理的核心思想可概括为消除浪费和创造价值。

1. 顾客确定价值

顾客确定价值就是以客户的观点来确定企业从设计到生产到交付的全部过程，实现客户需求的最大满足。以客户的观点确定价值还必须将生产的全过程的多余消耗减至最少，不将额外的花销转嫁给用户。

2. 识别价值流

价值流是指从原材料转变为成品并给它赋予价值的全部活动。这些活动包括：从概念到设计和工程、到投产的技术过程，从订单处理、到计划、到送货的信息过程，和从原材料到产品的物质转换过程，以及产品全生命周期的支持和服务过程。精益思想识别价值流的含义是在价值流中找出哪些是真正增值的活动、哪些是可以立即去掉的不增值活动。精益思想将所有业务过程中消耗了资源而不增值的活动叫作浪费。识别价值流就是发现浪费和消灭浪费。识别价值流的方法是“价值流分析”——首先以产品族为单位画出当前的价值流图，再以客户的观点分析每一个活动的必要性。价值流分析成为实施精益思想最重要的工具。价值流并不是从自己企业内部开始的，多数价值流都向前延伸到供应商，向后延长到向客户交付的活动。按照最终用户的观点全面地考察价值流、寻求全过程的整体最佳，特别是探究部门之间交接的过程，往往存在着更多的浪费。

3. 价值流动

如果正确地确定价值是精益思想的基本观点，识别价值流是精益思想的准备和入门的话，“流动”和“拉动”则是精益思想实现价值的中坚。精益思想要求创造价值的各个活动（步骤）流动起来，强调的是不间断地“流动”。“价值流”本身的含义就是“动”的，但是由于根深蒂固的传统观念和做法，如部门的分工（部门间交接和转移时的等待）、大批量生产（机床旁边等待的在制品）等阻断了本应动起来的价值流。精益思想将所有的停滞视为企业的浪费，号召“所有的人都必须和部门化的、批量生产的思想做斗争”，用持续改进、JIT生产、单件流等方法在任何批量生产条件下创造价值的连续流动。当然，实现连续的流动要求每个过程和每个产品都是正确的。全面质量管理和后来的6σ都成为精益思想的重要组成部分。环境、设备的完好性是流动的保证。5S、全员生产保全（Total Productive Maintenance，TPM）都是价值流动的前提条件之一。有正确规模的人力和设备能力，避免瓶颈造成的阻塞。

4. 需求拉动

“拉动”就是按客户的需求投入和产出，使用户精确地在他们需要的时间得到需要的东西。实行拉动以后用户或制造的下游就如同在超市的货架上选取他们所需要的东西，而不是把用户不太想要的产品强行推给用户。拉动原则由于生产和需求直接对应，消除了过早、过量的投入，而减少了大量的库存和现场在制品，大幅压缩了提前期。拉动原则更深远的意义在于企业具备了当用户一旦需要，就能立即进行设计、计划和制造出用户真正需要的产品的能力，最后实现抛开预测，直接按用户的实际需要进行生产。

实现拉动的方法是实行JIT生产和单件流。当然，JIT生产和单件流的实现最好采用单元布置，对原有的制造流程做深刻的改造。流动和拉动将使产品开发时间减少50%、订货周期减少75%、生产周期降低90%，这对传统的改进来说简直是个奇迹。

5. 尽善尽美

奇迹的出现是上述4个原则相互作用的结果。改进的结果必然是价值流动速度显著加快。这样就必须不断地用价值流分析方法找出隐藏更深的浪费，做进一步的改进。这样的良性循环成为趋于尽善尽美的过程。詹姆斯·沃麦克认为精益制造的目标是："通过尽善尽美的价值创造过程（包括设计、制造和对产品或服务整个生命周期的支持）为用户提供尽善尽美的价值。""尽善尽美"是永远达不到的，但持续地对尽善尽美的追求，将造就一个永远充满活力、不断进步的企业。

五、业务流程重组

业务流程重组是最早由美国的迈克尔·哈默（Michael Hammer）和詹姆·钱皮（Jame Champy）提出，在20世纪90年代达到全盛的一种管理思想。该思想强调以业务流程为改造对象和中心、以关心客户的需求和满意度为目标、对现有的业务流程进行根本的再思考和彻底的再设计，利用先进的制造技术、信息技术以及现代的管理手段，最大限度地实现技术上的功能集成和管理上的职能集成，以打破传统的职能型组织结构，建立全新的过程型组织结构，从而实现企业经营在成本、质量、服务和速度等方面的巨大改善。业务流程重组也叫企业流程再造，是对组织的作业流程进行根本的再思考和彻底的再设计，以求在成本、质量、服务和速度等各项当今至关重要的绩效标准上取得显著的改善。

业务流程重组能够为企业创造优化的业务流程，提升企业的核心竞争力，在业务流程重组过程中的工作重点，就是消除价值传递链中的非增值活动和调整核心增值活动。这里要遵循的原则如下。

1. 清除

应该发现并消除非增值活动，如过量生产或过量供应、等待时间、运输、转移和移动、不增值或失控流程中的加工处理环节、库存与文档、缺陷、故障与返工、重复任务、信息格式重排或转移、调停、检验、监视和控制等。

2. 简化

在尽可能清除了不必要的活动之后，应该对剩下的必要活动进行简化，如程序和流程、沟通流程、技术分析流程和问题区域设置流程等。

3. 整合

经过简化的任务需要进一步整合，以使之流畅、连贯并能够满足顾客需要。如为实现面向订单的单点接触的全程服务，由一位员工独立承担一系列任务的工作任务整合；为了高效优质地满足顾客需要，组建单个成员无法承担的系列任务的团队；整合顾客和供应商的资源等。

4. 自动化

在完成了流程与任务的清除、简化和整合的基础上，充分运用和发展信息技术的强大功能，实现以流程加速与提升顾客服务准确性为目标的自动化。

重组之后的业务流程将呈现以下特点：组织扁平化，决策权下放或外移；审核与控制明显减少；取消装配线式的工作环节；同步工作代替了顺序工作方式；通才或专案员主导型的工作方式；管理者的工作职责转变为指导、帮助和支持。

同步测试

一、名词解释

科学管理理论　行为科学理论　马斯洛需求层次理论　双因素理论　霍桑实验

二、填空题

1. ________是英国古典经济学的杰出代表和理论体系的建立者，1776年他发表了著名的________。

2. ________的科学管理的理论和研究活动为他赢得了“科学管理之父”的地位。

3. 法约尔将管理活动分为________、________、________、________和________五大管理职能。

4. 梅奥的“霍桑实验”的主要结论是：企业中的员工是________，而不是“经济人”；企业中存在________；新型的领导能力在于提高员工的________，以提高士气，从而提高劳动生产率。

5. 企业流程再造是对组织的作业流程进行________和________，以求在成本、质量、服务和速度等各项当今至关重要的绩效标准上取得显著的改善。

三、判断题（正确的用T，错误的用F）

1. 泰勒对科学管理的研究是从差别计件工资开始的。(　)

2. 科学管理对人性的假设是“社会人”的假设。(　)

3. 法约尔被誉为“科学管理之父”。(　)

4. 差别计件工资制对同一种工作有两个不同的工资率，按工人完成工作的时间、质量使用不同工资率付酬。(　)

5. 人际关系学说认为，社会和心理因素等方面形成的动力对效率影响更大。(　)

6. 企业中存在“非正式组织”是人际关系学说的基本要点之一。(　)

7. 劳动分工的观点和经济人的观点是亚当·斯密提出的。(　)

8. 权变理论认为虽然两种情境不能完全一样，但有可能类似，因此，解决问题的方法可以是相同的。(　)

9. 世界已成为一个全球市场，有效的管理者需要适应不同的文化、不同的制度和不同的技术。(　)

10. 法约尔所阐述的“管理”仅仅是关于工业管理的思想。(　)

四、单选题

1. 古典管理理论阶段的代表性理论是（ ）。
A. 科学管理理论 B. 行为科学理论 C. 管理科学理论 D. 权变理论
2. 在传统管理思想阶段，管理的重点是（ ）。
A. 坚持以人为本的原则 B. 增强组织对环境的适应能力
C. 解决分工与协调问题 D. 协调人际关系
3. 在管理思想史上，（ ）被称为“科学管理之父”。
A. 泰勒 B. 韦伯 C. 法约尔 D. 梅奥
4. 法约尔的代表作是（ ）。
A.《车间管理》 B.《工业管理和一般管理》
C.《经理的职能》 D.《科学管理原理》
5. 行为科学产生于哪一个实验？（ ）
A. 梅奥实验 B. 科学实验 C. 霍桑实验 D. 西屋实验
6. 科学管理的基础是（ ）。
A. 差别计件工资制 B. 例外原理 C. 职能原理 D. 工时研究
7. 泰勒的科学管理方法是哪种人性假设的具体体现？（ ）
A. 经济人假设 B. 社会人假设 C. 自动人假设 D. 复杂人假设
8. 由于在决策管理思想等方面作出创新性研究而获得诺贝尔经济学奖的人是（ ）。
A. 巴纳德 B. 欧文 C. 孔茨 D. 西蒙
9. 泰勒的代表作是（ ）。
A.《科学管理原理》 B.《工业管理与一般管理》
C.《新教伦理与资本主义精神》 D.《经理工作的性质》
10. 在管理思想史上，（ ）被称为“管理过程之父”。
A. 泰勒 B. 韦伯 C. 法约尔 D. 梅奥
11. 双因素理论又称激励保健理论，是美国的行为科学家（ ）提出来的。
A. 赫茨伯格 B. 明茨伯格 C. 巴纳德 D. 德鲁克
12. 管理科学学派是（ ）的继续和发展。
A. 泰勒的科学管理理论 B. 法约尔的一般管理理论
C. 韦伯的理想行政组织体系理论 D. 梅奥的人际关系理论
13. 马斯洛创建了（ ）。
A. 双因素理论 B. 公平理论 C. 需求层次理论 D. 期望理论
14. 在管理思想史上，（ ）被称为“组织理论之父”。
A. 巴纳德 B. 韦伯 C. 亚当斯 D. 明茨伯格
15. 学习型组织理论的奠基人是（ ）。
A. 彼得·圣吉 B. 韦伯 C. 亚当斯 D. 明茨伯格

五、多选题

1. 泰勒的科学管理理论主要内容包括（　　）。
   A. 标准化　　B. 差别计件工资制
   C. 能力与工作相适应　　D. 计划职能与执行职能相分离
2. 霍桑实验包括哪几个实验？（　　）
   A. 福利实验　　B. 照明实验　　C. 访谈实验　　D. 群体实验
3. 赫茨伯格双因素理论认为引起人们工作动机的因素有（　　）。
   A. 促进因素　　B. 激励因素　　C. 稳定因素　　D. 保健因素
4. 业务流程重组遵循的原则有（　　）。
   A. 清除　　B. 简化　　C. 整合　　D. 自动化

六、简答题

1. 泰勒所提出的科学管理制度有哪些主要内容？
2. 简述法约尔所提出的管理原则。
3. 简述霍桑实验所得出的结论。
4. 简述迈克尔·波特的竞争战略理论的主要内容。

项目实训

项目实训1

学生分组（每组3～5人）对学校附近的企业进行调研，了解企业用到了哪些管理理论与方法，效益如何。要求每个小组提交一份调研报告。

项目实训2

参加游戏人员在10人以上（每组有男生也有女生），在规定的时间（由老师视人数多少而定，3～5分钟）内全部站到1开的报纸上（特别说明，全部的脚不能站出报纸的边界），给各组5分钟时间讨论，讨论方案不要让其他组知道。

案例研讨

上海通用汽车精益生产

“柔性化共线生产、精益制造技术”是人们在谈到上海通用先进的生产方式时经常提及的一点，但很少有人能真正明白什么是柔性化，什么是精益制造。实际上，柔性化与精益生产不仅仅是上海通用生产制造的一个环节，更是从采购到销售整个企业流程运作的基本理念。作为一条柔性化精益制造的生产线，它仅仅是整个GMS（General Manufacture System，通用制造体系）系统中一个具体的工艺流程罢了。

假如把GMS系统看作一架高速运转的机器的话，那么“标准化、缩短制造周期、质量是制造出来的、持续改进、员工参与”则是保证这部机器运转良好的最重要的5个环节，而实际上GMS系统就是以这5条作为其构成的最基本的原则，而这5条原则又是循序渐进，互为补充，互相促进，最终达到良性循环的效果。

万事有道：标准化

标准化是整个GMS系统最基本的要素，作为一项现代化精益生产方式，最重要的是要确立标准和规范，只有在确立标准的基础上才能实现大规模的精益生产，标准化是现代工业开端的标志。同时标准化所设定的基准又是持续改进的基础，能支持最佳的操作方法，更有助于解决问题。看似简单的标准化实际上包含着众多方面，诸如工作场地布置标准化、定额工时管理的标准化、标准化的作业流程以及简单明了的视觉标记的运用和管理。

工具、材料摆放在工位或者岗位的什么地方，是否能使操作的员工最直接、最有效、最便捷地取用到相应的工具或者材料是工作场地布置标准化所涉及的范围，一个经过科学测算并且经过不断改进的安全、清洁和安排有序的工作环境必然能带来准确的操作、效率和产品质量的提高，同时工时和资源浪费减少到最小。定额工时的管理则是在确定一个基本产品操作完成时间的基础上，对产品的生产环节如手工操作时间、取料时间、行走时间和机器运转时间进行分析，以减少不必要（不增值）时间浪费，进而提高工作效率的一种标准，但这个标准又可以是一个经过重新测定、持续改进之后的新的动态的标准。标准化作业则是指在保持最佳操作方法之上，不断改进和提升基准线，进一步归纳总结新标准之后的经验和优势，加以推广，持续改进，周而复始，由此得到恒定的产品质量和提高现场的安全以及人机工程的合理性。

人人有责：制造质量

在GMS系统中有一条颇为奇怪的原则：质量是制造出来的，而不是检验出来的。这条原则似乎有悖于常规的质量检验原则，实际上，在仔细研究了整个产品的生产流程之后，发现这是一条真理。他的本质在于把质量观念置于整个产品生产制造环节，而非仅仅是最后的一道检验的环节，他的意义在于不同环节、不同流程阶段的工位员工心中都要树立质量的观念（基础是要有质量的标准化），每发现一处缺陷都把他消灭在萌芽状态，这是一个主动、体现预防的概念，而非仅仅在最后一道检验的环节被动地接受，而此时若有失误，再来改进就大事晚矣。这只是一个理念，并不意味着真的没有质量检验关。实际上，在总装线上一辆车装配完成，经过规定检验合格报交后，仍旧需要送到封闭的、更加严格的检验部门进行诸如耐久性、淋雨试验等。在整个质量环节仍旧有一个基本的原则，那就是“不接受缺陷、不制造缺陷、不传递缺陷”，这条原则实际上就是把每一个工位，无论是上一道工序还是下一道工序都首先看作彼此的“客户”，本岗位、本客户不接受上一道工序传来的缺陷，同时自己也不能产生失误和差错，如果产生失误和差错，下一个工位或者说客户有权拒绝接受，三条原则对每一工序和岗位都适用。这三条原则在实际的工作流程中广泛适用。

永恒目标：缩短周期

缩短制造周期最能体现物流和一体化管理的概念。制造周期是指OTD（Order To Delivery，订单到交付）从接受客户订单直至收到货款的全过程。缩短制造周期对企业有着非常重要的意义，首先交货期的缩短，会获得用户的满意，同时客户反馈的过程加快，利于产品的改进，质量的提高。同时根据订单，可以避免过量生产，减少流动资金的占用。如此说来，缩短制造周期，有诸多好处，但如何缩短制造周期却主要靠物流和一体化来拉动。为什么不是生产环节来拉动呢？这是因为随着技术的提高和工人素质的提升，制造环节的挖潜的空间已不大。可能大幅增值的只有物流和一体化管理。物流的缩短主要包括生产现场的物流管理和CKD远洋运输的物流。就现场管理的物流来说主要是通过物料看板、物料少量精益再包装、地址配送、物料看板等几个环节的配合来实现。

所谓一体化管理则是企业为全力保障核心业务如汽车的生产制造业务而将诸如后勤供应、仓储管理等非核心业务交与更专业效率更高的社会专门机构来管理的方式。上海通用先进的管理理念很大一部分体现在一体化管理的运用上，上海通用也是在国内率先采用一体化管理的企业。企业为了实现总体运行的高效率，必须将有限的资源集中在实现高附加值的核心业务的专业化运行上，同时通过与外部实现资源共享的方式来实现非核心业务管理的专业化。

修正坐标：持续改进

持续改进是以标准化的实施为前提的，每一个点滴的小改进都是进一步提升的基础。持续改进的一个重要步骤就是全员的生产维修，设备维修的方式是自主保养加预防性维修加抢修。在自主保养方面强调操作工要对设备进行自主保养，形成自己的设备自己维护的主人翁意识。同时还要对操作工进行设备保养知识的培训。除此之外，还要通过专业仪器对设备进行专业性的振动分析，以得出人为无法分析和判断出的精确数据。

以人为本：员工参与

企业中最重要最核心的要素就是人。上海通用提倡员工参与的观念，不断地激励员工，同时下放职权，给员工以充分的参与和创造的空间。提倡员工参与，即激励个人的能动性，更提倡团队方式参与到工作目标的实现上。在上海通用的车间里，可以看到每一个小组的休息点都有印制好的合理化建议单和建议箱，每一项被最终采纳的合理化建议都会得到物质和精神上的奖励。

柔性理念也体现在对员工培训上，其目的是通过多方位的培训，使员工能胜任不同的岗位，为所有的员工提供更多的发展计划和机会。所谓一人多岗，一岗多能也是完全源自丰田生产理念，一人多岗，一岗多能的培训也最终为一个生产线上不同车型的共线生产打下了基础，而一人多岗，一岗多能也同样可以使员工避免产生烦躁的情绪，在不同的工作环境和岗位撞击出更多的火花。

（案例来源：企业调研收集）

问题：**上海通用汽车精益生产与丰田汽车公司的精益管理有何异同？**

模块3

决策

学习目标

知识目标

1. 掌握决策的概念、原则与依据，了解决策的分类；
2. 了解决策的过程与基本理论；
3. 掌握和应用决策的基本方法。

能力目标

1. 能够使用决策的基本理论指导解决一般管理问题；
2. 能够正确应用决策的基本方法。

素质目标

1. 强化团队意识、培养合作精神；
2. 培养坚韧的意志与创新思维。

导入案例

比亚迪的新能源汽车技术路线选择

做新能源汽车研发时，比亚迪是探路者，在决策中选择何种技术路线，成为事关企业生存的新命题。

在整车的动力系统选择上，比亚迪则一直采取兼顾“纯电动”与“插电式混合动力”的产品策略，尤其是对研发插电式混合动力车型寄予厚望。插电式混合动力系统可以细分为串联式和混联式两种，串联式即增程式混合动力，混联式是通常所说的插电式混合动力。插电式混合动力车型结构复杂，技术门槛高，总成本要高于增程式，但在高负荷行驶时性能更为优越，也更省油。相对于纯电动车型，插混车型续航里程较长，对充电桩的依赖性较弱，受外部环境的约束性较小。从这些维度看，插混车型应该更容易被市场接受。

在动力电池的技术路线选择上，以特斯拉为代表的车企主要选择了三元锂电池，比亚迪则长期坚持研发磷酸铁锂电池。比亚迪于2020年3月推出了磷酸铁锂刀片电池，刀片电池是一款磷酸铁锂电池，具有更好的安全性。相对于传统电池包，刀片电池的零部件数量减少了40%，体积能量密度提升了32%。刀片电池可以理解为一个集成解决方案，其技术要点包括：大幅提高磷酸铁锂的电池密度，改进电池包技术，等等。同时，开发电动车专用底盘从而为动力电池设计更大的体积空间，进一步提升了电池包的集成效率。刀片电池最早应用于比亚迪纯电动车型“汉”，打造高端车型，提升品牌形象。

从比亚迪业务构成看，插混车型从2021年6月至今一直保持较好的增长势头，与纯电车型保持同步增长，成为比亚迪汽车业务增长的两个主要动力。

（案例改编来源：企业调研收集）

那么，比亚迪的决策为什么会如此成功？什么是决策？指导决策的理论与方法有哪些？

3.1 决策概述

一、决策的定义

关于决策的定义，不同的学者看法不同。杨洪兰认为：“从两个以上的备选方案中选择一个的过程就是决策”。周三多等给出的定义是，“所谓决策，

决策概述

是指组织或个人为了实现某种目标而对未来一定时期内有关活动的方向、内容及方式的选择或调整过程”。路易斯、古德曼和范特将决策定义为“管理者识别并解决问题以及利用机会的过程”。

在这里我们将决策定义为：决策就是管理者为了达到一定目标，在掌握充分的信息和对有关情况进行深入分析的基础上，对多种备选方案进行科学评估，从中选出合理方案来解决问题和利用机会的过程。

二、决策的原则

企业的决策是一项非常复杂的工作，它涉及的因素很多，既要考虑本企业的内部问题，又要考虑企业外部环境问题，如社会、政治、法律关系等。因此企业要做出合理的决策，通常应遵守如下原则（表3-1）。

表3-1 决策的主要原则

主要原则	内容描述
社会性原则	企业在做决策时，必须从社会整体利益出发，兼顾国家、企业、个人三方面的利益，使企业发展方向与社会需要相一致，而不能为了本身的发展，忽视了社会的发展、个人的需要
经济性原则	选择最佳方案时，经济效益的好坏是一条重要的标准。决策，就是要选择一个相对较优的方案，使同样的投入获得最大的产出，或以最低的投入获得尽可能多的收益
及时性原则	企业在做决策时，一定要及时抓住机会，否则，再好的决策也会徒劳无功
可行性原则	企业决策要从实际出发，所选方案一定要是市场上需要、经济上合理、社会上允许、实践上可行的。一个高质量的决策必须使实际需要与实际可能两者达到均衡
民主性原则	由于企业决策是企业比较重大的复杂问题，因此，必须依靠群众，集中群众、专家们的智慧。特别要注意依靠专家智囊团来为决策者当助手、参谋、顾问，献计献策，做决策分析
创新性原则	高层领导遇到的决策问题多是新的、随机性的、非程序性的，不能靠老经验、老习惯、套老框架，而要发扬敢作敢为的创新精神，勇于开拓新道路，寻求新方法

管理故事

射雁

从前，有兄弟两人看见天空中一只大雁在飞，哥哥准备把它射下来，他说：“等我们射下来就煮着吃，一定会很香的！”这时，他的弟弟抓住他的胳膊争执起来：“鹅煮着才会好吃，大雁要烤着才好吃，你真不懂吃。”哥哥已经把弓举起来，听到这里又把弓放下，为怎么吃这只大雁而犹豫起来。就在这时，有一位老农从旁边经过，于是他们就向老农请教。老农听了以后笑了笑说：“你们把雁分开，煮一半烤一半，自己尝一尝不就知道哪一种方法更好吃了？”哥哥大喜，拿起弓箭再回头要射大雁时，大雁早已无影无踪了。

点评：要及时抓住机会，才有可能取得成功。在工作和生活中要善于思考，在机会来临时紧紧抓住。

三、决策的类型

决策的类型详见表3-2。

表3-2 决策的类型

分类依据	主要类型	内容描述
按决策的层次性分类	战略决策	战略决策通常包括组织目标、方针的确定，组织机构的调整，企业产品的更新换代，技术改造等，属于企业高层决策
	战术决策	战术决策又称管理决策，属于企业中层决策，是战略决策执行过程中的具体决策。如企业生产计划和销售计划的制订、设备的更新、新产品的定价以及资金的筹措等
	业务决策	业务决策又称执行性决策，属于企业基层决策，如企业的车间主任、工段长所做出的决策。如工作任务的日常分配和检查、工作日程（生产进度）的安排和监督等
按决策影响的时间分类	长期决策	长期决策是指有关组织今后发展方向的长远性、全局性的重大决策，又称长期战略决策，如投资方向的选择、人力资源的开发和组织规模的确定等
	短期决策	短期决策是为实现长期战略目标而采取的短期策略手段，又称短期战术决策，是在一年以内短期可实现的决策。如企业日常营销、物资储备以及生产中资源配置等问题的决策
按决策的主体分类	集体决策	集体决策又称组织决策，是指多个人一起做出的决策。最常用的集体决策的方法有四种，即德尔菲法、头脑风暴法、名义小组法和电子会议
	个人决策	个人决策是指单个人做出的决策。个人决策受决策者个人的经验、知识水平、决策能力、思想观念、欲望、意志等因素的影响，使决策具有强烈的个人色彩
按决策的起点分类	初始决策	初始决策作为零起点决策，它是在有关活动尚未进行、环境未受到影响的情况下进行的
	追踪决策	随着初始决策的实施，组织环境发生变化，这种情况下所进行的决策就是追踪决策。因此，追踪决策是非零起点决策
按问题的性质分类	程序化决策	程序化决策又称规范性决策或重复性决策，是指日常管理工作中那些例行的、按照一定的频率或间隔重复进行的决策，多属于业务决策，又称例行问题决策，如管理者日常遇到的产品质量、设备故障、现金短缺、供货单位未按时履行合同等问题
	非程序化决策	非程序化决策又称例外问题决策，是指在管理过程中那些非例行的、很少重复出现、没有常规可循的决策。一般来说，高层管理者所做的决策多属于非程序化决策。例如，重大投资、组织变革、开发新产品、重要的人事任免以及重大政策的制定等问题

续表

分类依据	主要类型	内容描述
按环境因素的可控程度分类	确定型决策	确定型决策是指在稳定（可控）条件下进行的决策。在确定型决策中，决策者确切知道自然状态的发生，每个方案只有一个确定的结果，最终选择哪个方案取决于对各个方案结果的直接比较
	风险型决策	风险型决策也称随机决策，在这类决策中，自然状态不止一种，决策者不能知道哪种自然状态会发生，但能知道有多少种自然状态以及每种自然状态发生的概率。如某厂为了扩大某产品的生产能力，可以采取扩建厂房、改建厂房和对外转包三种方案，而市场需求量却有高、中、低之别，但根据统计资料，可以知道市场需求量出现的概率，从而就可以根据三种方案的损益值的比较来做出决策
	不确定型决策	不确定型决策是指在不稳定条件下进行的决策。在不确定型决策中，决策者可能不知道有多少种自然状态，即便知道，也不能知道每种自然状态发生的概率

管理故事

海州盐场之祸

《梦溪笔谈》记载：海州知府孙冕很有经济头脑，他听说发运司准备在海州设置三个盐场，便坚决反对，并提出了许多理由。后来发运使亲自来海州谈盐场设置之事，还是被孙冕顶了回去。当地百姓拦住孙冕的轿子，向他诉说设置盐场的好处，孙冕解释道："你们不懂得做长远打算。官家买盐虽然能获得眼前的利益，但如果盐太多卖不出去，三十年后就会自食恶果了。"然而，孙冕的警告并没有引起人们的重视。他离任后，海州很快就建起了三个盐场，几十年后，当地刑事案件上升，流寇盗贼、徭役赋税等都比过去大大增多。由于运输、销售不通畅，囤积的盐日益增加，盐场亏损负债很多，许多人都破了产。这时，百姓才开始明白，在这里建盐场确实是个祸患。

点评：任何决策都不能只顾眼前利益，而要实事求是，从长计议。作为一个企业的经营者，在制定经营决策的时候如何避免类似情况的发生？

3.2 决策依据与决策理论

一、决策的依据

管理者在决策时离不开信息。信息的数量和质量直接影响决策水平。这要求管理者在决策之前以及决策过程中尽可能地通过多种渠道收集信息，作为决策的依据。但这并不是说管理者要不计成本地收集各方面的信息。管理者在决定收集什么样的信息、收集多少信息以及从何处收集信息等问题时，要进行成本—收益分析。只有在收集的信息所带来的收益（因决策水平提高而给组织带来的利益）超过因此而付出的成本时，才应该收集信息。

所以说，适量的信息是决策的依据，包括事实依据、价值依据以及环境与条件依据，如表3-3所示。

表3-3 决策的主要依据

主要依据	内容描述
事实依据	在决策中，只有把决策对象的客观存在情况搞清楚，才能真正找到目标与现状的差距，才能正确地提出问题和解决问题
价值依据	这里所说的价值是决策者的价值观、伦理道德和某些心理因素。价值判断要以事实为基础
环境与条件依据	所谓环境与条件依据是指决策对象事实因素和决策者价值因素以外的各种因素，如自然条件、资源条件、社会制度条件、科学技术条件以及人们的文化传统和风俗习惯条件等。在决策中之所以必须考虑这些因素，是因为这些因素对整个决策，包括决策目标的确定、决策方案的选择以及决策方式方法的采用等都起着制约作用。可以采用SWOT等分析方法对企业内外部环境、条件进行分析

管理实践

“B厂长”的成功升职

某集团公司目前有一副总裁的职位空缺，欲从集团公司的9个分厂厂长中选拔一人。其中一分厂的A厂长呼声最高。A厂长工作勤恳，几乎总是第一个到厂最后一个离厂，细心过问厂内的大小事情，对待下属员工也总是和蔼可亲，并且这位技术出身的厂长还通过亲自带领实施技术改造而使企业效益一直保持在各分厂的中上水平。但经过集团领导的研究最终选定的是二分厂的B厂长。结果一公布，便有反对意见反馈上来。反对的理由大致有三方面：一是认为B厂长不务正业，不关心本职工作，而是热衷于“拉关系”；二是尽管二分厂的效益一直名列前茅，但这与B厂长的特殊背景有关，并非其本人的能力所致；三是二分厂的大部分工作是由B厂长委派下属完成的，效益是下属创造的，因此功劳不能记在B厂长身上。

A厂长能够得到公司员工的支持，主要的原因一是其勤恳工作，二是对待员工和蔼可亲，能够与员工建立很好的关系，其中第二个原因可能更能影响员工的支持率。反对B厂长的原因主要是其把更多的时间放在与上级和外部的关系经营上，与员工的关系不如A厂长。为什么呼声甚高的A厂长没有顺理成章地升任副总，而决策层看中的B厂长却有人明确反对？

问题：你是如何看待决策层的这一决策的？

SWOT分析法又称为态势分析法，它是由美国哈佛商学院著名管理学教授肯尼斯·安德鲁斯（Kenneth R. Andrews）于20世纪70年代提出来的，是对组织外部环境和内部实力进行综合分析的方法。

所谓SWOT分析，就是将与研究对象密切相关的各种主要内部优势、劣势、机会和威胁等，通过调查列举出来，并依照矩阵形式排列，然后用系统分析的思想，把各种因素相互匹配起来加以分析，从中得出一系列相应的结论。运用这种方法，可以对研究对象所处的情境进行全面、系统、准确的研究，从而根据研究结果制定相应的发展战略、计划以及对策等。其中，S代表strength（优势），W代表weakness（劣势），O代表opportunity（机会），T代表threat（威胁）。

S：优势分析

①组织擅长什么？②有什么新技术？③能做什么别人做不到的？④和别人有什么不同？⑤顾客为什么来？⑥最近因何成功？

W：劣势分析

①什么做不来？②缺乏什么技术？③别人有什么比我们好？④不能够满足何种顾客？⑤最近因何失败？

O：机会分析

①市场中有什么适合我们的机会？②可以学什么技术？③可以提供什么新的技术/服务？④可以吸引什么新的顾客？⑤怎样可以与众不同？⑥组织在5～10年内的发展？

T：威胁分析

①市场最近有什么改变？②竞争者最近在做什么？③是否赶不上顾客需求的改变？④政治经济环境改变是否会伤害企业？⑤是否有什么事可能会威胁企业的生存？

SWOT分析的基本步骤为：①分析企业的内部优势、弱点，既可以是相对企业目标而言的，也可以是相对竞争对手而言的。②分析企业面临的外部机会与威胁，可能来自与竞争无关的外部环境因素的变化，也可能来自竞争对手力量与因素的变化，或二者兼有，但关键性的外部机会与威胁应予以确认。③将外部机会和威胁与企业内部优势和弱点进行匹配，形成可行的战略。

二、决策的理论

在管理学中，许多管理理论都力图剖析管理中的决策问题，提出了许多有关决策方面的理论。现代决策理论的形成原本是以理性分析为基础的，但是，随着人们对决策问题认识的深化，人们在决策过程中越来越重视非理性因素的作用。在众多的决策理论中，主要有古典决策理论、行为决策理论和当代决策理论，具体内容详见表3-4。

表3-4 决策的主要理论

主要理论	内容描述
古典决策理论	古典决策理论又称规范决策理论，是基于“经济人”假设提出来的，盛行于20世纪50年代以前。主要内容：①决策者必须全面掌握有关决策环境的信息情报；②决策者要充分了解有关备选方案的情况；③决策者应建立一个合理的自上而下的执行命令的组织体系；④决策者进行决策的目的始终都在于使本组织获取最大的经济利益。古典决策理论忽视了非经济因素在决策中的作用，这种理论不一定能指导实际的决策活动
行为决策理论	①人的理性介于完全理性和非理性之间，即人是有限理性的，这是因为在高度不确定和极其复杂的现实决策环境中，人的知识、想象力和计算力是有限的。②决策者在识别和发现问题中容易受知觉上的偏差的影响，而在对未来的情况做出判断时，直觉的运用往往多于逻辑分析方法的运用。③由于受决策时间和可利用资源的限制，决策者即使充分了解和掌握有关决策环境的信息情报，但也只能做到尽量了解各种备选方案的情况，而不可能做到全面了解，决策者选择的理性是相对的。④在风险性决策中，与经济利益的考虑相比，决策者对待风险的态度起着更为重要的作用，决策者往往厌恶风险，倾向于接受风险较小的方案，尽管风险较大的方案可能带来较为可观的收益。⑤决策者在决策的过程中往往只追求满意的结果，而不愿费力寻求最佳方案
当代决策理论	决策贯穿于整个管理过程，决策程序就是整个管理过程。组织是由作为决策者的个人及其下属、同事组成的系统。整个决策过程从研究组织的内外环境开始，进而确定组织目标、设计可达到该目标的各种可行方案、比较和评估这些方案进而进行方案选择，最后实施决策方案，并进行追踪检查和控制，以确保预定目标的实现。对当今的决策者来说，在决策过程中应广泛采用现代化的手段和规范化的程序，应以系统理论、运筹学和电子计算机为工具，并辅之以行为科学的有关理论

3.3 决策过程与决策方法

一、决策的过程

假设某家工厂中属于公司的轿车发动机炸裂，公司相关人员讨论是买车、租车还是修车，为了简化问题，假设修车不经济，公司总部决定工厂经理买新车而不是租车。下面分六个步骤对买车这一决策进行分析。

1. 识别问题

决策制定过程始于一个存在的问题，或更具体地说，存在着现实与期望状态之间的差异。决策者必须知道哪里需要行动，识别问题就是对事物进行分析，找到问题所在。例如，一个公司的销售额下降10%是问题吗？或者只是另一个问题的征兆，比如是产品过时或广告预算不足。问题识别是主观的。在某些事情被认为是问题前，管理者必须意识到差异，他们不得不承受采取行动的压力，同时，他们必须有采取行动所需的资源。

2. 明确决策目标

管理者一旦确定了需要解决的问题，就需要对解决问题中起重要作用的决策标准加以确定，也就是说，管理者必须确定什么因素与决策相关。这些标准往往反映了决策者的想法，与决策是相关的。一般而言，决策标准体现组织目标，因为组织所要达到结果的数量和质量都会对行动路线的选择和方案的抉择起最终的指导作用。买车前首先要明确对轿车的评价标准（表3-5）。

表3-5 轿车的评价标准

标准	重要性
起价	10
车内舒适性	8
耐用性	5
维修记录	5
性能	3
操作性	1

3. 拟定备选方案

此步骤就是要求决策制定者列出能有效解决问题的可行方案。这需要创造力和想象力，要尽可能多地提出备选方案。

经过集体讨论决定选定的车型有：福特、马自达、尼桑、丰田佳美、沃尔沃，如表3-6所示。

表3-6 分析和评价各轿车的性能

车型	价格	舒适性	耐用性	维修记录	性能	操作性
福特	6	8	6	7	7	7
马自达	7	5	7	7	4	7
尼桑	8	5	7	9	7	7
丰田佳美	6	7	10	10	7	7
沃尔沃	2	7	10	9	4	5

4. 评估筛选方案

决策过程的第四步就是决策者必须批评性地分析每一方案，即确定最优的方案。为此，管理者起码要具备评价每种方案的价值或相对优、劣势的能力。在评价过程中，要使用预定的决策标准以及每个标准的相对重要性，对每种方案的预期成本、收益、不确定性和风险进行综合评判，最后对各种方案进行排序。

在决策过程中，管理者通常要做出最后选择。由于最好的决定通常建立在仔细判断的基础上，所以管理者要想做出一个好的决定，就必须仔细考察全部事实，确定是否可以获取足够的信息并最终选择最好方案。具体来说，在买车前要综合评价选定的五款轿车（表3-7）。

表3-7 综合评价及最终车型的选择

车型	价格	舒适性	耐用性	维修记录	性能	操作性	总评
福特	60	64	30	35	21	7	217
马自达	70	40	35	35	12	7	199
尼桑	80	40	35	45	21	7	228
丰田佳美	60	56	50	50	21	7	244
沃尔沃	20	56	50	45	12	5	188

5. 执行方案

（1）确定具体的措施，保证方案的正确实施。

（2）确保与方案有关的各种指令能被所有相关人员充分接受和彻底了解。

（3）应用目标管理方法把决策目标层层分解，落实到每一个执行单位和个人。

（4）建立重要的工作报告制度，以便及时了解方案进展情况，及时进行调整。

6. 监督和评价方案

决策程序的最后阶段是对选择、执行的方案进行监督和评价，这通常是在决策实行了一段时间后才进行的。评价的目的是检验决策的正确性，修正不符合实际的部分。

二、决策的方法

（一）定性决策方法

定性决策方法又称主观决策方法，是指在决策中主要依靠决策者或有关专家的智慧来进行决策的方法。定性决策的方法有很多种，这里主要介绍头脑风暴法、德尔菲法、名义小组法、电子会议法、经营单位组合分析法与政策指导矩阵法，其中德尔菲法（Delphi technique）是最具代表性的方法。尤其在长远的战略决策中，由于许多条件的不肯定性，德尔菲法特别适用。

1. 头脑风暴法

头脑风暴法又称智力激励法，由创造学奠基人亚历克斯·奥斯本（Alex Faickney Osborn）提出，是一种通过组织小型会议，诱发集体智慧，相互启发灵感，最终产生创造性思维的程序化方法。它把一个组的全体成员都组织在一起，使每个成员都自由开放地发表自己的观点，使每个人都能提出大量新想法和新思路。

头脑风暴的具体实施步骤如下。

（1）准备阶段。事先对所议问题进行一定的研究，弄清问题的实质，找到问题的关键，设定解决问题所要达到的目标。同时选定参加会议人员，一般以5～10人为宜，人数不宜太多。然后将会议事宜提前通知与会人员，让大家事先做好准备。

（2）热身阶段。这个阶段的目的是创造一种自由、宽松、祥和的氛围，使大家得以放松，进入一种无拘无束的状态。先由有趣的话题或问题开始，让大家的思维处于轻松和活跃的境界，随后轻松导入会议议题。

（3）明确问题。主持人扼要介绍有待解决的问题。介绍时须简洁明确，不可过分周全，以免信息过多限制人的思维，干扰思维创新的想象力。

（4）重新表述问题。经过一段讨论后，大家对问题已经有了一定的理解，对问题的表述能够具有新角度、新思维。

（5）畅谈阶段。畅谈是头脑风暴法的创意阶段。引导大家自由发言，自由想象，自由发挥，使彼此相互启发，相互补充，然后将会议发言记录进行整理。为了使大家能够畅所欲言，需要制定规则：第一，不要私下交谈，以免分散注意力。第二，不妨碍他人发言，不去评论他人发言，每人只谈自己的想法。第三，发表见解时要简单明了，一次发言只谈一种见解。

（6）筛选阶段。会议结束后的一两天内，向与会者了解大家会后的新想法和新思路，以此补充会议记录。然后将大家的想法整理成若干方案进行筛选。经过多次反复比较和优中择优，最后确定1～3个最佳方案。这些最佳方案往往是多种创意的优势组合，是大家的集体智慧综合作用的结果。

头脑风暴法实施过程中有四项基本原则。

（1）排除评论性批判。对别人的建议不作任何评价，将相互讨论限制在最低限度内。

（2）建议越多越好，在这个阶段，参与者不要考虑自己建议的质量，想到什么就应该说出来。

（3）鼓励每个人独立思考，广开思路，想法越新颖、奇异越好。

（4）可以补充和完善已有的建议以使它更具说服力。

头脑风暴法的正确运用，可以有效地发挥集体的智慧，这可能比一个人的设想更富有创意。

2. 德尔菲法

德尔菲法是在20世纪40年代由O. 赫尔姆和N. 达尔克首创，经过T. J. 戈尔登和兰德公司的进一步发展而形成的。1946年，兰德公司首次使用这种方法来进行预测，后来这种方法被迅速地广泛采用。

德尔菲法的具体实施步骤如下。

（1）组成专家小组。按照课题所需要的知识范围确定专家。专家人数的多少，可根据预测课题的大小和涉及面的宽窄而定，一般不超过20人。

（2）向所有专家提出所要预测的问题及有关要求，并附上有关这个问题的所有背景材料，同时请专家提出还需要的其他材料。然后要求专家做出书面答复。

（3）各个专家根据他们所收到的材料，提出自己的预测意见，并说明自己是怎样利用这些材料并提出预测值的。

（4）将各个专家的第一次意见汇总，列成图表，进行对比，再分发给各位专家，让专家比较自己同他人的不同意见，修改自己的意见和判断。

（5）将所有专家的修改意见收集起来，汇总，再分发给各位专家，以便做第二次修改。逐轮收集意见并为专家反馈信息是德尔菲法的主要环节。收集意见和信息反馈一般要经过三、四轮，在向专家进行反馈的时候，只给出各种意见，但并不说明发表各种意见的专家的具体姓名。这一过程重复进行，直到每一个专家不再改变自己的意见为止。

（6）对专家的意见进行综合处理。这种方法的优点主要是简便易行，具有一定的科学性和实用性，可以避免进行会议讨论时产生的因害怕权威而随声附和，或固执己见，或因顾虑情面不愿与他人意见冲突等弊端；同时也可以使大家发表的意见较快集中，参加者也易接受结论，具有一定程度综合意见的客观性。但缺点是由于专家一般时间紧，回答往往比较草率，同时由于预测主要依靠专家，因此，归根到底仍属专家们的集体主观判断。此外，选择合适的专家较困难，征询意见的时间较长，对于需要快速判断的预测难以使用等。尽管如此，本方法因简便可靠，仍不失为一种人们常用的定性预测方法。

3. 名义小组法

在集体决策中，如对问题的性质不完全了解且意见分歧严重，则可采用名义小组法。在这种方式下，小组的成员互不通气，也不在一起讨论、协商，从而小组只是名义上的。这种名义上的小组可以有效地激发个人的创造力和想象力。具体说来，要遵循以下步骤。

（1）组织者先召集有关人员，把要解决的问题的关键内容告诉他们，并请他们独立思考，要求每个人尽可能地把自己的备选方案和意见写下来。

（2）再按次序让他们一个接一个地陈述自己的方案和意见，以便把每个想法都搞清楚。

（3）在此基础上，由小组成员对提出的全部备选方案进行投票和排序，赞成人数最多的方案即为所选方案。当然，管理者最后仍有权决定是接受还是拒绝这一方案。

这种方法的主要优点在于，是群体成员正式开会但不限制每个人独立思考，而传统的会议方式往往做不到这一点。

4. 电子会议法

最新的定性决策方法是将专家会议法与尖端的电子计算机相结合的电子会议。多达50人围坐在一张马蹄形的桌子旁，这张桌子上除了一系列的计算机终端外别无他物。将问题显示给决策参与者，将他们自己的回答打在计算机屏幕上。个人评论和票数统计都投影在会议内的屏幕上。

电子会议的主要优点是匿名、诚实和快速。决策参与者不透露姓名地打出自己所要表达的任何信息，一敲键盘即显示在屏幕上，使所有人都能看到。它使人们充分地表达他们的想法而不会受到惩罚，它消除了闲聊和讨论偏题，且不必担心打断别人的"讲话"。专家们声称电子会议比传统的面对面会议快一半以上。例如：某矿业公司采用此方法将原来需要几天的年度计划会议缩短至12小时。

但是，电子会议也有缺点：那些打字快的人使得那些口才好但打字慢的人相形见绌；再者，这一过程缺乏面对面的交流，削减了所传递信息的丰富性。

5. 经营单位组合分析法

该法由美国波士顿咨询公司建立，其基本思想是，大部分企业都有两个以上的经营单位，每个经营单位都有相互区别的产品—市场片，企业应该为每个经营单位确定其活动方向。

该法主张，在确定每个经营单位的活动方向时，应综合考虑企业或该经营单位在市场上的相对竞争地位和业务增长情况。相对竞争地位往往体现在企业的市场占有率上，它决定了企业获取现金的能力和速度，因为较高的市场占有率可以为企业带来较高的销售量和销售利润，从而给企业带来较多的现金流量。

业务增长率对活动方向的选择有两方面的影响：①它有利于市场占有率的扩大，因为在稳定的行业中，企业产品销售量的增加往往来自竞争对手市场份额的下降；②它决定着投资机会的大小，因为业务增长迅速可以使企业迅速收回投资，并取得可观的投资报酬。

根据上述两个标准——相对竞争地位和业务增长率，可把企业的经营单位分成四大类，如图3-1所示。企业应根据各类经营单位的特征，选择合适的活动方向。

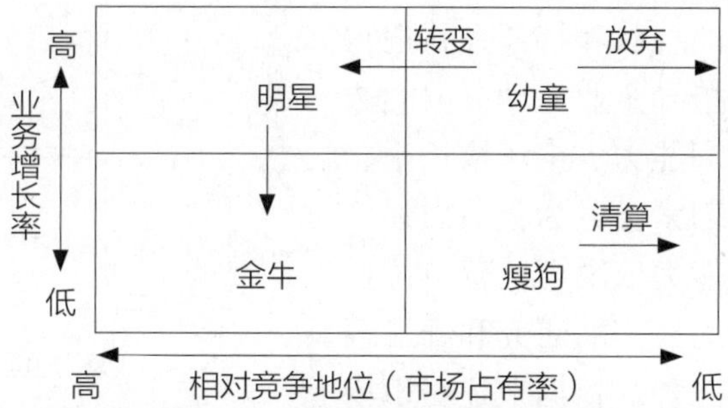

图3-1 企业经营单位组合图

“金牛”经营单位的特征是市场占有率较高，而业务增长率较低。较高的市场占有率为企业带来较多的利润和现金，而较低的业务增长率需要较少的投资。“金牛”经营单位所产生的大量现金可以满足企业的经营需要。

“明星”经营单位的市场占有率和业务增长率都较高，因而所需要的和所产生的现金都很多。“明星”经营单位代表着最高利润增长率和最佳投资机会，因此企业应投入必要的资金，增加它的生产规模。

“幼童”经营单位的业务增长率较高，而目前的市场占有率较低，这可能是企业刚刚开发的很有前途的领域。由于高增长速度需要大量投资，而较低的市场占有率只能提供少量的现金，企业面临的选择是投入必要的资金，以提高市场份额，扩大销售量，使其转变为“明星”，或者如果认为刚刚开发的领域不能转变为“明星”，则应及时放弃该领域。

“瘦狗”经营单位的特征是市场占有率和业务增长率都较低。由于市场占有率和销售量都较低，甚至出现负增长，“瘦狗”经营单位只能带来较少的现金和利润，而维持生产能力和竞争地位所需的资金甚至可能超过其所提供的现金，从而可能成为资金的陷阱。因此，对这种不景气的经营单位，企业应采取收缩或放弃的战略。

经营单位组合分析法的步骤通常如下。

（1）把企业分成不同的经营单位。

（2）计算各个经营单位的市场占有率和业务增长率。

（3）根据其在企业中占有资产的比例来衡量各个经营单位的相对规模。

（4）绘制企业的经营单位组合图。

（5）根据每个经营单位在图中的位置，确定应选择的活动方向。

经营单位组合分析法以“企业的目标是追求增长和利润”这一假设为前提。

对拥有多个经营单位的企业来说，它可以将获利较多而潜在增长率不高的经营单位所产生的利润投向那些增长率和潜在获利能力都较高的经营单位，从而使资金在企业内部得到有效利用。

6. 政策指导矩阵法

该法由荷兰皇家壳牌公司创立。顾名思义，政策指导矩阵即用矩阵来指导决策。具体来说，从市场前景和相对竞争能力两个角度来分析企业各个经营单位的现状和特征，并把它们标示在矩阵上，据此指导企业活动方向的选择。市场前景取决于盈利能力、市场增长率、市场质量和法规限制等因素，分为吸引力强、中、弱三种；相对竞争能力取决于经营单位在市场上的地位、生产能力、产品研究和开发等因素，分为强、中、弱三种。根据上述对市场前景和相对竞争能力的划分，可把企业的经营单位分成九大类，如图3-2所示。

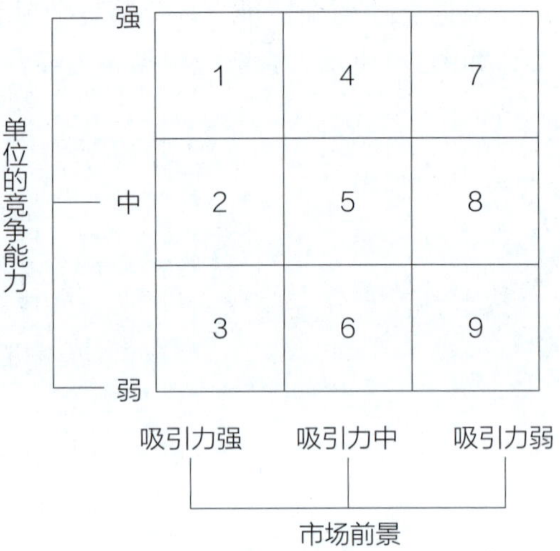

图3-2 政策指导矩阵

管理者可根据经营单位在矩阵中所处的位置来选择企业的活动方向。

处于区域1和4的经营单位竞争能力较强，市场前景也较好。应优先发展这些经营单位，确保它们获取足够的资源，以维持自身的有利市场地位。

处于区域2的经营单位虽然市场前景较好，但资源缺乏——这些经营单位的竞争能力不够强，应分配给这些经营单位更多的资源以提高其竞争能力。

处于区域3的经营单位市场前景虽好，但竞争能力弱。要根据不同的情况来区别对待这些经营单位：最有前途的应得到迅速发展，其余的则需逐步淘汰，这是由于企业资源的有限性。

处于区域5的经营单位一般在市场上有2～4个强有力的竞争对手，应分配给这些经营单位足够的资源以使它们随着市场的发展而发展。

处于区域6和8的经营单位市场吸引力不强且竞争能力较弱，或虽有一定的竞争能力（企业对这些经营单位进行了投资并形成了一定的生产能力）但市场吸引力较弱。应缓慢放弃这些经营单位，以便把收回的资金投入盈利能力更强的经营单位。

处于区域7的经营单位竞争能力较强但市场前景不容乐观。这些经营单位本身不应得到发展，但可利用它们的较强竞争能力为其他快速发展的经营单位提供资金支持。

处于区域9的经营单位市场前景暗淡且竞争能力较弱。应尽快放弃这些经营单位，把资金抽出来并转移到更有利的经营单位。

（二）定量决策方法

管理者选好组织的活动方向之后，接下来需要考虑的问题自然是如何通达这一活动方向。由于通达这一活动方向的活动方案通常不止一种，所以管理者要在这些方案中做出选择。在决定选择哪一个方案时，要比较不同的方案，而比较的一个重要标准是各种方案实施后的经济效果。由于方案是在未来实施的，所以管理者在计算方案的经济效果时，要考虑到未来的情况。根据未来情况的可控程度，可把有关活动方案的决策方法分为三大类：确定型决策方法、风险型决策方法和不确定型决策方法。

1. 确定型决策方法

在比较和选择活动方案时，如果未来情况只有一种并为管理者所知，则须采用确定型决策方法。常用的确定型决策方法有线性规划和量本利分析法等。这里主要介绍量本利分析法。

量本利分析法又称保本分析法或盈亏平衡分析法，是通过考察产量（或销售量）、成本和利润的关系以及盈亏变化的规律来为决策提供依据的方法。

在应用量本利分析法时，关键是找出企业不盈不亏时的产量（称为保本产量或盈亏平衡产量，此时企业的总收入等于总成本），而找出保本产量的方法有图解法和代数法两种。

①图解法。图解法（图3-3）是用图形来考察产量、成本和利润关系的方法。在应用图解法时，通常假设产品价格和单位变动成本都不随产量的变化而变化，所以总收入曲线、总成本曲线和变动成本曲线都是直线。

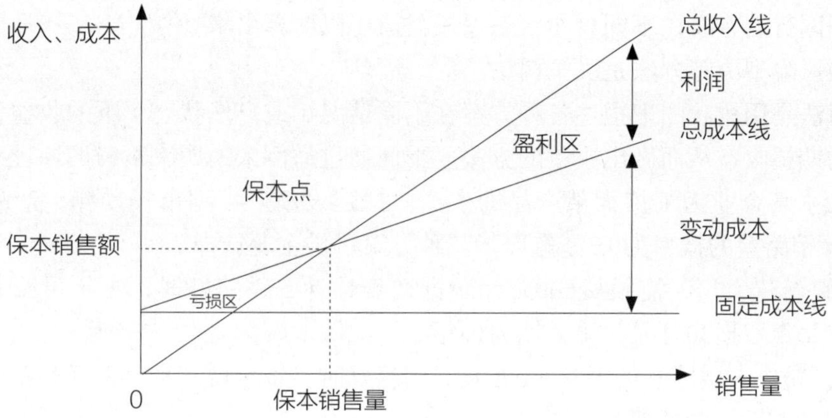

图3-3 图解法示例

②代数法。代数法是用代数式来表示产量、成本和利润的关系的方法。

假设p代表单位产品价格，Q代表产量或销售量，F代表总固定成本，v代表单位变动成本，π代表总利润，C代表单位产品贡献（$C=p-v$）。

【例3-1】某企业生产某产品的总固定成本为40000元，单位变动成本为每件2元，产品价格为每件3元。假设某方案带来的产量为100000件，问该方案是否可取？

a. 求保本产量。

企业不盈不亏时，$pQ=F+vQ$

所以保本产量$Q=F/(p-v)=F/C$

Q=40000/(3−2)=40000（件）

b. 求保目标利润的产量。

设目标利润为π则$pQ=F+vQ+\pi$

所以保目标利润π的产量$Q=(F+\pi)/(p-v)=(F+\pi)/C$

c. 求利润。

$\pi= pQ-F-vQ$

d. 求安全边际和安全边际率。

安全边际=方案带来的产量−保本产量=100000−40000=60000（件）

安全边际率=安全边际/方案带来的产量=60000/100000=60%

2. 风险型决策方法

风险型决策也叫统计型决策、随机型决策，是指已知决策方案所需的条件，但每个方案的执行都有可能出现不同后果，多种后果的出现有一定的概率，即存在着“风险”，所以称为风险型决策。风险型决策必须具备以下条件。

（1）存在着决策者期望达到的目标。

（2）有两个以上方案可供决策者选择。

（3）存在着不以决策者的意志为转移的几种自然状态。

（4）各种自然状态出现的概率已知或可估计出来。

（5）不同行动方案在不同自然状态下损益值可以估算出来。

常用的风险型决策方法是决策树法。

决策树法是用树状图来描述各种方案在不同情况（或自然状态）下的收益，据此计算每种方案的期望收益从而做出决策的方法。下面通过举例来说明决策树的原理和应用。

【例3−2】某企业为了扩大某产品的生产，拟建设新厂。据市场预测，产品销路好的概率为0.7，销路差的概率为0.3。有以下三种方案可供企业选择。

方案1，新建大厂，需投资500万元。据初步估计，销路好时，每年可获利150万元；销路差时，每年亏损30万元。服务期为10年。

方案2，新建中型厂，需投资260万元。销路好时，每年可获利70万元；销路差时，每年仍可获利30万元。服务期为10年。

方案3，新建小型厂，需投资100万元。销路好时，每年可获利30万元；销路差时，每年仍可获利20万元。服务期为10年。

问哪种方案最好?

第一步：画出该问题的决策树，如图3−4所示。

图3−4中的矩形节点称为决策点，从决策点引出的若干条树枝表示若干种方案，称为方案枝。圆形节点称为状态点，从状态点引出的若干条树枝表示若干种自然状态，称为状态枝。图中有两种自然状态：销路好和销路差，自然状态后面的数字表示该种自然状态出现的概率。位于状态枝末端的是各种方案在不同自然状态下的收益或损失。据此可以算出各种方案的期望收益。

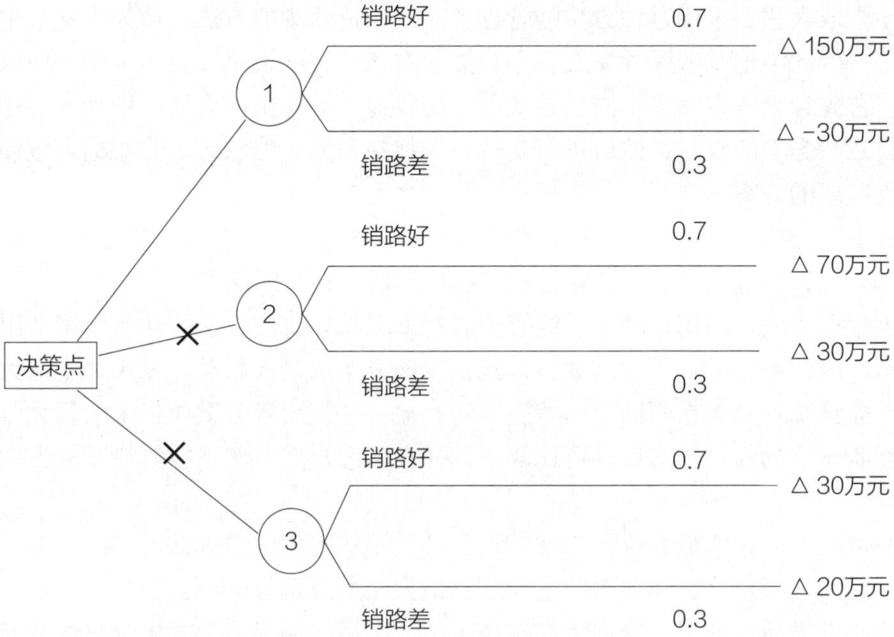

图3-4 决策树图解过程示意图

第二步：计算各方案对应的期望值。

方案1（节点①）的期望收益为：[0.7×150+0.3×(−30)]×10−500=460（万元）

方案2（节点②）的期望收益为：(0.7×70+0.3×30)×10−260=320（万元）

方案3（节点③）的期望收益为：(0.7×30+0.3×20)×10−100=170（万元）

第三步：比较计算结果表明，在三种方案中，方案1最好，故应将方案2和方案3剪去。

3. 不确定型决策方法

不确定型决策，指各种可行方案发生的后果是未知的，决策时无统计概率可依的决策问题。与风险型问题相比，该类决策缺少第四个条件。常用的不确定型决策方法有小中取大法、大中取大法和最小最大后悔值法等。下面通过举例来介绍这些方法。

不确定型决策

【例3-3】某企业打算生产某产品。据市场预测，产品销路有三种情况：销路好、销路一般和销路差。生产该产品有三种方案：a. 改进生产线；b. 新建生产线；c. 与其他企业协作。据估计，各方案在不同自然状态下的收益如表3-8所示。问企业选择哪个方案？

表3-8 各方案在不同自然状态下的收益（单位：万元）

方案	收益		
	销路好	销路一般	销路差
a. 改进生产线	180	120	-40
b. 新建生产线	260	100	-80
c. 与其他企业协作	100	70	20

（1）小中取大法。采用这种方法的管理者对未来持悲观的看法，认为未来会出现最差的自然状态，因此不论采取哪种方案，都只能获取该方案的最小收益。采用小中取大法进行决策时，首先计算各方案在不同自然状态下的收益，并找出各方案所带来的最小收益，即在最差自然状态下的收益，然后进行比较，选择在最差自然状态下收益最大或损失最小的方案作为所要的方案。

在表3-8中，a方案的最小收益为-40万元，b方案的最小收益为-80万元，c方案的最小收益为20万元，经过比较，c方案的最小收益最大，所以选择c方案。

（2）大中取大法。采用这种方法的管理者对未来持乐观的看法，认为未来会出现最好的自然状态，因此不论采取哪种方案，都能获取该方案的最大收益。采用大中取大法进行决策时，首先计算各方案在不同自然状态下的收益，并找出各方案所带来的最大收益，即在最好自然状态下的收益，然后进行比较，选择在最好自然状态下收益最大的方案作为所要的方案。

在表3-8中，a方案的最大收益为180万元，b方案的最大收益为260万元，c方案的最大收益为100万元，经过比较，b方案的最大收益最大，所以选择b方案。

（3）最小最大后悔值法。管理者在选择了某方案后，如果将来发生的自然状态表明其他方案的收益更大，那么他（或她）会为自己的选择而后悔。最小最大后悔值法就是使后悔值最小的方法。采用这种方法进行决策时，首先计算各方案在各自然状态下的后悔值（某方案在某自然状态下的后悔值=该自然状态下的最大收益-该方案在该自然状态下的收益），并找出各方案的最大后悔值，然后进行比较，选择最大后悔值最小的方案作为所要的方案。

在表3-8中，在销路好这一自然状态下，b方案的收益最大，为260万元。在将来发生的自然状态是销路好的情况下，如果管理者恰好选择了这一方案，他就不会后悔，即后悔值为0。如果他选择的不是b方案，而是其他方案，他就会后悔（后悔没有选择b方案）。比如，他选择的是c方案，该方案在销路好时带来的收益是100万元，比选择b方案少带来160万元的收益，即后悔值为160万元。各个后悔值的计算结果如表3-9所示。

由表3-9看出，在销路好这一自然状态下，a方案的最大后悔值为80万元，b方案的最大后悔值为0元，c方案的最大后悔值为160万元，经过比较，b方案的最大后悔值最小，所以选择b方案。

表3-9　各方案在各自然状态下的后悔值（单位：万元）

方案	后悔值		
	销路好	销路一般	销路差
a. 改进生产线	80	0	60
b. 新建生产线	0	20	100
c. 与其他企业协作	160	50	0

同步测试

一、名词解释

决策　头脑风暴法　电子会议法　风险型决策　决策树法

二、填空题

1. 决策的原则有________、________、________、________、________和________。
2. 决策的依据包括________、________、________。
3. SWOT分析法又称态势分析法，其包括________、________、________和________。
4. 定性决策方法又称主观决策方法，其包括头脑风暴法、________、________、________、经营单位组合分析法与政策指导矩阵法。
5. 企业环境因素一般分为三大类：________、________和________。

三、判断题（正确的用T，错误的用F）

1. 不确定型决策是指具有多种未来状态和相应后果，但是只能确定各状态的发生概率而难以获得充分可靠信息的决策问题。(　)
2. 按照决策的作用可以把决策分为战略决策、管理决策和专业决策。(　)
3. 群体决策容易导致妥协。(　)
4. 信息越多并不能保证决策就越科学。(　)
5. 决策首先必须识别机会或发现问题。(　)
6. 决策拟定的方案越多越好。(　)
7. 个人决策比集体决策效率低。(　)
8. 长期决策是有关组织今后发展方向的决策，又称长期战略决策。(　)
9. 古典决策理论是基于“经济人”假设提出来的。(　)
10. 量本利分析法是通过考察产量、成本和利润的关系以及盈亏变化的规律来为决策提供依据的方法。(　)

四、单选题

1. 企业面临的境况日益繁多，企业的决策越来越难以靠个人的智慧与经验来确定，因此现代决策应该更多地依靠(　)。

   A. 多目标协调　B. 集体智慧　C. 动态规划　D. 下级意见

2. 主要是根据决策人的直觉、经验和判断能力来进行决策的是(　)。

   A. 确定型决策　B. 不确定型决策　C. 程序化决策　D. 非程序化决策

3. 对于一个完整的决策过程来说，第一步是(　)。

   A. 确定目标　B. 发现问题　C. 拟定可行方案　D. 组织有关人员

4. 在决策的过程中，根据决策目标的要求寻找实现目标的途径是(　)。

   A. 发现问题　B. 设计方案　C. 选择方案　D. 实施决策

5. 美国克莱斯勒汽车公司的总经理艾柯卡曾经说过："等到委员会讨论以后再射击，野鸡已经飞走了。"关于这句话，正确的理解是（ ）。

A. 委员会决策往往目标不明确

B. 委员会决策的正确性往往较差

C. 群体决策往往不能正确把握市场的动向

D. 群体决策往往不讲究时效性，只考虑做出合理的决策

6. 群体决策并非完美无缺，在考虑是否采用群体决策时，应该主要考虑（ ）。

A. 参与决策人数的多少

B. 参加决策人员当中权威人士的影响

C. 决策效果的提高是否足以抵消决策效率方面的损失

D. 决策所耗用时间的多少

7. 你正面临是否购买某种奖券的决策。你知道每张奖券的售价以及该期共发行奖券的总数、奖项和相应的奖金额。在这样的情况下，该决策的类型是什么？加入何种信息以后该决策将变成一个风险性决策？（ ）

A. 确定型决策；各类奖项的数量

B. 风险性决策；不需要加其他任何信息

C. 不确定型决策；各类奖项的数量

D. 不确定型决策；可能购买该奖券的人数

8. 决策的核心是（ ）。

A. 意识 B. 目的 C. 未来 D. 选择

9. 不确定型决策与风险性决策的区别在于（ ）。

A. 可供选择的方案中是否存在两种或两种以上的自然状态

B. 各种自然状态发生的概率是否可知

C. 哪种自然状态最终发生是否确定

D. 决策是否经常重复进行

10. 在管理决策中，许多管理人员认为只要选取满意的方案即可，而无须刻意追求最优的方案。对于这种观点，你认为以下哪种解释最有说服力？（ ）

A. 现实中不存在所谓的最优方案，所以选中的都只是满意方案

B. 现实管理决策中常常由于时间太紧而来不及寻找最优方案

C. 由于管理者对什么是最优决策无法达成共识，只有退而求其次

D. 刻意追求最优方案，常常会由于代价太高而最终得不偿失

11. 战术决策又称管理决策，属于企业的（ ）。

A. 中层决策 B. 基层决策 C. 高层决策 D. 高、中、基层决策

12. 战略决策属于企业的（ ）。

A. 中层决策 B. 基层决策 C. 高层决策 D. 高、中、基层决策

13. 业务决策又称执行性决策，属于企业的（ ）。

A. 中层决策 B. 基层决策 C. 高层决策 D. 高、中、基层决策

14. 从决策的主体看，可把决策分为（ ）。

A. 集体决策与个人决策　B. 初始决策与追踪决策

C. 程序化决策与非程序化决策　D. 长期决策与短期决策

15. 从决策影响的时间看，可把决策分为（ ）。

A. 集体决策与个人决策　B. 初始决策与追踪决策

C. 程序化决策与非程序化决策　D. 长期决策与短期决策

16. 从决策的起点看，可把决策分为（ ）。

A. 集体决策与个人决策　B. 初始决策与追踪决策

C. 程序化决策与非程序化决策　D. 长期决策与短期决策

17. 为保证总体战略目标的实现而做出的、旨在解决组织局部重要问题的决策是（ ）。

A. 战略决策　B. 管理决策　C. 业务决策　D. 程序化决策

18. 如果你是公司的总经理，当企业出现以下几件事需要做出决策时，你将把主要精力放在哪件事上？（ ）

A. 原材料的采购　B. 资金的安排　C. 组织结构的调整　D. 生产计划的制订

五、多选题

1. 从决策层次性来看，可把决策分为（ ）。

A.战略决策　B. 战术决策　C. 业务决策　D. 初始决策

2. 最常用的集体决策方法有（ ）。

A. 德尔菲法　B. 头脑风暴法　C. 名义小组法　D. 电子会议法

3. 从环境因素的可控度来看，可把决策分为（ ）。

A. 确定性决策　B. 风险性决策　C. 追踪决策　D.不确定性决策

4. 决策的理论包括（ ）。

A. 古典决策理论　B. 行为决策理论　C. 当代决策理论　D. 现代决策理论

5. 企业外部环境分析中一般环境因素包括（ ）。

A. 经济因素　B. 政治法律因素　C. 社会文化因素　D. 技术因素

六、简答题

1. 决策的依据和原则有哪些？是如何分类的？
2. 你是如何理解决策的过程的？
3. 举例说明决策方法的应用。
4. 简述德尔菲法的概念和步骤。
5. 简述决策制定的六个步骤。

项目实训

项目实训1

某企业为了扩大某产品的生产，拟建设新厂。据市场预测，产品销路好的概率为0.6，销路差的概率为0.4。有以下三种方案可供企业选择。

方案1，新建大厂，需投资1500万元。据初步估计，销路好时，每年可获利400万元；销路差时，每年亏损50万元。服务期为8年。

方案2，新建中型厂，需投资800万元。销路好时，每年可获利200万元；销路差时，每年仍可获利50万元。服务期为8年。

方案3，新建小型厂，需投资300万元。销路好时，每年可获利80万元；销路差时，每年仍可获利30万元。服务期为8年。

请用正确的方法决策，选择最佳方案。

项目实训2

假设你在学校门口开一家门店（经营类型自选），请你用SWOT分析法进行分析，并做出相应决策。要求每人提交一份开店决策方案。

案例研讨

海尔成功之路

从1984年到2024年，海尔的年营业收入从348万元到4000亿元，年复合增长率达到34%，年利润从亏空147万元到突破300亿元，资产总额从资不抵债到总资产4700余亿元，平均每年纳税约55亿元。在全球市场，海尔正在凭借对当地需求的深刻洞察，以产品科技的创新向价值链高端挺进，推出了一系列面向高端市场的本土化产品。2024年，海尔推出了比A级能耗节能60%的海尔朗境X11洗衣机。创新的节能科技紧扣欧洲能源紧缺、能源价格居高不下的市场环境，让产品一上市就占据欧洲当地高端市场份额的10%。在英国，其价格指数高达375，是行业均价的3.75倍。在欧洲，海尔已连续8年成为销量增速最快的家电品牌。截至2024年12月，代表制造业领域智能制造和数字化生产的最高水平的“灯塔工厂”，世界经济论坛总共认定了172家，其中20家为“可持续灯塔工厂”。其中，有9座“灯塔工厂”和1座“可持续灯塔工厂”属于海尔，海尔也成为全球拥有“灯塔工厂”数量最多的企业。

在产品标准方面，海尔防电墙热水器、全空间保鲜电冰箱、空气洗洗衣机等产品国际标准开行业之先河，引领行业走向科技创新的高质量发展之路。随着家电向智能家居进化，海尔牵头制定的智慧家庭场景国际标准，规范智慧家庭场景的智能化、交互性和互联性等，推动行业从关注单一产品功能到关注用户场景体验的转型升级。在产业互联网领域，海尔牵头制定的全球首个产业互联网系统功能架构国际标准，则对规范各国跨行业、跨领域产业互联网平台的架构建设，促进产业互联网平台的全球推广以及建立全球产业互联网产业生态方面起到了重要作用。

海尔不仅创造了一个全球化的企业、世界级的品牌，还创造出一个全球认可的管理模式——人单合一。通过打破组织内部的“墙”，让每个员工都直接面对用户创造价值，海尔成功转型为自组织、自驱动、自进化的生态型企业，并实现了人单合一模式在日本三洋白电业务、新西兰斐雪派克、美国通用家电和意大利Candy等的成功复制，让被收购企业迅速扭亏为盈，打破了阐释跨国并购高失败率的“七七定律”。如今，从北美到欧洲，从亚洲到非洲，人单合一模式跨越企业、行业边界，在不同文化背景下均展现出强大的生命力和卓越成效。

40年，让海尔从“青岛的海尔”成长为“世界的海尔”，在全球舞台上不断彰显中国企业的引领力，也具备了参与更高级赛场的参赛资格和竞赛能力，其所追求的不再是国际布局速度，而是带动中国企业向价值链高端的升级、向更具创新活力的方向进化、向“世界一流”跃升。

（资料改编来源：观海新闻. 海尔未来十年：建立世界一流产业生态 [EB/OL].（2024-12-27）[2025-05-24]. https://baijiahao.baidu.com/s?id=1819557692456294665&wfr=spider&for=pc.）

问题：

1. 海尔为什么会如此成功？
2. 你认为海尔未来的战略决策重点在哪里？如何实现？

模块4

计划

学习目标

知识目标

1. 掌握计划的概念、特征与内容，了解计划的类型与作用；
2. 掌握计划编制原则与程序；
3. 掌握编制计划的基本技术与方法。

能力目标

1. 能够正确应用计划编制原则与程序指导编制计划；
2. 能够正确使用编制计划的基本技术与方法。

素质目标

1. 培养良好的时间观念，明白“凡事预则立，不预则废”的道理；
2. 能够正确制订自身发展的短期计划与长远计划。

导入案例

湖南国锦湘安实业有限公司的未来

车间里每一位员工都精神饱满，每一台机器都开足马力，全力赶制订单！春节过后，湖南国锦湘安实业有限公司（以下简称“国锦湘安实业”）围绕“十四五”规划及年度目标任务早部署、早落实、抢先机、拼干劲，喜讯连连、捷报频传，连续中标两个大额订单，合同金额达2100余万元。

2024年以来，面对天气及行业竞争等多重压力影响，外贸市场形势严峻，国锦湘安实业积极寻求出路，勇于创新，在持续巩固提升制式服装市场的同时，奋力拓展壮大职业工装市场。公司打出了一套市场攻坚“组合拳”：成立一个新部门、推出一套新机制、丰富一个新业态。成立了一个新部门即新成立市场三部；推出一套新机制即探索实施片区经理制，优化力量配比，充分激发市场营销“尖刀力量”；丰富一个新业态，即推出并优化线上小商城和线下展厅卖场，线上线下同步发力，改进服务、打造品牌、创效增效。

“不仅公司市场营销力量更加壮大，大家的营销方向也更加聚焦，更有利于把力量凝聚在一个拳头上打向市场。”公司市场二部负责人介绍，今年将继续聚焦公司制式服装领域，盘活市场、放大优势、提高增量，同时积极拓展国有企业职业工装市场。

据悉，布局轨道交通等服装领域是该公司转型升级打造制式服装、职业工装“两个平台”“三个产业圈”的“一步大棋”。作为一家深耕制式服装领域30多年的“老字号”企业，国锦湘安实业在生产资质、技术设备、产品品质、保障服务等方面具有良好优势，赢得市场广泛认可，此次顺利中标也标志着该公司在优化产业布局进程中迈出重要一步。

（资料改编来源：湖南民生网．湘安实业奋战在“春天里”[EB/OL].（2024-03-22）[2025-05-28]. https://www.hnmsw.com/show_article_228950.html.）

那么，国锦湘安公司是否应该制订短、中、长期计划？计划编制的主要原则、程序与方法有哪些呢？

4.1 计划概述

一、计划的含义

计划概述

从静态上看，计划是指用文字和指标等形式所表述的，组织以及组织内不同部门和不同成员在未来一定时期内，关于行动方向、内容和方式安排的管理文件。

从动态上看，计划就是选定工作目标，并围绕组织的目标，对组织活动的过程进行详细的统筹安排的过程。

计划工作的目的是绘制组织未来活动的蓝图，以明确组织的奋斗目标和具体任务。计划要为组织设立合理且切实可行的目标，合理的目标才能将行动导向成功。计划是实现目标的手段，只要目标设置合理，而且对实现这些目标的工作进行了科学计划并得到切实执行，那么就能实现预期的结果。

二、计划的特征

（1）计划工作为实现组织目标服务。在时间维度上，计划工作把决策所确立的组织目标及行动方式分解为不同时间段的目标及行动安排；在空间维度上，计划工作把决策所确立的组织目标及行动方式分解为组织内不同层次、不同部门、不同成员的目标及行动安排。

（2）计划工作是管理活动的桥梁，是组织、领导、控制等管理活动的基础。

（3）计划工作具有普遍性和秩序性。

（4）计划工作要追求效率。

三、计划的内容——5W2H1E

计划的具体内容一般有八项：组织活动目标与内容、原因、人员安排、活动的地点、时间、手段与方法、费用开支、预期效果。

5W2H1E：

- What to do ?　　做什么
- Why to do ?　　为什么做
- Who to do ?　　谁去做
- When to do ?　　何时做
- Where to do ?　　何地做
- How to do ?　　怎么做
- How much to do it?　　多少费用
- Effect ?　　效果

管理故事

目标永远在技巧和方法前面

张总和刘主管都是《西游记》迷，这天，两人闲着无事，讨论起《西游记》中的人物来。

张总问刘主管："你认为师徒四人中，谁最不重要呢？"

"当然是唐僧了"，刘主管毫不犹豫地说，"在保护唐僧去西天取经的路上，孙悟空能七十二般变化、降妖除魔、冲锋陷阵；猪八戒虽然贪吃贪睡，但打起仗来也能上天入海，助猴哥一臂之力；沙僧憨厚老实、任劳任怨，把大家的行李挑到西天；唐僧最舒服，不仅一路上有马骑、有饭吃，而且妖魔挡道也不用其动一根手指头，自有徒儿们奋勇上阵。他做事不明真伪，总是慈悲为怀，动不动还要给孙猴子念上几句紧箍咒。”

张总摇摇头：“此言差矣。”

刘主管问：“那依你之见呢？”

张总说：“四个人中，最重要的是唐僧。只有他明白去西天的目的是取回真经普度众生。就是他，在孙悟空赌气回了花果山、猪八戒开小差跑回高老庄、沙僧也犹豫的情况下，毅然一个人奋勇向前，不达目的誓不罢休。因为他知道为什么要去西天，他知道他为什么做，他知道他做什么；而他的3个徒弟并不知道为什么要去西天，他们只是知道保护好唐僧就行，至于为什么要保护好唐僧，他们不去考虑。所以，无论路程多么艰险、无论多少妖魔挡道、无论多少鬼怪想吃其肉，唐僧都毫不畏惧，奋勇前进。最后，唐僧不仅取回了真经，而且还使曾经被称为妖精的3个徒弟最终功德圆满。”

点评： 目标，永远在技巧和方法前面。一个人如果一开始就不知道他要去的目的地在哪里，他就永远到不了他想去的地方。企业如果没有明确的目标，就永远不能强大。

四、计划的类型

计划的类型详见表4-1。

表4-1 计划的类型

分类依据	主要类型	内容描述
按计划期限分类	长期计划	长期计划通常指5年以上的计划
	中期计划	中期计划通常指1～5年的计划
	短期计划	短期计划一般指1年以内的计划
按工作职能分类	业务计划	业务计划包括产品开发、物资采购、仓储后勤、生产作业以及销售促进等内容
	财务计划	财务计划研究如何从资本的提供和利用上促进业务活动的有效进行
	人事计划	人事计划分析如何为业务规模的维持或扩大提供人力资源的保证
按计划涉及内容的层次和广度分类	战略计划	战略计划是指应用于整体组织的、为组织未来较长时期（通常为5年以上）设立总体目标和寻求组织在环境中的地位的计划
	作业计划	作业计划是指规定总体目标如何实现的细节性计划，其需要解决的是组织的具体部门或职能在未来各个较短时间内的行动方案

续表

分类依据	主要类型	内容描述
按计划的明确程度分类	指导性计划	指导性计划只规定某些一般的方针和行动原则，给予行动者较大自由处置权，它指出重点但不把行动者限定在具体的目标上或特定的行动方案上
	具体性计划	具体性计划具有明确规定的目标。比如，企业销售部经理打算使企业销售额在未来6个月中增长15%，他会制定明确的程序、预算方案以及日程进度表
按计划的程序化程度分类	程序性计划	程序性计划是指与程序化决策对应的计划，如订货、材料的出入库等方面的计划
	非程序性计划	非程序性计划是指与非程序化决策对应的计划，如新产品的开发、生产规模的扩大、品种结构的调整、工资制度的改变等方面的计划

4.2 计划的作用与编制原则

一、计划的作用

在管理实践中，计划是其他管理职能的前提和基础，并且还渗透到其他管理职能之中，它是管理过程的中心环节，因此，计划在管理活动中具有重要的地位和作用。

（1）计划可以指出方向。计划是一种协调管理者和非管理者的过程，当所有有关人员了解了组织的目标和为达到目标他们必须做出什么贡献时，他们就能开始协调他们的活动，互相合作，结成团队。而缺乏计划会使实现目标的过程失去效率。

（2）减少变动产生的影响。通过促使管理者展望未来，预见变化，考虑变化的冲击，以及制定适当的对策，计划可以减少不确定性，管理者能够预见行动的结果。

（3）可以减少重叠性和浪费性活动。在实施之前的协调过程可以发现浪费和冗余，再进一步，当手段和结果清楚时，低效率的问题也就暴露出来了。

（4）计划设立目标和标准以便于进行控制。如果不清楚要达到什么目标，就无法判断是否达到了目标。在计划中设立目标，在控制职能中将实际的绩效与目标进行比较，发现可能发生的重大偏差，采取必要的校正行动。没有正确的计划就没有有效的控制。

二、编制计划的原则

（1）科学性原则。以科学规律为基础，用科学的方法制订计划。

（2）统筹原则。管理者在编制计划时，一定要全面考虑整个组织的情况及组织中各组成部分及其相互关系，考虑组织与外部环境的关系，加以统筹规划。

（3）重点原则。管理者要分清计划任务的主次、轻重和缓急，抓住主要环节，明确主攻方向和要解决的重点问题。

（4）弹性原则。组织所面临的情况是变化莫测的，为了适应未来的情况变化，组织的计划就必须留有余地。

（5）创新原则。面对未来的新问题、新情况，计划要能创造性地提出一些解决问题的新思路、新方法和新措施。

4.3 编制计划的程序、技术与方法

一、编制计划的程序

任何计划工作都要遵循一定的程序或步骤。虽然小型计划比较简单，大型计划复杂些，但是，管理人员在编制计划时，其工作步骤都是相似的，依次包括以下内容。

1. 识别机会

识别机会先于实际的计划工作，严格来讲，它不是计划的一个组成部分，却是计划工作的一个真正起点。因为它预测到了未来可能出现的变化，清晰而完整地认识到组织发展的机会，厘清了组织的优势、弱点及所处的地位，认识到组织利用机会的能力，意识到不确定因素对组织可能发生的影响程度等。

识别机会，对做好计划工作十分关键。一位经营专家说过："识别机会是战胜风险、求得生存与发展的诀窍。"诸葛亮"草船借箭"的故事流传百世，其高明之处就在于他看到了三天后江上会起雾，而曹军不习水性、不敢迎战的机会，最终实现了自己的战略目标。企业经营中也不乏这样的例子。

2. 确定目标

制订计划的第二个步骤是在识别机会的基础上，为整个组织及其所属的下级单位确定目标，目标是指期望达到的成果，它为组织整体、各部门和各成员指明了方向，描绘了组织未来的状况，并且作为标准可用来衡量实际的绩效。计划的主要任务就是将组织目标进行层层分解，以便落实到各个部门、各个活动环节，形成组织的目标结构，包括目标的时间结构和空间结构。

管理故事

将目标量化

曾有人做过一个实验：组织三组人，让他们分别向二十千米外的一个村庄步行。

第一组的人对村庄的名称和路途的长短一无所知，只告诉他们跟着向导走就是。刚走了四五千米就有人叫苦，走了一半时有人抱怨为什么要走这么远，何时才能走到。离终点只剩三四千米时，有人甚至坐在路边不愿走了。坚持走到终点的只

有一半人左右。

第二组的人知道村庄的名字和路段，但路边没有里程碑，他们只能凭经验估计行程时间和距离。走到一半的时候大多数就想知道他们已经走了多远，比较有经验的人说："大概走了一半的路程。"于是大家又簇拥着向前走，当走到全程的四分之三时，大家情绪低落，觉得疲惫不堪，而路程似乎还很长，当有人说："快到了！"大家又振作起来加快了步伐。

第三组的人不仅知道村子的名字、路程，而且公路上每一千米就有一块里程碑，每缩短一千米大家便有一小阵的快乐。行程中他们用歌声和笑声来消除疲劳，情绪一直很高涨，所以很快就到达了目的地。

点评：将目标量化能够激发团队的斗志，更好地完成任务。在个人的工作和学习中也要有量化目标的意识。

3. 确定前提条件

所谓计划工作的前提条件就是计划工作的假设条件，简言之，即计划实施时的预期环境。负责计划工作的人员对计划前提条件了解得越细越透彻，并能始终如一地运用它，计划工作也将做得越协调。

按照组织的内外环境，可以将计划工作的前提条件分为外部前提条件和内部前提条件；还可以按可控程度，将计划工作前提条件分为不可控的、部分可控的和可控的三种前提条件。外部前提条件大多为不可控的和部分可控的，而内部前提条件大多数是可控的。不可控的前提条件越多，不确定性越大，就越需要通过预测工作确定其发生的概率和影响程度的大小。

4. 拟定可供选择的可行方案

编制计划的第四个步骤是，寻求、拟定、选择可行的行动方案。"条条道路通罗马"，描述了实现某一目标的方案途径是多样的。通常，最显眼的方案不一定就是最好的方案，对过去方案稍加修改和略加推演也不会得到最好的方案，一个不引人注目的方案或通常人提不出的方案，效果却往往是最佳的，这里体现了方案创新性的重要。此外，方案也不是越多越好。编制计划时没有可供选择的合理方案的情况是不多见的，更加常见的不是寻找更多的可供选择的方案，而是减少可供选择方案的数量，以便可以分析最有希望的方案。即使用数学方法和计算机，我们还是要对可供选择方案的数量加以限制，以便把主要精力集中在对少数最有希望的方案的分析方面。

5. 评价可供选择的方案

在找出了各种可供选择的方案和检查了它们的优缺点后，下一步就是根据前提条件和目标，权衡它们的轻重优劣，对可供选择的方案进行评估。评估实质上是一种价值判断，它一方面取决于评价者所采用的评价标准；另一方面取决于评价者对各个标准所赋予的权重。一个方案看起来可能是最有利可图的，但是需要投入大量现金，而回收资金很慢；另一方案看起来可能获利较少，但是风险较小；第三个方案眼前看没有多大的利益，但可能更适合公司的长远目标。应该用运筹学中较为成熟的矩阵评价法、层次分析法、多目标评价法，进行评价和比较。

如果唯一的目标是要在某项业务里取得最大限度的当前利润，如果将来不是不确定的，如果无需为现金和资本可用性焦虑，如果大多数因素可以分解成确定数据，这样条件下的评估将是相对容易的。但是，由于计划工作者通常都面对很多不确定因素，资本短缺问题以及各种各样无形因素，评估工作通常很困难，甚至比较简单的问题也是这样。一家公司主要为了声誉，而想生产一种新产品；而预测结果表明，这样做可能造成财务损失，但声誉的收获是否能抵消这种损失，仍然是一个不确定的问题。因为在多数情况下，存在很多可供选择的方案，而且有很多应考虑的可变因素和限制条件，评估会极其困难。

评估可供选择的方案，要注意考虑以下几点：第一，认真考察每一个计划的制约因素和隐患；第二，要用总体的效益观点来衡量计划；第三，既要考虑到每一个计划的、有形的、可以用数量表示出来的因素，又要考虑到无形的、不能用数量表示出来的因素；第四，要动态地考察计划的效果，不仅要考虑计划执行所带来的利益，还要考虑计划执行所带来的损失，特别注意那些潜在的、间接的损失。

6. 选定方案

计划工作的第六步是选定方案。这是在前五步工作的基础上，走出的关键一步，也是决策的实质性阶段——抉择阶段。可能遇到的情况是，有时会发现同时有两个以上可取方案。在这种情况下，必须确定首先采取哪个方案，而将其他方案也进行细化和完善，以作为后备方案。

7. 制订主要计划

制订主要计划就是将所选择的计划用文字形式正式表达出来，作为管理文件。计划要清楚地确定和描述5W1H的内容，即What（做什么）、Why（为什么做）、Who（谁去做）、Where（何地做）、When（何时做）、How（怎样做）。另外还要有资金保障与物资配备。

8. 制订派生计划

基本计划还需要派生计划的支持。比如，一家公司年初制订了“当年销售额比上年增长20%”的销售计划，与这一计划相连的有许多计划，如生产计划、促销计划等。再如当一家公司决定开拓一项新的业务时，这个决策是要制订很多派生计划的信号，比如雇用和培训各种人员的计划、筹集资金计划、广告计划等。

9. 制定预算，用预算使计划数字化

在做出决策和确定计划后，最后一步就是把计划转变成预算，使计划数字化。编制预算，一方面是为了计划的指标体系更加明确，另一方面是使企业更易于对计划执行进行控制。定性的计划往往在可比性、可控性和进行奖惩方面比较困难，而定量的计划则具有较硬的约束。

知识拓展

如何编制年度工作计划

要制作一个结构合理、内容充实、外观漂亮的企业年度计划书，还真存在不少的技巧，需要花费一些心思。

归纳起来，一份完整的年度工作计划，应包含如下一些内容。

首先，要对整体市场环境进行分析，并给出专业的判断。这里的市场环境包含宏观的所在国或区域经济运行走势，法律法规的出台、行业协会的行为及政府监管力度等对所从事行业的正负面影响；所在行业整体市场情况分析及其走势判断，比如说办公家具行业走势、工程客户和终端消费者对办公家具的认知和接受度的变化等；行业内主要竞争对手的发展情况，以及重要行为活动及该活动对本企业的影响分析等。通过此种分析方式，往往可以系统地研判以推断将来（下一年度）的行业和市场趋势。

其次，对企业（部门）自身经营情况进行简要的盘整，并列出可能存在的问题，为下一步具体计划的提出打下基础。这一步非常重要，决定了企业（部门）是否能够对自我有一个清醒的认识。此环节可以从内外部两个方面去总结和评定，比如外部资源和外协机构的配合辅助情况，内部各部门间的协同性、对所定目标的一致认可性等。至于具体体现的指标，则包含了年度任务的完成情况，比如从产品销售额、市场占有率、分季度和月度的完成情况、区域指标的完成情况；新产品开发上市、主力产品和淘汰品的年度推进情况，通路的变化及精耕细作情况、空白区域的开发情况，客户和消费者的满意度情况，品牌塑造之知名度、美誉度、满意度和第一提及率等情况的变化，媒体传播率、公关及促销活动推广率、员工配置率、费用预算使用率，等等。一些企业为了得到客观真实的数据，往往会委托第三方市调机构进行调查。

第三，具体新年度工作计划。如果说上文两个环节是简要的分析和总括，以使年度报告更系统和全面，能够使报告的撰写者和阅读者有一个整体把握的话，那么本部分则是决战新年工作的一个灵魂和纲领，一旦此部分得到确定，整个年度工作便有了指针和方向。那么企业在今后的工作中，更多的是围绕第三个环节进行修正、丰富和完善。

在编制年度工作计划的时候，首先需要引进SWOT分析模型，进一步给企业或部门定位，明确企业的优势、劣势、机会点和威胁点，扬长避短，发挥企业最大的潜能，制定出更有针对性的市场营销策略。

接下来就是给自己设定一个明确的目标，这个目标往往以理性可考评的数字目标为主导，比如年度销售指标、分产品贡献指标、市场占有指标、网点开发指标、大客户销售与零售指标、人员流失率指标等。目标的设定必须与所在地的宏观经济走势与行业走势结合起来，参照近两年的公司运营状况，以及下一年度公司的整体资源和资金支持程度。目标的设定不能过高也不能过低，过高达不成没有意义，过低就失去了目标设定的本意。目标设定如同触摸天花板，必须跳起来才能够摸得到。

设定完目标后，接着就要拟定经营策略。这里的策略是指战术，即围绕所拟定的各项目标，通过什么样的方式和手段去达成目标的问题，比如品牌塑造怎么做，广告是否要找代言人，广告的投放是以央视为主，还是以各地方媒体为主导。各品类产品的目标消费者是否需要进一步聚焦和定位，如何聚焦推广。产品的升级换代是否有一个完备的策略思想去支撑。针对产品的行业销售与终端零售之间，该有什么样的新的策略去应对和调整。年度是否应该设定系列特定广告或公关活动，这样的活动如何与品牌匹配及整体产品的集中推出配合，等等。

如果说年度工作计划中经营策略是架设梯子，那么行动计划则是沿着阶梯攀爬，二者一脉相承。行动计划更多的是时间的推演，即以季度或月度设定要做什么工作，在哪里做工作，都需要哪些部门和哪些人员做该工作，整体如何配合。简单点说，行动计划就是时间表的推进问题。

任何工作都需要支持，而最大的支持莫过于资金到位。因此，在年度工作计划的最后，要专门有一项费用预算。做费用预算也有一些学问，要把握好一个度，高了可能不能够获得批准，而低了将来在开展工作时会受到种种限制。

以上就企业年度工作计划的内容做了总体的概括。在年度计划的编制过程中，也还有一些技巧和方法值得借鉴和遵循。如果运用得当，可以起到锦上添花的效果。

首先要明白一点，年度营销计划更多的是在年度工作分析和总结基础上撰写的工作策略和思路，它仍然是一个纲领，并不需要非常的具体。而每一个具体的环节和思路都需要另外拟订非常详尽的行销计划和可执行性的方案。因此，具体详细的行销计划是要分解到季度或月度来制订和执行的。只有这样才具有现实意义和针对性，与当时企业所处的时间、环境和竞争对手的动态匹配起来，从而形成更大的“杀伤力”。

其次，目标的设定需要层级加码。一般企业对销售人员的指标设定从上到下，一级级都会有一定比例的加码提高。这种做法能够保证企业整体目标的完成率乃至超额率。至于加码的比率，因人因企业而异，一般在30%～50%。

再次，要领会企业的整体战略，将企业战略糅合进工作计划书中。一般企业高级领导编制年度计划书，能够领悟企业的总体发展战略及该战略的进展节奏，而中层管理者和普通员工就会弱一些。如果不进行充分的沟通，每个人盲人摸象般的各干各的，也许费了九牛二虎之力编制出来的计划书会“偏离跑道”。因此，笔者建议在编制年度工作计划之前，应该有一个编前动员会或者沟通会，把企业的战略和战术思想进行充分沟通，并回答一些疑问，这样编制出来的计划书才是“有效”的。

最后，要有一个漂亮的形式，装帧要美观。在年度计划的编制过程中，要擅长运用数据、表格和图形说话，尽可能少用描述性的语言，同时版面设置要合理、条理要明晰，尽可能分段、分行、分步骤，这样会显得报告节奏感强、逻辑性强。在此基础上，如果再邀请专业设计人员做个精美的封面并进行装订，就再好不过了。编制一个漂亮的工作计划书，能够给你加分不少。

二、编制计划的技术与方法

（一）滚动计划法

滚动计划法

滚动计划法是一种定期修订未来计划的方法。

1. 滚动计划法的基本思想

这种方法根据计划的执行情况和环境变化定期修订未来的计划，并逐期向前推移，使短期计划、中期计划有机地结合起来。由于在计划工作中很难准确地预测将来影响企业经营的经济、政治、文化、技术、产业、顾客等的各种变化因素，而且随着计划期的延长，这种不确定性就越来越大。因此，若机械地按几年以前的计划实施，或机械地、静态地执行战略性计划，则可能导致巨大的错误和损失。滚动计划法可以避免这种不确定性带来的不良后果。具体做法是用近细远粗的办法制订计划。图4-1所示的是五年期的滚动计划法。

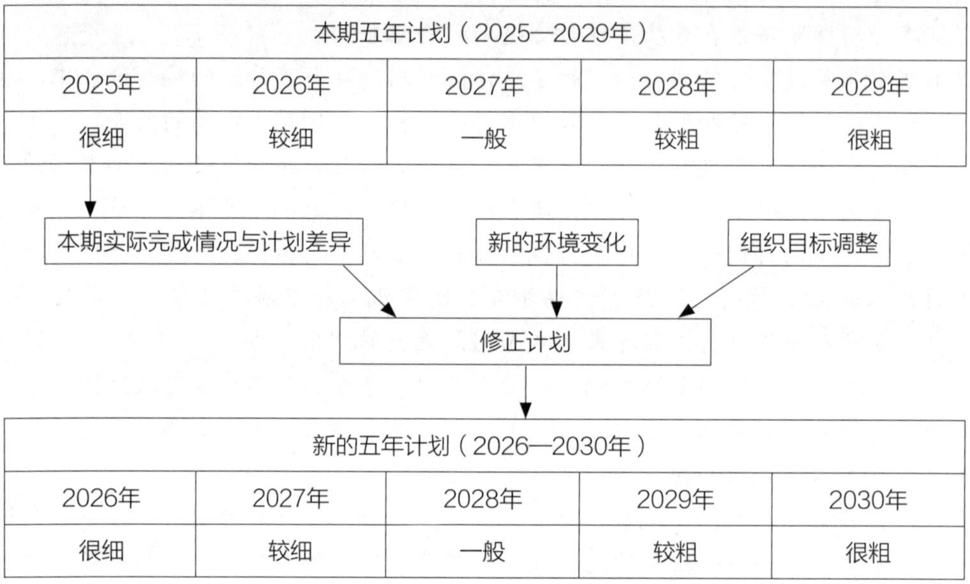

图4-1　五年期的滚动计划法

由图4-1可以看出，在计划期的第一阶段结束时，要根据该阶段计划的实际执行情况以及外部与内部有关因素的变化情况，对原计划进行修订，并根据同样的原则逐期滚动。每次修订都使整个计划向前滚动一个阶段。

2. 滚动计划法的特点

滚动计划方法虽然使得计划编制和实施工作的任务量加大，但在计算机普遍应用的今天，其优点十分明显。其最突出的优点是计划更加切合实际，并且使战略性计划的实施更加切合实际。战略性计划是指应用于整体组织的、为组织未来较长时期（通常为5年以上）设立总体目标和寻求组织在环境中的地位的计划。由于人们无法对未来的环境变化做出准确的估计和判断，所以计划针对的时期越长，准确性就越差，其实施难度也越大。滚动计划相对缩短了计划时期，提升了计划的准确性和可操作性，从而是战略性计划实施的有效方法。其次，滚动计划方法使长期计划、中期计划与短期计划相互衔接，短期计划内部各阶段相互衔接，这就保证了即使由于环境变化出现某些不平衡时，也能及时地进行调节，使各期计划基本保持一致。最后，滚动计划方法大大加强了计划的弹性，这对环境剧烈变化的时代尤为重要，它可以提高组织的应变能力。

（二）网络计划技术

网络计划技术

网络计划技术是20世纪50年代后期在美国产生和发展起来的用网络分析编制大型工程进度计划的有效方法。1956年美国杜邦公司在制定企业不同业务部门的系统规划时制订了第一套网络计划。借助网络表示各项工作所需要的时间、各项工作的相互关系，通过网络分析研究工程费用与工期的相互关系，并找出编制计划和执行计划的关键线路。1958年美国海军武器计划处采用了计划评审技术，通常称之为PERT网络分析技术，注重对各项工作安排的评价和审查，使北极星导弹工程的工期由原计划的10年缩短为8年。1961年，美国国防部和国家航空署规定，凡承制军用品必须用计划评审技术制订计划上报。从那时起，网络计划技术就开始在组织管理活动中被广泛地应用。

20世纪60年代我国开始应用CPM（关键线路法）和PERT（网络法、网络技术、统筹法）。网络计划技术包括绘制网络图、计算时间参数、确定关键路线及网络优化等环节。

1. 网络计划技术的基本步骤

网络计划技术的原理，是把一项工作或项目分成各种作业，然后根据作业顺序进行排列，通过网络图对整个工作或项目进行统筹规划和控制，以便用最少的人力、物力、财力资源，用最高的速度完成工作。网络计划技术的基本步骤如图4-2所示。

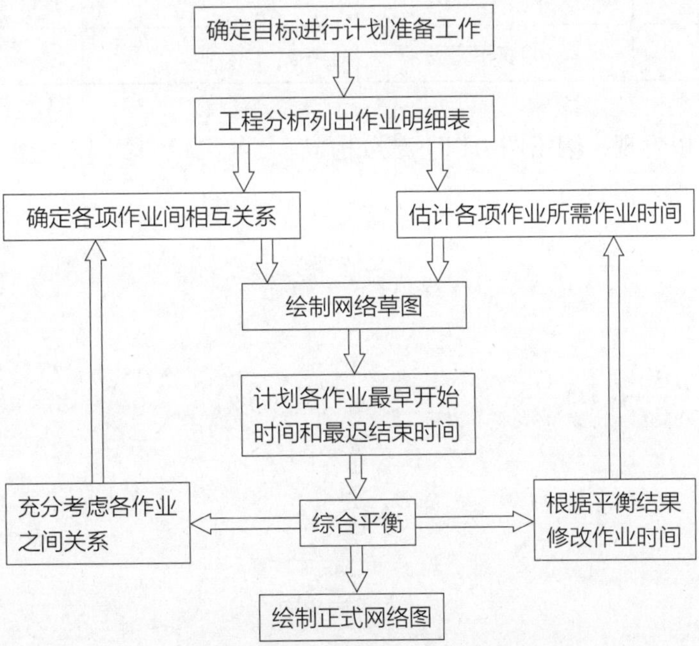

图4-2 网络计划技术的基本步骤

2. 网络图

网络图是网络计划技术的基础。任何一项任务都可分解成许多步骤，根据这些工作在时间上的衔接关系，用箭线表示它们的先后顺序，画出一个由各项工作相互联系、并注明所需时间的箭线图，这个箭线图就称作网络图。这里，运用一个简单的实例来说明网络图的具体绘制。假定你是一家建筑公司的项目经理。负责一座办公楼的施工，施工计划中的具体任务如表4-2所示。使用网络计划技术确定建造这座办公楼需要多长时间。

表4-2 办公楼施工任务表

事件	描述	期望时间（周）	紧前作业
A	审查设计和批准动工	10	—
B	挖地基	6	A
C	立屋架和砌墙	14	B
D	建造楼板	6	C
E	安装窗户	3	C
F	搭屋顶	3	C
G	室内布线	5	D，E，F
H	安装电梯	5	G
I	铺地板和嵌墙板	4	D
J	安装门和内部装饰	3	I，H
K	验收和交接	1	J

分析图4-3可以发现，网络图由以下部分构成。

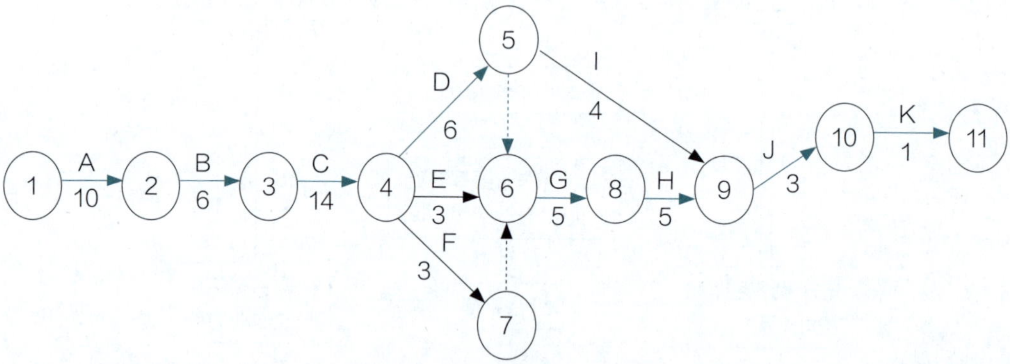

图4-3 网络图

（1）“—►”，工序。它是一项工作的过程，有人力、物力参与，经过一段时间才能完成。图中箭线下方的数字便是完成该项工作所需的时间。此外，还有一些工序既不占用时间，也不消耗资源，是虚设的，叫虚工序。在图中用“┈►”表示。网络图中应用虚工序的目的是避免工序之间关系的含混不清，以正确表明工序之间先后衔接的逻辑关系。

（2）“○”，事项。它是两个工序间的连接点。事项既不消耗资源，也不占用时间，只表示前道工序结束、后道工序开始的瞬间。一个网络图中只有一个始点事项，一个终点事项。

（3）路线。路线是网络图中由始点事项出发，沿箭线方向前进，连续不断地到达终点事项为止的一条通道。一个网络图中往往存在多条路线，例如，图4-3中从始点①连续不断地走到终点⑪的路线有4条，即：比较各路线的路长，可以找出一条最长的路线（图4-3中以绿色箭头标示）。这种路线被称为关键路线。关键路线上的工序被称为关键工序。关键路线的路长决定了整个计划任务所需的时间。关键路线上各工序完工时间提前或推迟都直接影响整个活动能否按时完工。确定关键路线，据此合理地安排各种资源，对各工序活动进行进度控制，是利用网络计划技术的主要目的。

3. 网络计划技术的特点

网络计划技术虽然需要大量而烦琐的计算，但在计算机广泛运用的时代，这些计算大都已程序化了。这种技术之所以被广泛地运用是因为它有一系列的优点。

（1）该技术能清晰地表明整个工程的各个项目的时间顺序和相互关系，并指出了完成任务的关键环节和路线。因此，管理者在制订计划时可以统筹安排，全面考虑，又不失重点。在实施过程中，管理者可以进行重点管理。

（2）可对工程的时间进度与资源利用实施优化。在计划实施过程中，管理者调动非关键路线上的人力、物力和财力从事关键作业，进行综合平衡。这既可节省资源又能加快工程进度。

（3）可事先评价达到目标的可能性。该技术指出了计划实施过程中可能发生的困难点，以及这些困难点对整个任务产生的影响，准备好应急措施，从而减少完不成任务的风险。

（4）便于组织与控制。管理者可以将工程，特别是复杂的大项目，分成许多支持系统来分别组织实施与控制，这种既化整为零又化零为整的管理方法，可以达到局部和整体的协调一致。

（5）易于操作，并具有广泛的应用范围，适用于各行各业以及各种任务。

（三）甘特图

甘特图

甘特图又叫横道图、条状图。它是在第一次世界大战时期发明的，以亨利·劳伦斯·甘特先生的名字命名。甘特图内在思路简单，即以图示的方式通过活动列表和时间刻度形象地表示出任何特定项目的活动顺序与持续时间。线条图的横轴表示时间，纵轴表示活动（项目），线条表示在整个项目期间计划和实际的活动完成情况。图4-4为某测评项目甘特图，它直观地表明任务计划在什么时候进行，以及实际进展与计划要求的对比。管理者由此可便利地弄清一个项目（任务）还剩下哪些工作要做，并可评估工作进度。

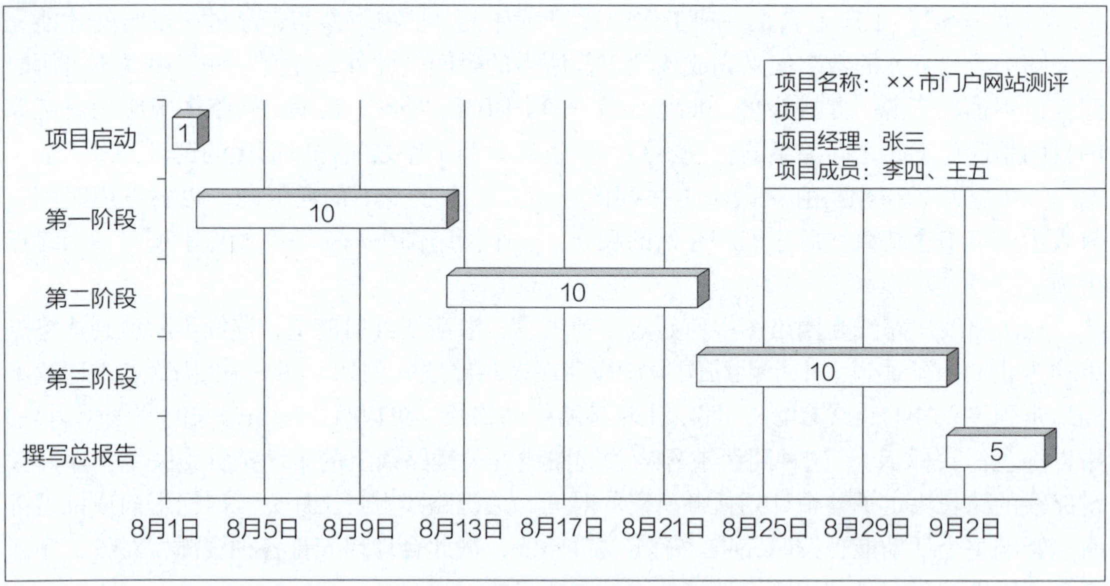

图4-4　某测评项目甘特图

甘特图绘制步骤如下。

（1）明确项目牵涉的各项活动。项目内容包括项目名称（包括顺序）、开始时间、工期、任务类型（依赖/决定性）和依赖于哪一项任务。

（2）创建甘特图草图。将所有的项目按照开始时间、工期标注到甘特图上。

（3）确定项目活动依赖关系及时序进度。使用草图，按照项目的类型将项目联系起来，并安排项目进度。

（4）计算单项活动任务的工时量。

（5）确定活动任务的执行人员及适时按需调整工时。

（6）计算整个项目时间。

同步测试

一、名词解释

计划　5W2H1E　滚动计划法　甘特图

二、填空题

1. 计划的类型按计划期限分类可分为________、________和________。
2. 计划的类型按工作职能分类可分为________、________和________。

三、判断题（正确的用T，错误的用F）

1. 计划工作的目的是绘制组织未来活动的蓝图，以明确组织奋斗目标和具体任务。（ ）

2. 计划按明确性来分，可分为战略计划和作业计划。（ ）

3. 计划工作是管理活动的桥梁，是组织、领导、控制等管理活动的基础。（ ）

4. 计划与决策是相同的，没有差别。（ ）

5. 计划的过程中，拟定可供选择的方案越多越好。（ ）

6. 计划就是一个组织要做什么和怎么做的行动指南。（ ）

7. 计划的评价方法可分为定性评估和定量评估。（ ）

8. "运筹于帷幄之中，决胜于千里之外"中的"运筹帷幄"反映了管理中的计划职能。（ ）

9. 计划是不随条件变化而变化的。（ ）

10. 战略计划较作业计划具有更长的时间间隔，覆盖领域也较宽。（ ）

四、单选题

1. 企业经营环境变化速度的加快，使得企业中长期计划制订的难度不断加大，并且不断需要调整。因此，有人提出以下几种建议，以应付不确定且经常出现重大突发事件的经营环境。请问你最赞同其中哪一条建议？（ ）

A. 计划一旦制订就应保持其严肃性，可采取以不变应万变的做法

B. 一旦环境发生变化，就应该主动放弃原计划而制订新计划

C. 通过动态调整计划来适应环境变化，以保持中长期计划的灵活性

D. 在保持原计划不变的同时，根据突变情况另外制订应急计划

2. 根据计划的明确性，将计划分类为（ ）。

A. 长期计划和战术性计划　　B. 战略性计划和战术性计划

C. 具体性计划和指导性计划　　D. 程序性计划和非程序性计划

3. 确立目标是（ ）工作的一个主要方面。

A. 指导与领导　　B. 计划　　C. 控制　　D. 人员配备

4. 计划工作是（ ）。

A. 各级管理人员都要从事的工作　　B. 计划职能部门的工作

C. 高层管理部门所要从事的工作　　D. 以上都不是

5. 涉及计划工作的基本特征的下列各种说法中，错误的是：（ ）。

A. 计划工作是普遍存在的　　B. 计划工作居首要地位

C. 计划是一种无意识形态　　D. 计划工作要讲究效率

6. 具有很强的可操作性，又有助于控制和动态优化的计划方法是（ ）。

A. 滚动计划法　　B. 网络计划法　　C. 运筹学法　　D. 投入产出法

7. 计划按所涉及的组织活动层次可分为（　）。

A. 战略、战术和作业计划　　B. 综合、专业和项目计划

C. 指导性计划和具体性计划　　D. 战略、程序、规则、规划等

8. 企业计划工作的前提条件可分为企业可控制的和企业不可控制的。下列哪些条件是企业可控制的？（　）

A. 未来市场价格水平　　B. 税收和财政政策

C. A和B　　D. 产品投放市场的时机

9. 企业计划从上到下可分成多个层次，通常越低层次目标就越具有以下特点：（　）。

A. 定性和定量结合　　B. 趋向于定性

C. 模糊而不可控　　D. 具体而可控

10. 计划制订中的滚动计划法是动态的和灵活的，它的主要特点是（　）。

A. 按前期计划执行情况和内外环境变化，定期修订已有计划

B. 不断逐期向前推移，使短、中期考虑有机结合

C. 按近细远粗的原则来制订，避免对不确定性远期的过早过死安排

D. 以上三方面都是

11. 某企业在编制预算时规定，在产品销量为1000件时，预算的单位成本为2.80元；而当销量达到1500件时，则以单位成本2.65元作为控制标准。此种做法（　）。

A. 违背了控制的严肃性原则

B. 体现了控制的例外原则

C. 以弹性预算法来谋求控制严肃性与灵活性的统一

D. 在控制工作中引入了激励原则

12. 任何组织都要经历一个从形成、成长、成熟到衰退的生命周期。在组织生命周期的各个阶段上，计划工作的重点也不一样，组织处于形成期时，重点是（　）。

A. 方向性、指导性　　B. 长期性

C. 操作性　　D. 短期性、指导性

13. 以下哪一个不仅是计划工作的终点，而且也是组织工作、人事工作、领导工作和控制活动所要达到的结果？（　）

A. 宗旨　　B. 目标　　C. 政策　　D. 预算

14. 一家食品公司通过市场调查和分析，发现儿童营养食品具有非常广阔的市场，该食品公司又有能力研究开发和生产此类产品，进而进军该市场，这个案例体现了计划工作程序的哪一步？（　）

A. 估量机会　　B. 确定目标　　C. 选择方案　　D. 确定前提条件

15. 狭义的计划指的是（　）。

A. 执行计划　　B. 制订计划　　C. 计划准备　　D. 检查计划

五、多选题

1. 计划编制的原则有（　　　）。

A. 科学性原则　B. 统筹原则　C. 重点原则　D. 创新原则

2. 按计划的程序化程度分类，计划可分为（　　　）。

A. 程序化计划　B. 指导性计划　C. 战略性计划　D. 非程序化计划

3. 广义的计划工作是指（　　　）。

A. 制订计划　B. 选择计划　C. 执行计划　D. 检查计划

4. 影响计划工作重点的权变因素有（　　　）。

A.组织层次　B. 组织的生命周期　C. 环境的波动性　D. 组织文化

六、简答题

1. 简述计划的内容。
2. 计划有哪几种分类方法？
3. 计划的编制过程有哪些步骤？

项目实训

项目实训1

假如您是学生会的文艺部部长，元旦学校将举办一次大型文艺晚会，任务紧急，工作内容繁多，在下一个月的3日开始，预计月底结束，请您思考一下可能遇到的工作，用甘特图直观地反映出来。

项目实训2

假如你是班长，请你制订一份班级学期工作计划。要求计划内容可行，有一定的创新。

案例研讨

怎样制订公司的目标与计划

15年前，H公司的总经理靠贩运钢材起家，凭苦干、借机遇，发展到今天已是一个拥有几千万元资产的民营大企业。总公司现拥有一家贸易分公司、园林绿化分公司和房地产分公司，共有员工300多人。

自公司成立以来，公司的管理全靠总经理个人的经验，从来没有通盘的目标与计划。

近年来，由于成本上升，市场竞争加剧，园林绿化分公司的创利逐年减少，处于略有盈余的维持状态。贸易分公司也只是靠以前的家底维持公司的日常运营。房地产分公司更是一年不如一年，由于房地产市场疲软，公司手里积压的几十套房产成为公司巨大的负担。

但公司也有一些发展的机会，例如，做中央空调的代理商，开拓某市中心商业步行街工程，虽投入较大，但利润可观。

总之，摆在总经理面前的困难很多，但机会也不少。新的一年到底该干什么？以后的5年、10年又该怎样发展？该怎样制订公司的目标与计划？这些正是总经理现在正苦苦思考着的问题。

问题：

1. H公司是否应制订公司中长期的发展计划？为什么？
2. 如果你是H公司总经理，你该如何制订公司的发展计划？

模块5

组织

学习目标

知识目标

1. 掌握组织的含义与组织管理机制、了解组织的分类与作用；
2. 掌握组织设计的含义、原则与基本内容；
3. 了解组织文化的含义、特征与功能，懂得如何进行组织文化建设；
4. 了解和掌握组织人力资源管理中的计划编制、招聘、培训、绩效考评等关键环节的内容。

能力目标

1. 能够正确应用所学知识进行组织设计；
2. 能够有效开展组织文化建设；
3. 能够正确使用组织人力资源管理中的计划编制、招聘、培训、绩效考评的基本技术与方法。

素质目标

1. 培养组织协调与团队合作意识；
2. 培养社会责任感。

导入案例

某中小商业公司组织结构

某校（师生员工25000人）商业公司下设三个超市，职工106人，有垄断经营之实，经营面积1400平方米，年收入870万元以上。但超市年终盘亏51万元，差价流失30万元，损失率达9.31%；超市人员重复采购报销金额达15万元以上；管理费用金额达184万元，管理费用销售比率为21.14%。公司有经理1人、副经理1人，下设3个超市及办公室。正副经理负责其他经贸工作；超市各设1名负责人，有供、销、存、管理等权力，独立核算，各自为政；办公室1人负责日常事务处理；公司（含超市）财务管理由（上级）集团统一代理。

那么，该商业公司的组织结构存在哪些问题呢？如何进行组织设计和提高组织管理水平呢？

5.1 组织概述

一、组织的含义

从广义上说，组织是指由诸多要素按照一定方式相互联系起来的系统。从狭义上说，组织是指人们为实现一定的目标，互相协作结合而成的集体或团体。从管理学的角度出发，我们认为，组织具有以下两重含义。

从实体角度看，组织（organization）是一个有意形成的、立式的职位结构，是为了达到某些特定的目标经由分工与合作及不同层次的权力和责任制度而构成的人的集合。该定义包含三重含义：共同目标性；分工与协作；权力与责任制度。作为实体的组织构成了管理的基本架构，从而成为管理活动的基本保障。

从过程角度看，组织（organizing）是指在特定的环境条件下为了有效地实现共同目标和任务，确定组织成员、任务及各项活动之间关系，对组织资源进行合理配置的过程，其主要内容包括：组织机构的设计；适度的分权和正确授权；人力资源的管理；组织文化的培育与建设以及组织的变革与发展。正是借助于组织活动、过程和文化等所具有的协调或整合作用，各类组织机构内部才有可能形成一个“力量协作系统”，使个体力量得以汇聚、融合和放大。

二、组织的分类

组织的分类详见表5-1。

表5-1 组织的分类

分类依据	主要类型	内容描述
按组织的性质划分	经济组织	经济组织是人类社会最基本、最普遍的社会组织。如生产组织、商业组织、银行组织、运输组织和服务性组织等
	政治组织	政治组织是在阶级出现之后所形成的带有政治纲领与目的的组织，包括政党和国家政权组织
	文化组织	文化组织是以满足人们的文化需求为目的，以文化活动为其基本内容的社会团体。如学校、图书馆、电影院、艺术团体、科学研究机构等
	群众组织	群众组织是代表群众利益，有广大群众参加的非政权性质的社会团体，如工会、共青团、妇女联合会、科学技术协会等
	宗教组织	宗教组织是以某种宗教信仰为宗旨而形成的组织
按组织的形成方式划分	正式组织	正式组织是为了有效实现组织目标而规定组织成员之间的职责范围和相互关系的一种结构。具有目的性、正规性、稳定性、强制性特点
	非正式组织	非正式组织是人们在共同的工作或活动中，由于抱有共同的社会感情、兴趣爱好、共同利益而自发形成的组织。具有自发性、内聚性和不稳定性特点

由于人们社会活动的多样性，组织还可以分为营利性组织与非营利性组织，生产型组织和服务型组织，公共组织和私人组织等。

三、组织的作用

组织工作是管理的一项重要职能，任何计划和决策都必须依靠一系列的组织活动来贯彻落实，只有做好组织工作，才能使决策方案得以顺利实施，才能保证计划目标的实现。良好的组织还能发挥力量会聚及放大的效果。

四、组织的管理机制

管理机制是指管理系统的结构及其运行机理。管理机制本质上是管理系统的内在联系、功能及运行原理，是决定管理功效的核心问题。管理机制主要表现为运行机制、动力机制、约束机制这三大机制，详见表5-2。

表5-2 管理机制的分类

主要类型	内容描述
运行机制	运行机制是指组织基本职能的活动方式、系统功能和运行原理，其本身还具有普遍性

续表

主要类型	内容描述
动力机制	动力机制是指管理系统动力的产生与运作的机理。主要由以下三个方面构成。①利益驱动。这是社会组织动力机制中最基本的力量，是由经济规律决定的。例如，在一个企业中，多劳多得，少劳少得，员工为了“多得”而“多劳”。②政令推动。这是由社会规律决定的。例如，管理者通过下达命令等方式，要求员工完成工作。③社会心理推动。这是由社会与心理规律决定的。例如，管理者通过对员工进行价值观与人生观教育，调动员工的积极性
约束机制	约束机制是指对管理系统行为进行限定与修正的功能与机理。约束机制主要包括以下四个方面的约束因素。①权力约束。既要利用权力对系统运行进行约束，又要对权力的拥有与运用进行约束。②利益约束。既要以物质利益为手段，对运行过程施加影响；又要对运行过程中的利益因素加以约束。③责任约束。通过明确相关系统及人员的责任，来限定或修正系统的行为。④社会心理约束。运用教育、激励和社会舆论、道德与价值观等手段，对管理者及有关人员的行为进行约束

5.2 组织设计

一、组织设计的含义与原则

1. 组织设计的含义

组织设计，即组织结构设计，就是对组织结构的组成要素和它们之间连接方式的设计。它是根据组织目标和组织活动的特点，划分管理层次，确定组织系统，选择合理的组织结构形式的过程。

组织设计包括以下几个要点。

（1）组织设计是管理者根据目标一致、效率优先的原则在组织中把任务、权责进行有效组合和协调的有意识的过程。

（2）组织设计是管理者在既考虑组织内部要素、又充分考虑组织外部环境因素之后进行的。

（3）组织设计的最终结果是组织系统图、职位说明书和组织手册。

2. 组织设计的原则

（1）统一指挥原则。一个下级只能接受一个上级的指挥，防止多头指挥，使人无所适从。上级意见有分歧时一定要统一后再向下发布指令，在组织机构设计和管理权限划分上都要遵循统一指挥原则。

（2）分工协作原则。这是社会化大生产的客观要求。分工是管理过程的专业化要求，它把组织的各项工作分成各级、各部门以至个人的具体工作。分工可以提高员工的劳动熟练程度，缩短生产周期，改进设备或工具，提高工作效率。协作是管理的系统化要求。分工只是强调了各部门的工作和要求，但组织是一个整体，组织活动的完成不是组织内部各部门、每个成员自己都开展活动，而是整体性的活动，因此在分工的基础上，还需要加强组织内部各部门的协作，分工和协作二者是相辅相成的。

管理实践

Q公司的细节管理

一是Q公司的收银台管理。Q公司调查显示，顾客购物中最怕的是排长队等待付款，由于都市白领更是讲究效率，所以规定收银员与付款顾客数量比例是1∶4，在收银台前，出现超过5个顾客排队买单，就必须马上呼叫其他员工帮忙，其他员工无论在忙什么，都会第一时间赶到收银台，解决收银排队问题。为了满足这种要求，Q公司店铺的所有员工都能熟练操作收银机。另外，Q公司经常举行商品的销售比赛活动，这是一种非常成功的促销方式，这些商品也会在收银台进行销售；在付款台附近，我们还可以发现一些如口香糖、电池等可以刺激顾客即时购买意欲的商品；在收银台的背后靠墙位置，主要陈列一些贵重、高价值的商品，或者是销售排名前10的商品。

二是商品价格标签管理。仔细研究Q公司的商品物价标签，我们会发现这与其他商场的并不完全一样，除了一些商品价格、商品名称、规格、产地外，还有一些小数字符号。在Q公司个人护理用品商店中，我们在店中可以发现有两种颜色的物价标签，一种是黄色，一种是绿色。黄色标签所指示的商品是正在促销的商品，标示促销价格，绿色标签是指正常售价的商品。标示字母“R”或者“W”，R表示此货品长期促销，而W代表此商品为当期促销；标示的一组日期是指本商品促销价执行的日期，引导商品陈列时引导员工工作。

三是办公室管理。在Q公司的办公室你会发现，几乎所有店铺的办公室都非常一致，非常整洁。这就来源于Q公司对办公室布置、物品摆放要求，细到每一个文件的摆放位置都有规定。Q公司规定，办公室内除了可以摆放烟、洋酒于上锁的柜子中，不可存放其他任何商品，而对于办公室文件的管理更是有一套完善的标准。每个办公室的墙上还设有7个挂钉，这些挂钉都必须按要求挂7种日常管理中最常用的文件资料，方便所有的员工查找、使用。在货仓都有一张桌子，上面摆放12个文件夹，文件夹中都是供员工日常使用的文件。

问题：根据以上案例你如何理解“细节决定成败”这句话的？

（3）权责对等原则。权力是指在规定的职位上所具有的指挥与行事的能力，而责任是指接受职位、职务时所应尽的义务。组织中的每个部门和部门中的每个人员都有责任按照工作目标的要求保质保量地完成工作任务，同时，组织也必须委之以自主完成任务所必需的权力。职权与职责要对等。如果有责无权，或者权力范围过于狭小，责任方就有可能会因缺乏主动性、积极性而导致无法履行责任，甚至无法完成任务；如果有权无责，或者权力不明确，权力人就有可能不负责任地滥用权力，甚至助长其官僚主义的习气，这势必会影响整个组织系统的健康运行。

（4）集权与分权相结合的原则。集权就是组织的决定权大部分集中在上层，分权就是组织的决定权根据职务上的需要分散到组织内各层次。组织内集权与分权程度也不是固定不变的，应根据情况的变化和需要加以调整。

（5）有效管理幅度原则。管理幅度是指一个管理者能够直接有效地管理下属的个数，是一个数量的概念。任何组织都需要解决主管人员直接指挥与监督的下属的数量问题，但在同样获得成功的组织中，管理者直接管理的下属的数量是不同的。因此管理幅度没有一个固定的标准，它的有效性受许多因素的影响，详见表5-3。

表5-3　管理幅度有效性的影响因素

影响因素	内容描述
工作能力	主管和下属的工作能力强，管理幅度可以大一些；主管和下属的工作能力弱，则管理幅度相对设计小一些
工作内容和性质	①主管所处的管理层次。高层主管决策工作量大，用于指挥、协调下属的时间较少，管理幅度应小些；中层和基层主管决策工作量小，用于指挥、协调下属的时间相对较长，管理幅度适当大些。②下属工作的相似性。下属从事的工作内容和性质相近，则对每个人工作的指导和建议也大体相同。在这种情况下，主管的管理幅度可以大一些。③计划的完善程度。计划制订得完善，目标和要求明确，下属容易理解，这样主管就不需要花费较长时间对下属进行过多指导，管理幅度可以大一些；反之，如果计划制订得不完善，下属不能很好理解，那么对下属指导、解释的工作量就会相应增加，这样管理幅度就小。④非管理性事务的多少
工作条件	主要考虑有无配备助手、管理手段先进与否和工作地点是否相近等因素。如果主管配备有助手、管理手段先进、下属工作地点距离较远，则管理幅度就要大些。如果主管没有配备助手，主管要亲力亲为，管理手段落后，下属工作地点距离较近，则管理幅度就要小些
组织内外环境	组织环境是否稳定会影响到组织活动的内容和政策的调整频度与幅度。环境不稳，主管就需要用较多时间和精力关注环境变化，考虑应变措施。用于指导下属的时间和精力就会减少，主管直接有效地指挥下属的数量就会受到限制。环境稳定，主管用于关注环境变化，考虑应变措施的时间和精力就少，用于指导下属的时间和精力就会增加，主管直接有效地指挥下属的数量就会相应增加

（6）柔性经济原则。组织的柔性，是指组织的各个部门、各个人员都是可以根据组织内外环境的变化而进行灵活调整和变动的。组织的结构应当保持一定的柔性以减小组织变革所造成的冲击和震荡。

组织的经济是指组织的管理层次与幅度、人员结构以及部门工作流程必须设计合理，以达到管理的高效率。

组织的柔性与经济是相辅相成的，一个柔性的组织必须符合经济的原则，而一个经济的组织又必须使组织保持柔性。只有这样，才能保证组织机构既精简又高效。

二、组织设计的基本形式

组织结构是否合理，很大程度上决定了组织目标能否顺利实现。一般来说，常见的组织结构的基本形式有以下几种：直线型组织结构、直线职能制组织结构、事业部制组织结构、矩阵组织结构和多维立体组织结构。

1. 直线型组织结构

直线型组织结构是指企业的一切管理工作，均由企业的厂长（或公司经理）直接指挥和管理，不设专门的职能机构的组织形式，此结构如图5-1所示。

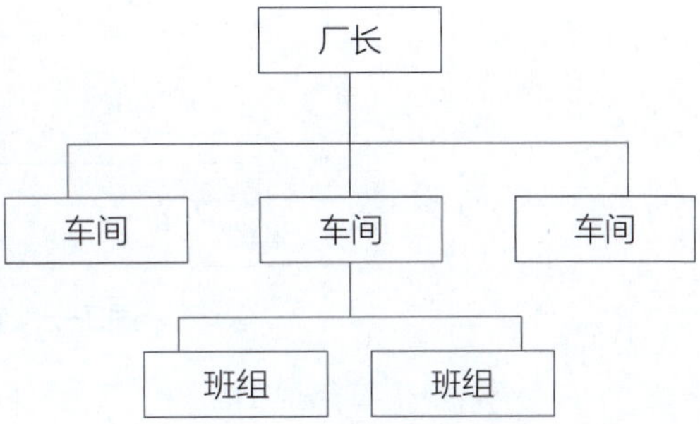

图5-1 直线型组织结构

这种组织结构的特点是：每个主管人员对其直接下属有直接职权；每个人只能向一位直接上级报告；主管人员在其管辖的范围内，有绝对的职权或完全的职权。它实行的是没有职能机构的个人管理，它要求各级管理人员必须具有多方面的管理业务知识和技能。

直线型组织结构的优点是：结构比较简单，指挥系统清晰；责任与职权明确；信息沟通迅速，做出决定可能比较容易和迅速。

缺点是：在组织规模较大的情况下，业务比较复杂，所有的管理职能都集中由一个人来承担，这是比较困难的；而当该“全能”管理者离职时，难以找到替代者；部门间协调性差。

该种组织结构类型一般只适用于那些没有必要按职能实行专业化管理的小型组织或应用于现场作业管理。

2. 直线职能制组织结构

直线职能制又称直线—参谋制，它把直线指挥的统一化思想和职能分工的专业化思想相结合，在组织中设置两套系统：一套是直线指挥系统；一套是职能管理系统，即在各级领导者之下设置相应的职能部门分别从事专业管理。这种组织形式以直线指挥系统为主体，同时利用职能部门的参谋作用，但职能部门在各自范围内所制订的计划、方案及有关指示，必须经相应层次的领导批准方可下达，职能部门对下级部门无权直线指挥，只起业务指导作用。直线职能制组织结构如图5-2所示。

优点是：直线职能制既保证了企业的统一指挥，又有利于用专业化管理提高管理效率，因此，在世界范围内，这种组织形式得到了普遍的、长期的采用。在我国，绝大多数企业至今仍主要是实行这种组织形式。

缺点是：①过于集权，下级缺乏必要的自主权；②各职能部门之间的横向联系不紧密，易于脱节或难于协调；③企业内部信息传递路线较长，反馈较慢，难以适应环境变化；④指挥部门与职能部门之间容易产生矛盾。

这种组织形式较为普遍，我国大部分公司，甚至机关、学校、医院等都采用直线职能制组织结构。

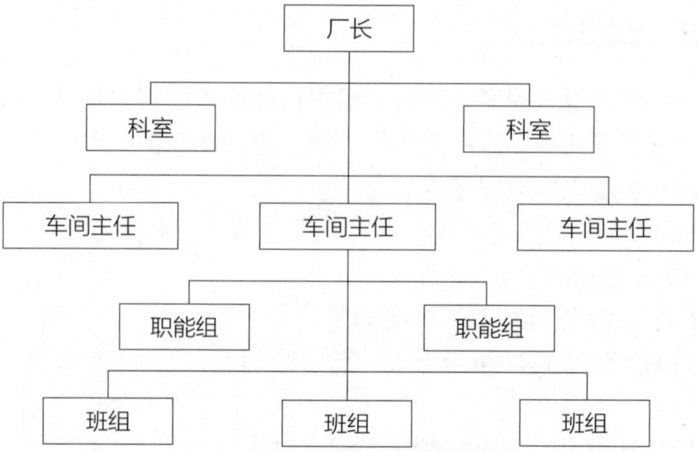

图5-2　直线职能制组织结构

3. 事业部制组织结构

事业部制组织结构是由美国的艾尔弗雷德·P. 斯隆（Alfred Pritchard Sloan）在20世纪20年代初担任美国通用汽车公司副总经理时研究和设计出来的，故也被称为“斯隆模型”，其管理原则是“集中政策，分散经营”，即在集中领导下进行分权管理。企业按产品、地区或经营部门分别成立若干个事业部。该项产品或地区的全部业务，从产品设计直到产品销售，全部由事业部负责。各事业部实行独立经营、单独核算。高层管理者只保留人事决策、财务控制、规定价格幅度以及监督等大权，并利用利润等指标对事业部进行控制。事业部的经理根据企业最高领导的指示进行工作，统一领导其所管理的事业部和研制、技术等辅助部门，事业部制组织结构如图5-3所示。

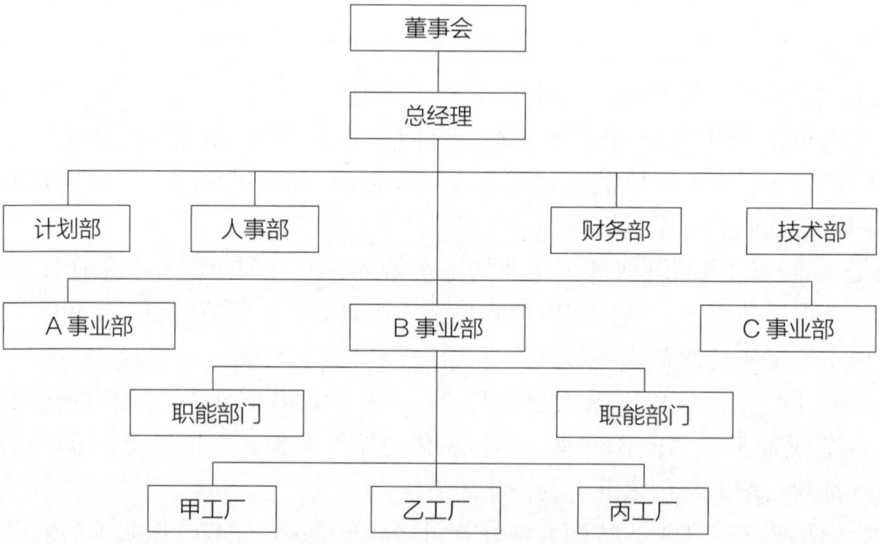

图5-3　事业部制组织结构

事业部制组织结构的特点：①从材料采购到销售，建立了一整套完整事业责任的公司内体制；②各事业部独立核算，生产销售等于一个企业；③采用了分权和集权相结合的体制。该结构具备三个要素：独立的利益、独立的市场、独立的自主权。

优点是：①有利于高层管理者摆脱日常事务，集中精力制定有关企业的大政方针；②提高管理的灵活性、适应性；③有利于培养高层管理人才。

缺点是：①增加管理层次，造成机构重叠，人员、费用增加；②各部门独立经营，部门协调性差。

事业部制组织结构适合于规模较大、业务众多、市场广泛的、大型的或跨国的公司等组织。

4. 矩阵组织结构

这是在组织结构上，既有按职能划分的垂直领导系统，又有按项目划分的横向领导系统的结构。矩阵组织结构如图5-4所示。

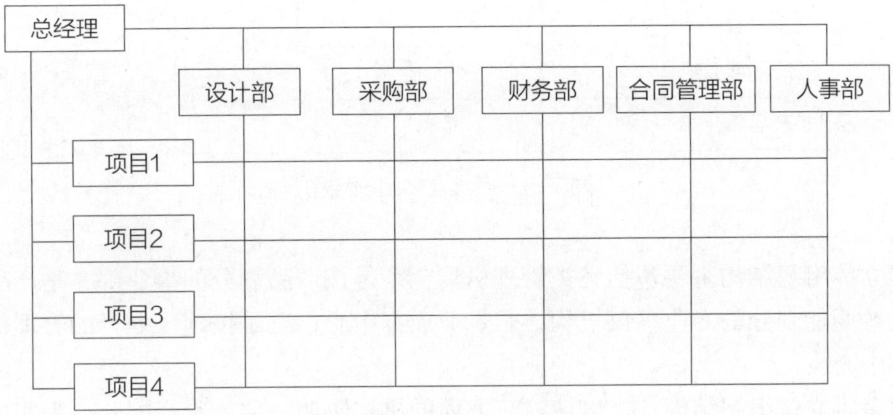

图5-4 矩阵组织结构

这种组织结构的特点是：纵向组织按直接指挥和管理职能设置组织系统，横向组织是按规划项目，制定总负责人，并从职能部门和业务部门抽调人员而设置的组织系统。这种组织打破了传统的每个下属人员只接受一个上级发布的命令管理准则，使每个员工属于两个甚至两个以上的部门。

优点是：①加强了横向联系，克服了职能部门相互脱节、各自为政的现象，专业人员和专用设备能得到充分利用；②具有较大的机动性，任务完成，组织即解体，人力、物力有较高的利用率；③各种专业人员同在一个组织共同工作一段时期，完成同一任务，为了一个目标互相帮助，相互激发，思路开阔，相得益彰。

缺点是：成员不固定在一个位置，有临时观念，有时责任心不够强，人员受双重领导，出现问题有时难以分清责任。

矩阵组织结构主要适用于那些工作内容变动频繁、每项工作的完成需要众多技术知识的组织，或者作为一般组织中安排临时性工作任务的补充结构形式。

5. 多维立体组织结构

它是在矩阵组织结构的基础上再加上直线职能制、事业部制和地区、实践结合为一体的复杂机构形态。它是从系统的观点出发，建立多维立体的组织结构，多维立体组织结构如图5-5所示。

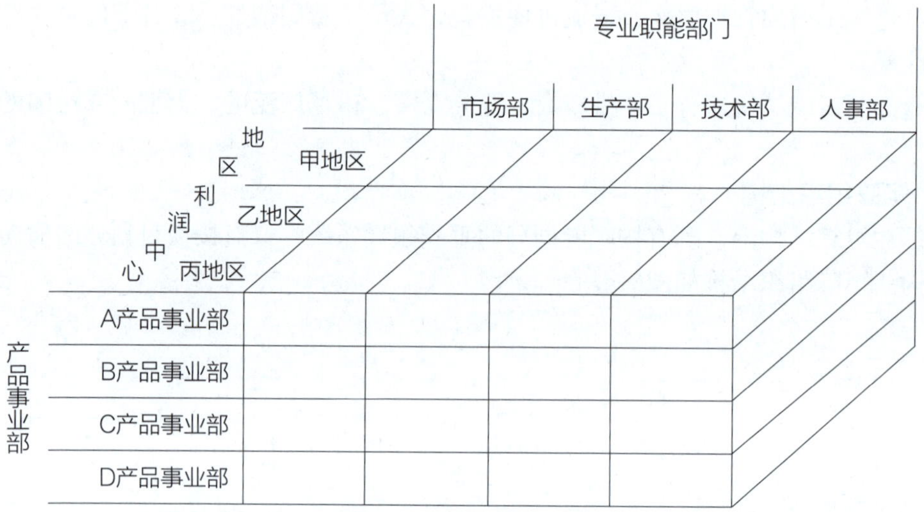

图5-5 多维立体组织结构

多维立体组织结构主要包括三类管理机构：一是按产品划分的事业部，是产品利润中心；二是按职能划分的专业参谋机构，是专业成本中心；三是按地区划分的管理机构，是地区利润中心。

通过多维立体组织结构，可以使这三方面的机构协调一致，紧密配合，为实现组织的总目标服务。这种组织形式适合于多种产品开发、跨地区经营的跨国公司或跨地区的大公司，可以为这些企业在不同产品、不同地区增强市场竞争力提供组织保证。

三、组织设计的工作内容

根据组织设计要达到的目的，组织设计的基本内容包括工作设计、部门设计、层次设计、责权分配和整体协调五个方面。

（一）工作设计

工作设计就是规定组织内各个成员的工作范围，明确其工作内容和工作责权，以便使其了解组织对他们工作的具体要求。

工作设计可以通过编制职务说明书的具体形式来实现。职务说明书用文字或者表格具体说明每一个工作职务的工作任务、职责与权限，尤其是与其他部门、其他职务的关系，其基本内容包括工作描述和任职说明。工作描述一般用来表达工作内容、任务、职责、环境等；任职者说明则用来表达任职者所需的技能、学历、训练、经验、体能等。职位说明书一般用表单形式编制，工作设计表单通常包括七大部分，详见表5-4。

表5-4 工作设计表单

要素	内容描述
基本信息	职位名称，部门，直接上级，所属下级，职责分析，编写日期等
职位目的	对职位概述
职责和权限	分主要职责权限、相关职责权限和临时性工作
工作关系	分内部关系和外部关系，包括联系部门、人员
任职资格	包括教育水平、工作经验、技能和水平、个性和品质等
考核指标	包括权重，薪资等级，职位发展方向
工作环境	与工作有关的物理环境和社会环境

工作设计在考虑工作专业化时必须适度，既能发挥专业分工的优势，又尽可能避免其不足。

管理实践

EP公司：由小变大的三大管理秘诀

一是设立明确的目标管理制度

25年前，EP公司成立的时候，只是在北京有分支机构，那时在管理上更多的是对员工们的激励，给他们鼓舞士气，让他们看到希望，换句话说，是员工的激情保持了企业的快速发展。

随着事业的不断发展，后来又扩大到广州、上海、成都等多个分支机构。管理的难度随着分支机构的逐渐增多而上升，员工人数大大超过从前，很难保证每一个员工都有自觉性和主动性。这个时候最好的办法就是设立明确的目标管理制度。

在EP公司，目标管理具体是怎样实施的呢？首先这种管理方式具有细致、可操作的特点。一个明确的管理目标一旦确定，那么每一个目标不只是明确到团队，更重要的是落实到个人。任何一个分支机构都有明确的目标管理，产品销售有目标、售后服务有目标，一切工作都有章可循。虽然有很多项目需要管理，但通过设立目标，进而对这些目标进行严格地执行和实施，为公司的快速成长奠定了基础。实践经验证明：明确的目标管理是治疗“大企业病”的最好方法。

二是轮岗制让员工和公司更加成熟

轮岗制就是一个人在一个岗位上工作几年后再调到其他工作岗位工作，换一个角度看问题就会有新的认识和收获，对公司内部员工的工作分析能力、沟通能力是一个很好的锻炼。EP公司要求在北京本部的工作人员一定要有一线的经验，本部市场人员一定要到外地办事处去工作一段时间，然后再回来工作。通用市场开拓部经理张峰刚来公司时是做公关工作，后来派到武汉工作，用了一年半的时间，把武汉办事处从无到有办成一个优秀的办事处，回来以后做喷墨打印机的产品经理，干了一段时间后又做公关经理。经过这么多次的轮岗，可以说张锋对公司的所有工作都比较清楚了，不仅自己的工作效率提高，也会跟其他部门进行很好的合作。

三是通过授权突破管理瓶颈

近两年来，随着公司的快速发展和员工人数的增多，办事处也越设越多。有管理者认为，一个管理者最多能直接管理7名员工，如果超过这个界限就要采用其他的管理方式。

事实上，EP公司员工人数已经突破700人，但它们在管理上并没有觉得这是个瓶颈问题。解决问题的秘密在哪里？关键是公司从上到下进行了充分的授权，而且中层管理者也越来越成熟，因而管理起来并没有多大困难。这种授权的基础建立在对中国本土员工的信任之上。

问题：EP公司的管理对你有哪些启示？

（二）部门设计

部门是指组织中主管人员为完成规定的任务有权管辖的一个特殊的领域。部门设计主要是解决组织的横向结构问题，目的在于确定组织中各项任务的分配与责任的归属，以求分工合理、职责分明，有效地达到组织的目标。

1. 部门设计的具体原则

（1）力求维持最少。组织结构要求精简，部门必须力求最少，但这是以有效地实现目标为前提的。

（2）组织结构应具有弹性。组织中的部门应随业务的需要而增减。可设立临时部门或工作组来解决临时出现的问题。

（3）确保目标的实现。必要的职能均应确保目标的实现，组织的主要职能都必须有相应的部门。当某一职能与两个以上的部门有关系时，应明确规定每一部门的责任。各职能部门的指派应达到平衡，避免忙闲不均。

（4）检查部门与业务部门分设。考核、检查业务部门的人员不应隶属于受其检查评价的部门，这样才能真正发挥检查部门的作用。

2. 部门设计的基本方式

（1）职能部门化。职能部门是一种传统而基本的组织形式。它是以同类性质业务为划分基础的，在组织中被广为采用，如图5-6所示。此种划分优点在于责权统一，便于专业化。但往往会因责权过分集中，而出现决定迟缓和本位主义现象。

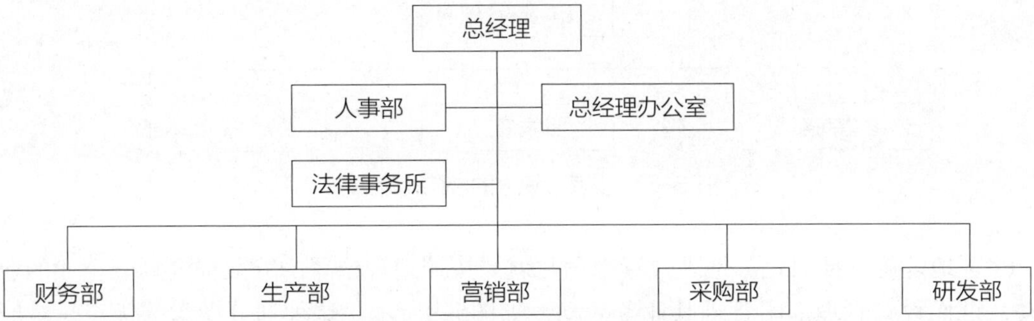

图5-6　按职能划分的部门化组织图

按部门职能专业化的原则，通常可把部门划分为三种类别。

第一类是生产部门。商业和服务业领域通常分为营业部、服务部、客房部、餐厅部等；制造业通常分为车间、技术部、营销部等。

第二类是控制部门。如办公室、人事部、财务部等。

第三类是支持部门。总务、后勤、保安、服务业的工程部、制造业的维修部等，在一些组织中财务部、人事部、办公室承担部分此类职能。

（2）产品部门化。产品部门化是按照产品或服务的要求对企业的活动进行分组，如图5-7所示，其优点在于：①目标单一，力量集中，可使产品质量和生产效益效率不断提高；②分工明确，易于协调和采用机械化；③单位独立，管理便利，易于绩效评估。

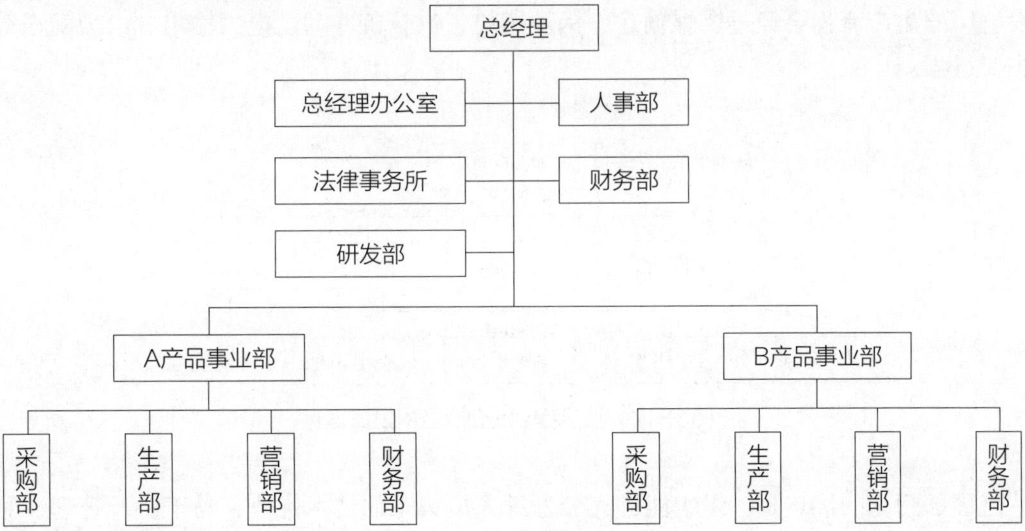

图5-7　按产品划分的部门化组织图

（3）顾客部门化。顾客部门化就是根据目标顾客的不同利益需求来划分组织的业务活动，如图5-8所示。这种划分虽能使产品或服务更切合顾客的实际要求，但同时却牺牲了技术专业化的效果。

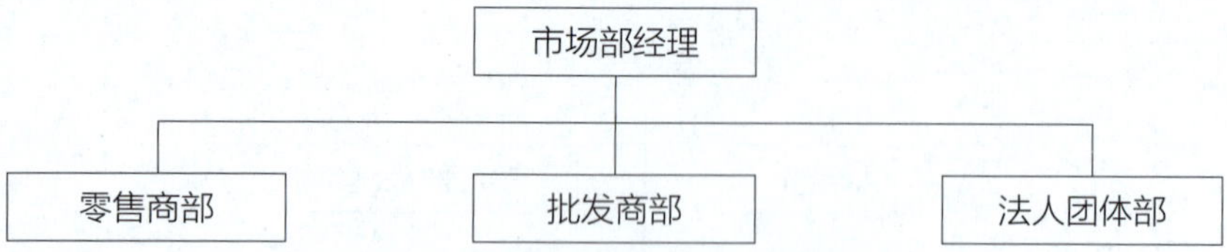

图5-8　按顾客划分的部门化组织图

（4）地理位置部门化。地理位置部门化就是按照地理位置的分散程度划分企业的业务活动，继而设置管理部门管理其业务活动，如图5-9所示。这种划分最大的优点是对所负责地区有充分的了解，各项具体业务的开展更切合当地的实际需要。但是容易产生各自为政的弊病，忽视了公司的整体目标。

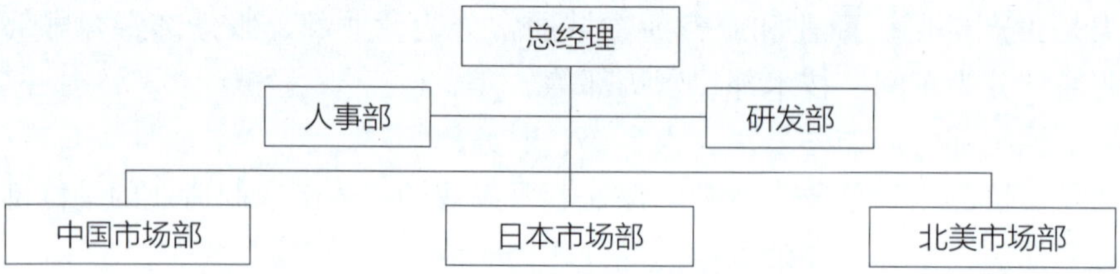

图5-9　按地理位置划分的部门化组织图

（5）流程部门化。流程部门化就是按照工作或业务流程来组织业务活动（图5-10）。人员、材料、设备比较集中或业务流程比较连续紧密是流程部门化的实现基础。例如，一家发电厂的生产流程会经过燃煤输送、锅炉燃烧、汽轮机冲动、电力输出、电力配送等几个主要过程。

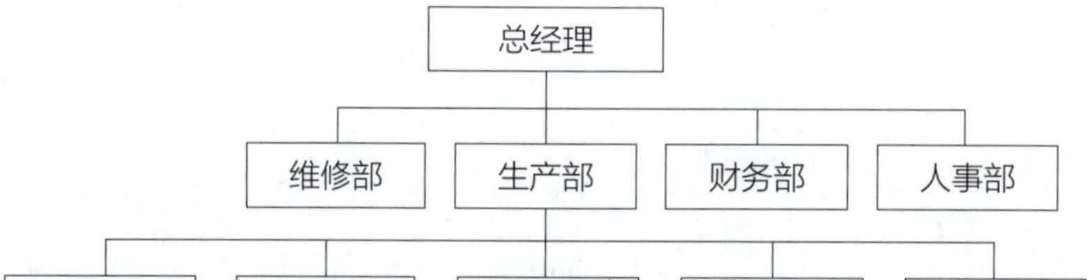

图5-10　按流程划分的部门化组织图

流程部门化的优点是：组织能够充分发挥人员集中的技术优势，易于协调管理，对市场需求的变动也能够快速敏捷地反应，容易取得较明显的集合优势；另外也简化了培训，容易在组织内部形成良好的相互学习氛围，会产生较为明显的学习经验曲线效应。

流程部门化的缺点是：部门之间的紧密协作有可能得不到贯彻，也会产生部门间的利益冲突；另外，权责相对集中，不利于培养出“多面手”式的管理人才。

（6）混合划分。混合划分方法是综合以上各种划分方法而成的一种划分方法，如

图5-11所示。它一般被用于大规模的企业组织中，至少运用以上两种划分方法，有的则运用以上全部的划分方法。

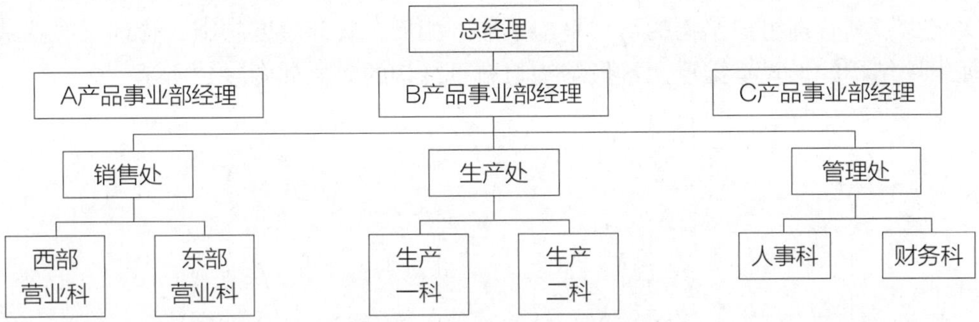

图5-11 混合部门化组织图

3. 部门设计的发展趋势

随着社会化程度的不断提高和组织规模的不断扩大，绝大多数大型组织在不同的组织层次上采用不同的部门设计方式。目前，部门设计适应组织发展出现两个趋势。

一是为了在市场竞争中占据有利位置，组织在进行部门划分时，越来越重视消费者的需求变化，直接为消费者提供产品或服务的组织越来越趋向于按用户的特点来设计部门。

二是由于组织面临的任务越来越繁重，所对应的环境越来越复杂，管理人员越来越多地以工作团队的形式取代传统的部门化工作机构。工作机构团队化成为一些组织部门设计的一种新趋向。

（三）层次设计

在岗位设计和划分部门的基础上，必须根据组织内外部能够获取的人力资源状况，对各个职务和部门进行综合平衡，同时要根据每项工作的性质和内容，确定管理层次和管理幅度，使组织形成一个严密有序的系统。

1. 管理层次

管理层次是指一个组织设立的行政等级数目。一个组织集中着众多的员工，作为组织主管，不可能面对每一个员工直接进行指挥和管理，这就需要设置管理层次，逐级地进行指挥和管理。

（1）管理层次的划分。一个组织中，其管理层次的多少，一般是根据组织工作量的大小和组织规模的大小来确定的。工作量较大且组织规模较大的组织，其管理层次可多些，反之，管理层次就比较少。一般来说，管理层次可分为上层、中层和下层三个层次。对于上层来讲，其主要职能是从整体利益出发，对组织实行统一指挥和综合管理，制定组织目标、大政方针和实施目标的计划。中层的主要职能是为达到组织总的目标，制定并实施各部门具体的管理目标，拟订和选择计划的实施方案、步骤和程序，按部门分配资源，协调各部门之间的关系，评价生产经营成果和制定纠正偏离目标的措施等。下层的主要职能是按照规定的计划和程序，协调基层组织的各项工作和实施生产作业。

（2）管理层次的确定。管理层次的多少与管理幅度密切相关。管理幅度、管理层次与组织规模存在着相互制约的关系：

管理幅度×管理层次=组织规模

也就是说，当组织规模一定时，管理幅度与管理层次成反比关系。管理幅度越宽，管理层次越少，其管理组织结构的形式呈扁平形。相反，管理幅度越窄，管理层次就越多，其管理组织结构的形式呈锥形，锥形结构与扁平结构的对比如图5-12所示。

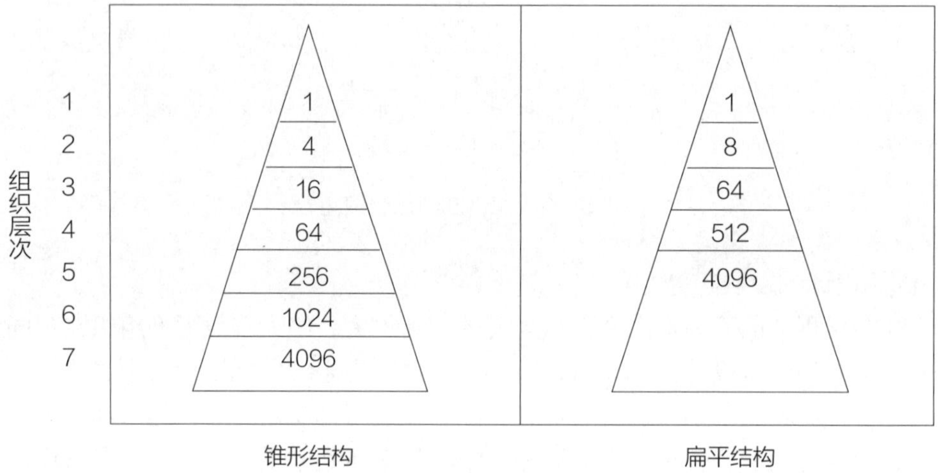

图5-12 锥形结构与扁平结构的对比

锥形组织结构的优点是：由于管理的层级比较多，管理幅度比较小，每一管理层上的主管都能对下属进行及时的指导和控制；另外，层级之间的关系也比较紧密，这有利于工作任务的衔接，同时也为下属提供了更多的提升机会。缺点是：过多的管理层级往往会影响信息的传递速度，因而信息的失真度可能会比较大，不利于贯彻最高主管的规定目标和政策，还会增加高层主管与基层之间的沟通和协调成本。

扁平组织结构的优点是：由于管理的层级比较少，信息的沟通和传递速度比较快，因而信息的失真度也比较低，同时，上级主管对下属的控制也不会太呆板，这有利于发挥下属的积极性和创造性。其缺点是：过大的管理幅度增加了主管对下属的监督和协调控制难度，同时，下属也缺少了更多的提升机会。

2. 管理幅度

管理幅度是指主管人员有效地监督、管理其直接下属的人数。通常影响管理幅度的因素有很多方面，除了与企业的规模、产品过程本身的复杂性及特点有关外，还包括下列因素。

（1）人的因素。如员工的知识结构、技能、经验、培训等情况，管理人员的知识面越广，能力越强，相应管理幅度可以增加。

（2）内部管理体系。组织是否有明确的目标、职责计划及相应的运作程序对管理幅度也会产生影响，当内部有一个良好运作的管理体系时，员工按所要求的明确的规则完成工作从而减少管理人员，提高管理幅度。

（3）职权的授予。上级给下级授权越多，越能减少上下级交往的频率及时间，管理幅度可以增加。

（4）管理技术的应用。传统的沟通与处理方式导致管理幅度不能太大，当应用了管理技术，如信息技术（IT）后，通过改变信息传递的方式从而促使管理幅度发生改变。

近年来，随着组织内员工素质的不断提高，以及内部管理体系的不断完善，特别是信息技术的普遍运用，组织的管理层次越来越少，组织越来越精简，越来越扁平化，如美国管理协会对100家公司所做的一项调查研究显示，大型公司（超过5000人）总经理管理幅度为1～14人，平均为9人，中型公司（500～5000人）总经理管理幅度为3～17人，平均为7人。现代西方企业的实践表明，未来成功的企业将属于扁平形组织，管理幅度将加大，除特大型和超复杂型企业外，一般企业适宜的管理层次为3～5级。

（四）责权分配

责权分配就是通过有效的方式将职责与职权分配到各个层次、各个部门和各个岗位，使整个组织形成一个责任与权力有机统一的整体。

在责权分配方面，关键的问题是通过规范组织中的授权程序，正确处理集权与分权的关系，既保证部门有充分的权力，又尽可能避免权力被滥用或越权行事。

1. 职权与职责

职权是指由组织制度正式确定的，与一定管理职位相联系的决策、指挥、分配资源和进行奖惩的权力。每一管理职位都具有某种特定的、内在的权力，任职者可以从该职位的等级或头衔中获得这种权力。因此，职权与组织内的一定职位相关，而与担任者的个人特征无关。只要被辞退掉有权的职位，不论是谁，离职者就不再享有该职位的任何权力。职权仍保留在该职位中，并给予新的任职者。

职责是指由组织制度正式确定的，与职权相应的完成工作所承担的责任。组织中任何一个职位都必须权责相连，拥有职权但不承担责任是产生“瞎指挥”的根源。同时，不拥有一定的职权就无法完成任务。当管理者向下属布置任务，委让一部分职权时，应同时授予相应的执行职责，但应保留最终职责。也就是说管理者应对其下属的工作行为承担最终责任，这对上下级来说都是一个很好的约束。

2. 职权的种类

职权的分类详见表5-5。

表5-5 职权的分类

主要种类	内容描述
直线职权	直线职权即指挥权，是指管理者指挥其下属工作的权力。正是这种上级—下级关系贯穿着组织的最高层到最底层，从而形成所谓的指挥链。在指挥链中每个链接处，拥有直线职权的管理者均有权指导下属人员的工作，并且无须征得他人意见而独立做出某些决策。当然，指挥链中每个管理者也都要听从其上级主管的指挥

续表

主要种类	内容描述
参谋职权	当组织规模得到扩大并变得复杂后，直线管理者会发现他们没有足够的时间、全面的技能或办法有效完成工作。为此，他们往往通过配置参谋职权职能来寻求支持和协助，为他们提供建议，并减轻他们的信息负担。参谋的种类有个人与专业之分。前者即参谋人员，他们是直线人员的咨询人，协助直线人员执行某项职责。专业参谋，常为一个单独的组织或部门，即通常所说的“智囊团”或“顾问班子”。它聚合了一些专家，运用集体指挥，协助直线主管进行工作。典型的参谋职权的特点是：参谋人员或参谋部门只对直线主管负责，没有指挥权，是一种辅助性职权
职能职权	介于直线职权与参谋职权之间，是组织职权的一个特例。职能人员不直接参与组织的业务活动，而是给直线职能部门提供各种支持和帮助

设置参谋职权虽有助于直线管理者的正确决策，但毕竟决策仍需要直线主管做出，直线主管仍需要对具体事项进行具体的指导和监督。为了进一步改善和提高管理效率，主管人员可能将职权关系做某些变动，把一部分本属于自己的直线职权授予参谋人员或某个部门的主管人员，这样便产生了职能职权。例如，一个公司的总经理可能授权财务部门直接向生产经营部门的负责人传达关于财务方面的信息和建议，也可能授予人事、采购、公共关系等顾问以一定的职权，让其直接向直线组织发布指示等。因此，职能职权是参谋人员或某部门的主管人员所拥有的原属于直线主管的一部分权力。

概括地讲，直线职权意味着做出决策、发布命令并付诸实施，是协调组织资源，保证组织目标实现的基本权力。参谋职权则仅意味着协助和建议的权力，是保证直线主管人员正确决策的重要条件。职能职权由于是直线职权的一部分，因此也具有直线职权的特点，但其职权范围小于直线职权；同时职能职权的行使者多为具有业务专长的参谋人员，因此有助于提高业务活动的效率。

应当指出的是权力不同于职权。权力是一种影响他人行为的能力。一个有权力的管理者，通过改变别人的活动使之偏离他们自己的直接目标而转向实现他本人的目标时，就是在运用他的权力。职权是权力的部分集合，也就是说，职权固然可以影响决策，但是影响决策的力量不一定是来自职权。权力代表了一种资源，管理者通过这种资源影响其雇员的行为。

管理实践

王厂长的等级链

王厂长总结自己多年的管理实践，提出在改革工厂的管理机构中必须贯彻统一指挥原则，主张建立执行参谋系统。他认为全厂的每个人只听命于一位领导，其他领导的命令是无效的。例如，书记有什么事只能找厂长，不能找副厂长。这样做中层干部高兴，认为是解放了。原来工厂有十三个厂级领导，每个厂级领导的命令都要求下边执行就吃不消了。有一次，一个中层干部开会时在桌子上放一个本子、一支笔就走了，散会他也没回来。事后，这位中层干部说有三个地方要他开会，所以就放一个本子，以便应付另外的会。后来厂里规定，同一个时间只能开一个会，并且事先要把报告交到党委和厂长办公室统一安排。现在厂里实行固定会议制度。厂长一周两次会，每次两小时，而且规定开会迟到不允许超过5分钟。所以会议很紧凑，每人发言不许超过15分钟，超过15分钟就停止。上下级领导界限要分明。副厂长是厂长的下级，厂长做出的决定副厂长必须服从。副厂长和科长之间也应如此。

王厂长认为，一个人管理的能力是有限的，所以规定领导人的直接下级只有5~6个人。王厂长说："我现在多了一点，有9个人（4个副厂长，2个顾问，3个科长）。这9个人我可以直接布置工作，有事可直接找我，除此以外，任何人不准找我，找我也一律不接待。"

问题：王厂长的管理方式有哪些值得学习的地方？

3. 授权

授权是指组织的管理者将原来由自己执行的某一部分职权委托给下级代为执行的行为。随着信息时代的到来，组织管理者越来越认识到把权力分散下去的重要性，而授权就是组织管理者对权力进行分配的一种主要方式。

在进行授权时要充分考虑职位高低、下属素质、组织内外条件等因素的影响，按照责权利一致、级差授权、授权有度、有效控权的原则，合理分配职权。同时，要以适当的方式与手段，进行必要的监控，以保证权力的正确运用与组织目标的实现，在工作任务完成后，要对授权效果、工作业绩进行考核和评价。

4. 集权与分权

集权与分权是组织设计中的两种相反方向的权力分配方式。集权是指决策权在组织系统中较高层次的一定程度的集中；与此相对应，分权是指决策权在组织系统中较低管理层次的程度上的分散。集权和分权只是一个相对的概念，在现实社会中，不同的组织可能是集权的成分多一点，也可能是分权的成分多一点，绝对的集权和绝对的分权实际上是不存在的。这里所讲的集权与分权仅仅是指在组织权力分配方面的两种倾向。在组织中集中权力可以加强统一指挥，提高工作效率。但同时，也可能带来不能决策、反应迟缓，不利于调动下属工作主动性和创造性等影响。对于规模比较大的组织而言，分权有利于组织的成长和发展。因此，大型组织除在保证目标制定、财务管理、人事管理、物品采购等方面实行高度集权外，通常将计划权、生产权、销售权等权力完全下放给下属部门，以利于他们充分发挥积极性和主动性。

（五）整体协调

层次设计和责权分配确定了组织内部各个部门之间的从上到下的纵向关系，但作为一个整体，组织要实现其既定目标，必然会要求各部门在工作过程中形成共同协作的横向关系，这就需要在组织设计时必须考虑如何通过一定的方式，形成一种有效组织内部协调机制，使各部门的工作能够达到整体化与同步化的要求。

进行整体协调的主要方式有以下几种。

（1）加强联系与沟通，统一认识，实现思想协调。

（2）以实现组织总目标为出发点，落实各部门的工作目标和计划，使各部门的工作保持协调性。

（3）建立规章制度，规范工作程序，明确工作责任，严格奖惩措施，从制度上保证部门之间的协调统一。

（4）制定规范的协商机制和必要的协调机构，及时解决部门与部门之间的矛盾和冲突，加强组织协调。

管理实践

某传媒企业的组织结构调整

H公司是一家具有20年历史的国有传媒企业，公司领导凭借超前的战略眼光和正确的决策，成功地把握产业发展机会，并借助资本市场，使H公司获得了高速发展。目前，H公司已经发展成为以广告、网络和节目三大主业为核心，并涉足旅游、房地产、酒店等产业的综合性传媒集团。但是，H公司在高速发展和规模扩大的同时，却出现资产收益率和资产周转率逐年下降的现象。经过反复的对比和深入的研究，H公司高层发现：和当时很多国企一样，公司的股份制改造并没有从根本上改变企业的管理方式和组织结构。公司高层和大多数员工已明显感觉到，现有的管理方式和组织结构已明显不适合公司的长远发展战略和当前的市场环境。如何变革才能适应公司发展的要求？这已经成为摆在公司上下面前迫切需要解决的问题。通过同行业企业的介绍，H公司了解到北森公司在该领域已经成功操作了几个类似的案例，于是，H公司联系了北森公司。

经过员工访谈和问卷调研，北森项目组认为H公司的主要问题在于：第一，公司战略定位基本正确，但是在战略目标分解成为部门或子分公司的子目标以及子目标的实现上存在严重的缺陷，战略不能落地；第二，公司总部治理结构相对规范，但是子公司治理结构问题突出，多元化后公司总部与各子公司、分公司的关系和管理模式上不合理，岗位责权不清，存在责任交叉和空缺的现象，出现问题后互相推诿和找不到责任人的情况时有发生；第三，公司组织结构中存在着部门职责与权力不匹配，因人设职的情况，组织层级过多，指挥链条混乱，存在严重的多头指挥现象；第四，由于公司组织结构的紊乱造成公司资源的流失，如因为销售政策的决策和执行流程混乱造成的客户和市场的丢失；又如有的人员利用公司的资源为私人牟利的现象层出不穷。

解决方案：根据企业发展战略、管理模式和业务格局对组织结构进行调整和优化：首先，明确集团总部定位，是战略决策中心、投资中心、管理和协调中心的组合。集团总部的角色应集中于管理整个集团的业务组合、促进业务单元的业绩改进和最大程度利用集团资源投资发展；集团总部的职能部门应该高效、精简，并着力于发展由产业推动的战略、财务计划及人力资源管理的技能；总部应该通过对业务单元战略及经营计划的严格审查和考核，并通过提供有效的激励机制来指导业务单元的经营，而不是通过对日常运作的干预；集团总部应集中资金管理，实施集中融资；各业务单元的财务系统应归集团财务部的直接领导。

其次，根据集团定位，对战略管理型、操作管理型和财务管理型三种管理模式与公司战略进行匹配，对不同股权构成和产业类型的子公司采取不同的组织管理模式，清晰界定下属公司与职能部门之间的关系。不同管理模式下的子公司在发展目标、管理手段和应用方式上应有所不同，各有侧重。再次，将三大主业分公司升格为事业部，并将同类产业纳入事业部统一管理，其他产业保留子公司管理模式，以增强事业部的市场分析和快速决策能力，从而增强其核心竞争力。最后，基于管理模式与关键管理流程对现有管理职能进行分拆、合并、增设，新设立投资决策委员会、证券投资监管委员会和考核委员会。各委员会承担相应的横向流程整和和协调功能。

结果反馈：H公司按照北森公司的方案调整并优化了组织结构，明确了集团总部与子公司之间的管理关系和权力分配，理顺了各职能部门的责权划分和协调关系，管理层次精练，指挥有效，控制力度强，并且对公司资源及资源的增值进行了有效的管理，防止了资源的流失，公司管理和运营效率大为提高；与组织结构配套的薪酬和绩效管理体系的运用和实施，形成了良好的激励机制，直接改变了该公司以前人浮于事、部门之间互相推诿、多头指挥、技术和能力较强的人员流失情况严重等现象，为公司实现远景战略目标提供了有力的保障，该方案得到客户的普遍认同和高度评价。

问题：H公司为什么要进行组织结构调整？

5.3 组织文化

一、组织文化的含义

组织文化（Organizational Culture）是指组织在长期的实践活动中所形成的，并且为组织成员普遍认同和遵循的，具有本组织特色的价值观念、团体意识、行为规范和思维模式的总和。组织文化是一个组织由其价值观、信念、仪式、符号、处事方式等组成的特有的文化形象。

二、组织文化的基本特征与层次

1. 组织文化的基本特征

组织文化本质上属于“软文化”管理的范畴，是组织自我意识所构成的精神文化体系。组织文化是整个社会文化的重要组成部分，既具有社会文化和民族文化的共同属性，也具有自己的不同特点。它的基本特征包括以下6个方面，如表5-6所示。

表5-6 组织文化基本特征一览表

特征	内容描述
独特性	组织文化具有鲜明的个性和特色，具有相对独立性，每个组织都有其独特的文化积淀，这是由组织传统、组织目标、组织员工素质以及内外环境不同所决定的
继承性	组织在一定的时空条件下产生、生存和发展，组织文化是历史的产物。组织文化的继承性体现在三个方面：一是继承优秀的民族文化精华，二是继承组织的文化传统，三是继承外来的组织文化实践和研究成果
相融性	组织文化的相融性体现在它与组织环境的协调和适应性方面。组织文化反映了时代精神，它必然要与组织的经济环境、政治环境、文化环境以及社区环境相融合
人本性	组织文化是一种以人为本的文化，最本质的内容，就是强调人的理想、道德、价值观、行为规范在组织管理中的核心作用，强调在组织管理中要理解人，尊重人，关心人。注重人的全面发展，用愿景鼓舞人，用精神凝聚人，用机制激励人，用环境培育人
整体性	组织文化是一个有机的统一整体，人的发展和组织的发展密不可分，引导组织职工把个人奋斗目标融于组织整体目标之中，追求组织的整体优势和整体意志的实现
创新性	创新既是时代的呼唤，又是组织文化自身的内在要求。优秀的组织文化往往在继承中创新，随着组织环境和国内外市场的变化而改革发展，引导大家追求卓越，追求成效，追求创新

2. 组织文化的层次

组织文化主要包括三个层次：表层、中层、深层。表层的组织文化是可见之于形、闻之于声的文化形象，即所谓外显部分，如厂貌、厂旗、厂歌、产品形象、职工风貌等；中层的组织文化是介于表层、深层之间的那部分文化，如组织规章制度、组织机构等；深层的组织文化是指积淀于组织及其员工心灵中的意识形态，如理想信念、道德规范、价值取向、行为准则等，所谓内隐部分。上述三个层次中，最为重要的是深层文化，它是支配组织及其职工行为趋向，决定中层文化、表层文化的内核所在。表层文化、中层文化的状况如何也会反作用于组织的深层文化，影响组织的凝聚力。

三、组织文化的功能

组织文化不仅强化了传统管理的一些功能，而且还有很多传统管理不能完全替代的功能，详见表5-7。

表5-7 组织文化的功能

功能	内容描述
导向功能	主要表现在组织价值观念对组织主体行为，即对组织领导人和广大员工行为的引导上。由于组织价值观是组织多数人的“共识”，因此，这种导向功能对多数人来讲是建立在自觉的基础上的。他们能够自觉地把自己的一言一行经常对照组织的要求进行检查，纠正偏差，发扬优点，改正缺点，使自己的行为基本符合组织价值观的要求。对少数未取得“共识”的人来讲，这种导向功能就带有某种强制性质。组织的目标、规章制度、传统等迫使他们按照组织整体价值取向行事
凝聚功能	组织文化的凝聚功能表现在组织文化所体现的“群体意识”，能把员工个人的追求和组织的追求紧紧联系在一起。由于组织文化体现强烈的“群体意识”，可以改变原来那种从个人角度建立价值观的一盘散沙状态。因此，组织文化比组织外在的硬性管理方法本能的具有一种内在凝聚力和感召力，使每个员工产生浓厚的归属感、荣誉感和目标服从感
激励功能	主要表现在组织文化强调信任、尊重、理解每一个员工，能够最大限度地激发员工的积极性和首创精神。积极的组织文化强调尊重每一个人、相信每一个人，凡事都以员工的共同价值观念为尺度，而不是单纯以领导者个人的意志为尺度；员工在组织中受到重视，参与愿望能够得到充分满足。因此，组织文化能够最大限度地激发员工的积极性和首创精神，使他们以主人翁的姿态，关心组织的发展，贡献自己的聪明才智
约束功能	组织文化的约束功能主要是通过完善管理制度和道德规范来实现。组织制度是组织文化的内容之一，组织的领导者和职工必须遵守和执行，从而形成约束力。道德规范是从伦理关系的角度来约束企业领导者和职工的行为。如果人们违背了道德规范的要求，就会受到舆论的谴责，感到内疚。同仁堂药店“济世养生、精益求精、童叟无欺、一视同仁”的道德规范约束着全体员工必须严格按工艺规程操作，严格质量管理，严格执行纪律
提高素质功能	主要表现在组织文化能为组织营造一种追求卓越、成效和创新的氛围，这种氛围对提高员工素质极为有利。人的素质是组织素质的核心，人的素质能否提高，很大程度取决于它所处的环境和条件。优秀的组织文化体现卓越、成效和创新。具有优秀文化的肌体是一所“学校”，为人们积极进取创造了一种良好的学习、实践环境和条件，具有提高员工素质的功能
辐射社会与塑造形象功能	组织文化关系到组织的公众形象、公众态度、公众舆论和品牌美誉度。组织文化不在组织内部发挥作用，对组织员工产生影响，而且也能通过传播媒体，公共关系活动等各种渠道对社会产生影响，向社会辐射。组织文化的传播对树立组织在公众中的形象有很大帮助，优秀的组织文化对社会文化的发展有很大的影响

四、组织文化的建设

1. 组织文化建设的原则

虽然各组织所在的行业领域不同，所处的环境不同，组织整体素质不同，组织文化建设的过程也不同，但一般应遵循以下基本原则，如表5-8所示。

表5-8 组织文化建设的原则

原则	内容描述
目标原则	每一组织与企业都要有一个明确的、鼓舞人心的发展目标。如某高校要建成国内一流大学；某企业要在三年内成为行业销售冠军等。要把组织的宣传、文化活动同目标紧密联系在一起，使组织员工感到方向明确、工作有劲，获得心理满足，为自己能给组织做出贡献而感到自豪

续表

原则	内容描述
价值观念原则	组织文化建设要有目的、有意识地把员工的行为规范到组织共同的价值观念与理想追求上来。比如，在生产企业中树立“下道工序就是上道工序的用户”的思想，把不合格产品消灭在工序中，以保证最终产品的质量
合理原则	组织文化建设要促进员工相互信任，密切管理者和被管理者的关系，减少对立与矛盾，使全体成员形成合力，成为团结战斗的集体
参与原则	组织文化建设要注意培养员工参与组织管理的意识。让员工参与管理，可以调动员工的积极性，激励员工积极进取的精神，树立主人翁的责任感，促进组织文化建设的整体开展

2. 组织文化建设的途径

（1）选择价值标准。由于组织价值观是整个组织文化的核心和灵魂，因此选择正确的组织价值观是塑造组织文化的首要战略问题。选择组织价值观有两个前提。

①要立足于本组织的具体特点。不同的组织有不同的目的、环境、习惯和组成方式，由此构成千差万别的组织类型，因此必须精准把握本组织的特点，选择适合自身发展的组织文化模式，否则就不会得到广大员工和社会公众的认同与理解。

②要把握住组织价值观与组织文化各要素之间的相互协调，因为各要素只有经过科学的组合与匹配才能实现系统整体优化。

在此基础上，选择正确的组织价值标准要抓住四点。

①组织价值标准要正确、明晰、科学，具有鲜明特点。

②组织价值观和组织文化要体现组织的宗旨、管理战略和发展方向。

③要切实调查本组织员工的认可程度和接纳程度，使之与本组织员工的基本素质相和谐，过高或过低的标准都很难奏效。

④选择组织价值观要坚持群众路线，充分发挥群众的创造精神，认真听取群众的各种意见，并经过自上而下的多次反复，审慎地筛选出既符合本组织特点又反映员工心态的组织价值观和组织文化模式。

知识拓展

用社会主义核心价值观塑造企业文化

一流的企业管理靠文化，二流的企业管理靠制度，三流的企业管理靠人。这是管理学界公认的观点。企业文化是企业综合实力的体现，是企业文明程度的反映，也是企业精神形态生产力转化为物质形态生产力的源泉。因此，塑造什么样的企业文化对于企业管理尤为重要。

打造企业文化，其中心任务是进行核心价值体系建设，引导企业职工树立“共同价值”和“共同信仰”，确立广泛认同的核心价值观，进而靠文化力激活生产力，增强凝聚力、执行力和创造力，提升企业核心竞争力。社会主义核心价值观（富强、民主、文明、和谐；自由、平等、公正、法治；爱国、敬业、诚信、友善）作为对全体社会成员在国家、社会、公民三个层面要求的高度概括，体现在我国精神文明建设的全过程和各个方面。企业要构建有生命力、有灵魂的文化理念体系，就是要把践行社会主义核心价值观和企业文化建设紧密联系起来，用社会主义核心价值观为企业文化培根塑魂，从而更好地确保企业正确的发展方向，激发职工创新创业热情，推动企业健康持久发展。

为什么要以社会主义核心价值观引导企业文化建设？在长期发展的过程中，无论是有意建设还是无声沁润，很多企业都会逐步形成适应自身企业发展的企业文化，确立正确的企业发展规划、价值观，指引着企业发展壮大。但是，随着企业发展现实需要的多元化和外部环境的变迁，以及国家深化企业改革的进一步推进，企业文化建设就需要在时代变迁中不断改革和提升，不断提升文化实力、丰富文化内涵、打造文化品牌，与时俱进，培育富有现代意识的企业文化。我们注重企业文化对企业管理的影响和作用，就是要注重企业决策者、管理者的思维方式、思想水平、道德观念等形成。管理决策者作为企业文化倡导者、践行者往往直接影响企业文化的核心内容。提升企业文化，要不断学习、不断创新，吸收优秀的文化因子。社会主义核心价值观具有明确时代指向性和鲜明时代特征，既着眼于时代变化的客观需求，又体现了社会主义建设不断深化的规律，更揭示了时代内涵。以社会主义核心价值观为遵循，将其落实到企业文化中，有效融入企业使命、愿景，与本行业的特点相结合，体现企业对产品品质、员工情感和社会责任的追求，有利于企业长久健康发展、有利于获得人民信任、有利于消除员工内心的焦虑，满足员工对美好生活的追求，在公众中树立良好的文化品牌形象，提升企业品牌影响力。

如何用社会主义核心价值观塑造企业文化？社会主义核心价值观和企业文化的价值追求是一致的。企业应该在社会主义核心价值体系的指引下，通过企业领导及员工的积极参与，在企业内部探索出一条有效的社会主义核心价值观宣传弘扬方式，对社会主义核心价值观进行创新运用，从而将其践行于企业文化建设与企业经营发展之中。一要抓实学习引导。真学真信真用社会主义核心价值观，是践行社会主义核心价值观的重要基础。要虚功实做，积极推进社会主义核心价值观教育进企业，将其作为管理层、中层干部、班组等学习的重要内容，让全体职工在耳濡目染中接受企业文化的教育和熏陶，真正让企业文化的正能量融入心灵血脉、融入企业发展。二要坚持实践沁润。实践是让以社会主义核心价值观为引领的企业文化外化于行的重要支撑，必须灵活载体，发挥养成作用。开展道德实践活动，促进社会公德、职业道德、家庭美德、个人品德建设，发挥企业文化的正能量引领作用。开展志愿服务活动，唱响讲担当、讲奉献主旋律，进一步升华企业文化。开展文化活动，丰富企业职工的业余文化生活，发挥企业文化凝聚人心的作用。三要强化制度保障。制度是让以社会主义核心价值观为引领的企业文化扎实推进的重要保障，必须健全完善制度护航企业作用。建立企业管理制度，依托企业文化，制定诸多领域的规章制度，提升企业管理水平，提升文明程度。

(2) 强化员工认同。一旦选择和确定组织价值观和组织文化模式之后，就应把基本认可的方案通过一定的强化灌输方法，使其深入人心，具体做法如下。

①充分利用一切宣传工具和手段宣传组织文化的内容和要求，使之家喻户晓，以创造浓厚的环境氛围。

②树立英雄人物。典型榜样和英雄人物是组织精神和组织文化的人格化身与形象缩影，能够以其特有的感染力、影响力和号召力为组织成员提供可以仿效的具体榜样，而组织成员也正是从英雄人物和典型榜样的精神风貌、价值追求、工作态度和言行表现之中深刻理解到组织文化的实质和意义。尤其是组织发展的关键时刻，组织成员总是以英雄人物的言行为尺度来决定自己的行为导向。

③培训教育。有目的的培训和教育，能够使组织成员系统接收和强化认同组织所倡导的组织精神和组织文化。但是，培训教育的形式可以多种多样，当前，在健康有益的娱乐活动中恰如其分地揉进组织文化的基本内容和价值准则，不失为一种有效的方法。

（3）提炼定格。①精心分析。在经过群众性的初步认同之后，应当将反馈回来的意见加以剖析和评价，详细分析、仔细比较实践结果和规划方案的差距，必要时可以吸收有关专家和员工的合理化意见。

②全面归纳。在系统分析的基础上，进行综合的整理、归纳、总结和反思，采取去粗取精、去伪存真、有激励的方法，删除那些落后的、不为员工所认可的内容与形式，保留那些进步的、卓有成效的、为广大员工所接受的内容与形式。

③ 精炼定格。把经过科学论证和实践检验的组织精神、组织价值观、组织文化，予以条理化、完善化、格式化，再加以必要的理论加工和文字处理，用精练的文字表示出来。

构建完善的组织文化需要经过一定的时间过程。因此，充分的时间、广泛的发动、认真的提炼、严肃的定格是创造优秀的组织文化所不可缺少的。

（4）巩固落实。①必要的制度保证。在组织文化演变成全体员工的习惯行为之前，要使每一个成员都能自觉主动地按照组织文化和组织精神的标准去行事，是几乎不可能的。即使在组织文化业已成熟的组织中，个别成员背离组织宗旨的行为也时常发生。因此，建立某种奖优罚劣的规章制度是有必要性的。

②组织文化是一个方向盘。组织提倡什么崇尚什么，员工就追求什么。一种文化就可以长期引导员工为实现企业目标而自觉努力。组织文化的导向功能主要从以下两个方面来发挥作用：一是直接引导员工的性格、心理和行为；二是通过整体的价值认同来引导员工。后者是更为重要的方面。良好的组织文化使员工潜移默化地接受本企业共同的价值观，人们在文化层面上结成一体，朝着一个确定的目标而奋斗献身，这样，那些繁复琐碎的规章制度反而显得不那么重要了。

③领导的率先垂范。组织领导者在塑造组织文化的过程中起着决定性的作用，他本人的模范行为就是一种无声的号召和导向，对广大员工会产生强大的示范效应，所以任何一个组织如果没有组织领导者的以身作则，要想培育和巩固优秀的组织文化是非常困难的。这就要求组织领导者率先垂范，真正肩负起带领组织成员共建优秀组织文化的历史重任。

（5）丰富发展。任何一种组织文化都是特定历史的产物，当组织的内外条件发生变化时，要及时地调整、更新、丰富和发展组织文化的内容和形式，组织文化由此经过循环往复达到更高的层次。

管理故事

猎人与狗

有一天，猎人带着一只猎狗到森林中打猎，猎狗将一只兔子赶出了窝，追了很久也没有追到。牧羊犬见了，讥笑猎狗说：“你真没用，竟跑不过一只小小的兔子。”猎狗解释说：“你有所不知，不是我无能，只因为我们两个跑的目标完全不同，我仅仅是为了一顿饭而跑，而它却是为了性命啊。”

这话传到了猎人的耳朵里，猎人想，猎狗说得对呀，我要想得到更多的兔子，就得想个办法，消灭“大锅饭”，让猎狗也为自己的生存而奔跑。猎人思前想后，决定对猎狗实行“论功行赏”。

于是猎人召开猎狗大会，宣布：在打猎中每抓到一只兔子，就可以得到一根骨头的奖励，抓不到兔子的就没有。

这一招，果然有用，猎狗们抓兔子的积极性大大提高了，每天捉到兔子的数量大大增加，因为谁也不愿看见别人吃骨头，自己却没有。

可是，一段时间过后，一个新的问题出现了：猎人发现猎狗们虽然每天都能捉到很多兔子，但兔子的个头却越来越小。

猎人疑惑不解，于是，他便去问猎狗：“最近你们抓的兔子怎么越来越小了?”

猎狗们说：“大的兔子跑得快，小的兔子跑得慢，所以小兔子比大兔子好抓得多。反正，按你的规定，大的小的奖励都一样，我们又何必要费那么大的力气，去抓大兔子呢?”猎人终于明白了，原来是奖励的办法不科学啊！于是，他宣布，从此以后，奖励骨头的多少不再与捉到兔子的只数挂钩，而是与捉到兔子的重量挂钩。此招一出，猎狗们的积极性再一次高涨，捉到兔子的数量和重量，都远远超过了以往，猎人很开心。

如何让员工保持很高的积极性

遗憾的是，好景不长。一段时间过后，新的问题又出现了：猎人发现，猎狗们捉兔子的积极性逐渐下降，而且越是有经验的猎狗下降得越厉害。

又是怎么回事呢？于是猎人又去问猎狗。

猎狗们对猎人说：“主人啊，我们把最宝贵的青春都奉献给您了，等我们以后老了，抓不动兔子了，你还会给我们骨头吃吗?”

猎人一听，明白了，原来猎狗们需要养老保险，于是，他进一步完善激励机制。规定：每只猎狗每月捉到的兔子达到一个规定的量以后，多余部分可以转化为骨头的贮存，将来老了，捉不到兔子了，就可以享用这些贮存。

这个决定宣布之后，猎狗们群情激昂，抓兔子的积极性空前高涨。猎人也无比欣慰，觉得从此可以万事无忧了。

如何留住优秀的员工

就这样，过了一段时间之后，一件意想不到的事情发生了：一些优秀的猎狗开始离开猎人，自己捉兔子去了。

面对这一情况，一开始，猎人以为是思想工作没做好。便连续举办了一系列“狗力资源与高层猎狗研修班”，培训主题为：缺乏统一指挥所造成的狗力资源浪费，强调猎人的规划对猎狗捕猎的重要性，并有意夸大了其负面影响。这一招对稳定猎狗队伍起到了一定的积极作用，但优秀猎狗流失的状况并未得到有效控制。

猎人有些着急了。他想，难道是奖励的力度不够？于是，他将优秀猎狗的奖励标准提高了一倍。这一招收到了比较明显的效果，优秀猎狗流失的问题得到了暂时缓解，但无法从根本上得到遏制，一段时间之后，离开猎人自己去捉兔子的猎狗又开始多了起来，而且离开的基本上都是最优秀的。

聪明的猎人这下可犯愁了，他百思不得其解。万般无奈之下，他决定直接去向离开的猎狗们咨询。他用10根骨头的代价把5只猎狗请到一起，他十分动情地对它们说：“猎狗兄弟们，我实在不知道我做了什么对不起你们的事，你们为什么一定要离开我呢?”猎狗们对猎人说：“主人啊，你是天下最好的主人，我们有任何愿望，你都尽力给予满足，没有任何对不起我们的地方。我们离开你，自己去捉兔子，也不仅仅是为了多得几根骨头，更重要的是我们有一个梦想，我们希望有一天我们也能像您一样，成为老板。”猎人听后，恍然大悟，原来他们是想实现自我价值!

怎么解决这一问题呢？聪明的猎人经过较长一段时间的潜心研究，终于找到了解决方案。他成立了一个猎狗股份有限公司，出台了三条新政策：第一条，实行优者有股。优秀的猎狗可以将贮存的骨头转化为公司的股份，并根据贡献率每年奖励一定数量的股份期权，使优秀的猎狗有机会在公司发财；第二条，实行贤者终身。连续三年或累计5年被评为优秀猎狗者，可成为终身猎狗，享受一系列诱人的优厚待遇；第三条，实行强者孵化。优秀的猎狗可以随着业绩增长，逐步成为团队经理、业务总监、总经理、董事长，实现做老板的梦想。

这一招十分灵验。从此以后，不仅该公司优秀的猎狗对猎人忠心耿耿，而且其他地方的优秀猎狗也慕名加盟，猎人的公司越办越火。

（资料来源：百家号. 猎人和猎物的寓言 [EB/OL].（2022-01-06）[2025-05-15]. https://baijiahao.baidu.com/s?id=1721157647900365069&wfr.）

点评：这个故事，至少说明了三个重要道理。

第一，一个企业，员工的问题，往往根源在机制，责任在老板，因此，我们要多研究机制，少责备员工，这样，管理才会不断完善，劳资关系也才会更加融洽与和谐。

第二，有激励和没有激励大不一样，激励科学与不科学大不一样。

第三，员工的需求是不断增长的，企业必须满足员工不断增长的物质及精神需求，才能有效激励人才、长久地留住人才。

5.4 组织人力资源管理

组织设计为组织系统的运行提供了基本的运行框架。为确保各项任务的顺利完成并使系统能够正常地运行，组织还必须按照组织设计的基本要求为系统配置合适的人力资源，如管理人员、作业人员及参谋人员等，并对之进行有效的管理。

一、人力资源计划

1. 人力资源计划的任务

编制和实施人力资源计划的目标，就是要通过规划人力资源管理的各项活动，使组织的需求与人力资源的基本状况相匹配，确保组织总目标的实现。

人力资源计划的任务包括以下几个部分。

（1）系统评价组织中人力资源的需求量。人力资源计划就是要使组织内外人员的供给与一定时期组织内部预计的需求相一致。人力资源的需求量主要是根据组织中职务的数量和类型来确定的。职务数量指出了每种类型的职务需要多少人，职务类型指出了组织需要什么技能的人。一个组织在进行了组织设计之后，需要把组织的需求与组织内部现有人力资源状况进行动态对比并找出预计的缺额。

（2）选配合适的人员。组织中的员工总是随着内外环境的不断变化而变动的。为了确保担任职务的人员具备职务所要求的基本知识和技能，必须对组织内外的候选人进行筛选。这就必须研究和使用科学的人力资源管理方法，使组织中所需要的各类人才得到及时的补充。

管理故事

自卑的小黑羊

农夫家里养了三只小白羊和一只小黑羊。三只小白羊常常因为有雪白的皮毛而骄傲，而对那只小黑羊不屑一顾。

不但小白羊，连农夫也瞧不起小黑羊，常常给它吃最差的草料，时不时还对它抽上几鞭。小黑羊也觉得自己比不上那三只小白羊，常常伤心地独自流泪。

初春的一天，小白羊与小黑羊一起外出吃草，走得很远。不料寒流突然袭来，下起了鹅毛大雪，它们躲在灌木丛中相互依偎着……不一会儿，灌木丛和周围全铺满了雪，茫茫一片雪世界。它们打算回家，但雪太厚了，无法行走，只好挤成一团，等待农夫来救它们。

农夫发现四只羊羔不在羊圈里，便立刻上山找，但四处一片雪白，哪里有羊羔的影子。正在这时，农夫突然发现远处有一个小黑点，便快步跑去。到那里一看，果然是他那濒临死亡的四只羊羔。

农夫抱起小黑羊，感慨地说："多亏小黑羊呀，不然，羊儿可都要冻死在雪地里了！"

点评：俗语说，十个指头有长短，荷花出水有高低。组织内部，各种类型的员工都会有，作为人力资源管理者，不能一叶障目，厚此薄彼，而应该因人而异，合理配置人力资源，充分调动各类员工的积极性，最大限度地发挥他们的潜能。沟通能力强而富有开拓创新精神者，可以让他从事市场开发工作；墨守成规、坚持原则者，可以让他们从事质量监督检查；善于钻研、勤于思考者，可以让他们从事新产品的研发等。

（3）制订和实施人员培训计划。培训既是为了适应组织内部变革和发展的要求，也是为了提高员工素质，实现员工个人职业生涯发展的要求。要使组织中的成员、技术、活动、环境等要素更具环境的适应性，就必须运用科学的方法，有计划、有组织、有重点、有针对性地对员工进行全面培训，以培养和储备适应未来要求的各级人才。

2. 编制人力资源计划的过程

（1）评估现有的人力资源状况。这一步是通过工作分析法检查现有人力资源状况并总结出工作说明书和工作规范。前者说明了员工应做哪些工作、如何做、为什么这样做，反映出工作的内容、工作环境以及工作条件等；后者说明了某种特定工作最低需要具备哪些知识和技能。

（2）评估未来人力资源状况。组织的目标与战略决定了对人力资源的未来需求。要使战略规划转化成具体的、操作性较强的人力资源计划，组织就必须根据组织内外资源的情况对未来人力资源状况进行预测，找出各时期各类人员的余缺分布。

（3）制订一套相适应的人力资源计划。对现状和未来人力资源需求预测做出评估之后，管理者就可以找出人员的数量和种类，制订出一套与组织战略目标及其环境相适应的人力资源计划。

当然，组织还必须对此计划进行跟踪、监督和调整，以正确引导当前和未来的人才需求，另外，这种计划还需要与组织中的其他计划相互衔接。

3. 人力资源计划中的人员配备原则

合理用人，用好人才是组织生存和发展的重要环节之一，也是衡量人力资源计划是否有效的一个重要标准，因此，在编制和实施人力资源计划过程中必须坚持以下几个重要的人员配备原则，详见表5-9。

表5-9 人力资源计划中的人员配备原则

配备原则	内容描述
公开竞争原则	有利于公开、公正、公平竞争，促使组织得到一流的人才
因事择人原则	按工作的不同而选择与之相适应的人员（包括能力与专长）

续表

配备原则	内容描述
责、权、利一致原则	组织的管理人员要保持权力、责任与利益的有机统一，做到在其位，谋其政，行其权，尽其责，得其利，获其荣
用人之长原则	要充分发挥人员的长处，使人们能各得其所，各遂其志，人尽其才，才尽其用
人事动态平衡原则	要使那些能力发展充分的人去从事组织中更为重要的工作，同时也要使能力平平、不符合职务需要的人得到合理的调整，从而实现人与工作的动态平衡

知识拓展

木桶定律的人力资源新解

“木桶定律”的原意是指：一只木桶盛水的多少，不取决于桶壁上最高的那块木板，而是取决于桶壁上最短的那块木板。

人力资源工作也无法摆脱木桶定律，但在人力资源工作中，木桶定律还可以引申出更广泛的寓意。

在人力资源工作中，木桶可以理解为企业的环境，包括制度环境、流程环境、文化环境、薪酬环境等；水代表的是符合企业要求的人。在“水”这个大概念中，还有一个必不可少却又非常容易被忽略的物质，就是杂质。杂质代表的是不符合企业要求的人。此处的杂质，并不是单纯指工作能力不足或者欠缺道德品质的人，它还包括不符合企业现状的所有人员。

根据以上解释，企业的人力资源管理现状可呈现出四种情况。

第一种情况，是企业只顾着往木桶里不断地加水，却不关注修补木桶本身，结果木桶的盛水量不变，水不断注入，同时又不断溢出，而水桶里的水量没有任何增加。

很多企业一味埋怨员工心态浮躁，不稳定；个性强，不服从管理；流动性大等，却从不考虑企业制度是否合理，企业工作环境是否人性化，企业薪酬福利是否有竞争力等企业自身原因，导致形成了招聘—流失—再招聘—再流失的恶性循环。

第二种情况，是企业注重修筑木桶的木板，将木桶越修越高，目的是储存更多的水。但是加注的不是水，而是像寓言故事“乌鸦喝水”一样，用石头或者是沙子将水位线填高。虽然外表看着是水满欲溢，但实际木桶中盛放的东西已经变质。

因为企业的快速发展，对人员的需求量也随之增加，一些企业只注重人员数量和规模的发展，却忽视了对人员质量的要求，这时更容易引进一些不符合企业要求的人，这些人在企业短期利益中能产生一定价值，但从长远来看，一定会影响到企业的发展。

第三种情况，是企业既注重修筑木桶的木板，也注重加水。随着木桶的增大，储水量的增加，水中的杂质也不可避免地越来越多，杂质沉淀在底部，新加入的水只能将木桶里原有的水挤出木桶，却不能将杂质挤出。于是随着木桶逐渐变大，沉淀的杂质的比例也就越来越大。

企业管理者发现企业不断扩大的同时，却越来越不好管理了。原因何在？原因在于随着社会的发展和产品的发展，部分原有人员已无法胜任岗位要求，但是出于情感等方面的考虑，企业往往不会淘汰现有人员，而是加派人手以弥补原岗位人员能力的不足，于是一个人的工作分成两个人做，不但增加了人工成本，也降低了工作效率。

比较合理的做法是第四种，即企业一边修筑木桶的木板，一边加水，同时还要在桶底开一个出水口，将沉在底部的泥沙杂质排出桶外，保持木桶中的水的纯洁度。

修筑木板，是人力资源的本职工作，也是企业必修的基本功课。企业应该努力构筑能够留住人才的环境，有责任建立、改善、监督内部各项制度、流程，以保证组织的良性运转。

加水，就是源源不断引入人才，人才的引进除了可以弥补流失，还能引起“鲶鱼效应”，促进优胜劣汰。因为当向水桶里添加水时，一定会将桶中原有的水搅动起来，那么溢出的水也会将杂质带出，因此企业要有一定的流动性以保持企业的活力。

我们不但要持续改进工作环境，不断引进相关人才，也要在适当的时候，使不符合企业的人员能够合理流出。一位著名的企业家曾经说过“一个组织只要没有新陈代谢，生命就会停止”。这句话形象地指出，只有逐步完成新老接替，才能使企业保持活力和市场竞争力，保证企业的良性运转。

二、员工的招聘

1. 职务分析

在制订人员配备计划时，首先需要对空缺职务进行分析，明确职务的性质、职务的要求和标准。职务分析主要包括职务说明和职务规范两部分工作。

职务说明就是要具体明确职务的工作目的、工作内容、技能要求、岗位责任、与其他工作岗位的关系以及工作环境等。对职务的方方面面进行科学的界定是一系列人员配备的基础，与招聘、选拔、工资标准和培训等相关。职务说明样本如表5-10所示。

表5-10 职务说明样本

职务名称：销售代表。 所属部门：销售部。 直接上级：销售总经理。 工作目的：代表公司销售公司产品，完成公司销售目标，开拓产品市场。 工作要求：认真负责、工作主动、服从领导。 工作责任： 1. 与客户联络、沟通；记录客户资料并归档； 2. 配合技术人员进行产品技术展演，接受客户咨询； 3. 拟订个人商务（销售）计划； 4. 进行商务谈判； 5. 负责产品售后服务实施、监督与协调工作； 6. 发展潜在客户； 7. 完成销售所涉及的各种表格。 衡量标准：本人的销售业绩。 工作难点：如何提高销售业绩，发展潜在客户。 工作禁忌：无法认清客户需求和销售形势。 职业发展方向：销售部经理、营销部副总经理。

职务规范是明确从事某项工作的人员必须具备的条件，具体包括能力要求、教育程度和工作经验等。它体现了岗位上最合适人选应具备的特征，并提出一系列相关要素的衡量尺度。职务规范样本如表5-11所示。

表5-11 职务规范样本

一、职务类别
职位：档案/邮件专管员。
部门：政策服务部。
生效日期：2024年3月25日。
二、文化程度
专科及以上文化程度。
三、工作经验
必须具有一年以上的档案工作经验，包括开发、监察和维护档案系统。
四、工作技能
熟练掌握计算机使用技术。
五、特殊要求
1. 对组织要求及工作量的改变应能灵活对待；
2. 必须遵守档案保管制度和组织的各项工作程序；
3. 必须能从事一些细节工作（如存档和调档等）；
4. 必须能应用系统知识（如预测系统变化及建立新的程序等）。
六、行为特征
1. 发现问题后，必须有高度的主动性，能够解决问题并向上级报告；
2. 必须具有一定的人际关系技能，能与他人协作配合，并与其他部门搞好合作。

2. 员工招聘的来源

员工招聘的来源可以是多方面的，如内部推荐或者选拔、教育机构推荐、公共就业机构推荐、委托猎头公司物色、参加人才交流会、人才交流中心介绍、在各种媒体上做广告等，从不同招聘渠道进行招聘的优、缺点如表5-12所示。

表5-12 应聘者来源及效用分析

应聘者的来源	优点	缺点
1. 员工推荐	对空缺岗位和企业工作条件有全面的了解；推荐可能产生素质较高的候选人；一旦聘用，离职率较低；花费少	容易形成非正式群体；选用人员的面较窄；易造成任人唯亲的现象
2. 教育机构	有大量、集中的候选人；年轻、知识水平较高	缺乏实际工作经验；仅限于较低级别的职位
3. 职业介绍所	应聘者面广；能得到专业咨询和服务；节省时间	花费大；组织对招聘过程没有控制权；有些机构不能遵守机会均等的原则
4. 广告应征	简便易行；辐射面广；针对性强	费用较大；有许多不合格的应聘者；增加了选拔环节的工作量

续表

应聘者的来源	优点	缺点
5. 猎头公司	擅长物色上层管理人才与专业人才；聘用的人员可以立即上岗；效果立竿见影	费用可观；不利于调动本企业员工的积极性；策划难度较高
6. 公共就业机构	正常费用或免费；信息量丰富；有时还提供职业培训	候选人的水平可能较低，如非熟练工人或培训经历很少的人
7. 内部来源	有利于提高员工士气；降低流动率；被提升人员能较快胜任工作；较易形成企业文化；花费少	不利于吸收优秀人才；自我封闭，使企业缺乏活力；易导致“近亲繁殖”；供应有限

3. 员工招聘的程序与方法

为了保证员工选聘工作的有效性和可行性，应当按照一定的程序并通过竞争来组织选聘工作。具体的步骤如下。

（1）制订并落实招聘计划。当组织中出现需要填补的工作职位时，有必要根据职位的类型、数量、时间等要求确定招聘计划，同时成立相应的选聘工作委员会或小组。选聘工作机构既可以是组织中现有的人事部门，也可以是代表所有者利益的董事会，或由各方利益代表组成的专门或临时性机构。选聘工作机构要以相应的方式，通过适当的媒介，公布待聘职务的数量、类型以及对候选人的具体要求等信息，向组织内外公开招聘，鼓励那些符合条件的候选人积极应聘。

（2）对应聘者进行初选（面试）。当应聘者数量很多时，选聘小组需要对每一位应聘者进行初步筛选。内部候选人的初选可以根据以往的人事考评记录来进行；对外部应聘者则需要通过简短的初步面谈，尽可能多地了解每个应聘者的知识水平、兴趣爱好、工作能力、语言表达能力、分析能力、人际关系处理能力、工作动机等信息，观察他们的兴趣、观点、见解、独创性等，及时排除那些明显不符合基本要求的人，表5-13列举了一般面试提问的常见内容。

表5-13 一般面试提问的常见内容

1. 了解应聘者的基本情况
请简单介绍自己。 简述工作经历。 有何兴趣、爱好、特长？ 为什么要应聘本公司、本职位，应聘本职位的优势有哪些？ 个人最大的弱点是什么，对你的职业选择有何影响？
2. 了解应聘者的知识水平和专业技能
大学所学专业是什么？ 接受过哪些专业技能方面的培训或获得了哪些职业证书？ 对哪些课程较感兴趣？学得较好的课程有哪些？ 有关专业术语和专业领域的问题。

续表

3. 了解应聘者的工作经验和工作能力
你的第一份工作是什么？ 最让你有成就感的工作成绩是什么？ 谈谈你职务的升迁和收入变化情况。 你认为自己最适合做什么工作？ 是否与上级因为工作分歧发生过争执？举例说明。 是否因为工作差错受到过上级的责骂，具体情况是怎样的？ 在工作中最不能忍受同事的哪些行为？为什么？ 如果你获得这个职位，你将如何开展工作？
4. 了解应聘者的工作态度、工作动机和价值观
如何看待加班？ 对薪酬的要求。 离职的原因。 如何处理家庭和事业的关系？ 对自己的职业生涯规划。 怎样看待成功与失败？ 在以往的人生经历中，最值得你骄傲的成就是什么？ 你受到过上司最好的嘉奖是什么？ 在高薪、表彰和晋升之间，你认为哪种形式的奖励最有价值？
5. 了解应聘者的思维能力和应变能力
设计一些具体案例，要求应聘者进行分析判断。

管理故事

面试

某合资企业想招聘一名办公室人员，负责安排企业的对外联络业务，工作比较繁重，学历要求可以放宽，但要求人一定要心细，即要有“心”。公司人力资源部想出了这样的办法。

在一间非常宽大的办公室内，桌后坐着几位进行面试的考官，在考官面前约5米远处放了一把椅子，供面试人员面试时坐，一张纸“掉”在面试房间门口的旁边。应聘者中不乏名牌大学毕业的本科生和研究生，他们衣着讲究，头脑灵活，他们面对考官的问题侃侃而谈，显示出名牌大学生的能力与“素质”。但他们对那张纸都熟视无睹，有的甚至还一脚踏上去。

最后进来一位衣着不如前面任何一位体面的普通高校学生。当他进门时，发现地上有张纸，连忙把它捡起来，看了看，发现是张空白纸，被踩脏了，就把它放在纸篓里。当看见椅子离考官比较远时，往前挪了挪。面对考官的问题，他的回答虽不尽如人意，但显得从容不迫。

最后，就是这位被众人讥笑为“乡巴佬”的人被考官们聘用了。

点评：有心者，事则成。有心之人总会得到意外惊喜。

（3）对初选合格者进行知识与能力的考核。在初选的基础上，需要对余下的应聘者进行材料审查和背景调查，并在确认之后进行细致的测试与评估，其内容如下。

①智力与知识测试。该测试是通过考试的方法测评候选人的基本素质，通过回答问题，测试他的思维能力、记忆能力、应变能力和观察分析复杂事物的能力等。知识测试是要了解候选人是否具备待聘职务所要求的基本技术知识和管理知识，缺乏这些基本知识，候选人将无法进行正常工作。

②竞聘演讲与答辩。这是对知识与智力测试的一种补充。测试可能不足以完全反映一个人的素质全貌，不能完全表明一个人运用知识和智力的综合能力。发表竞聘演讲，介绍自己任职后的计划和远景，并就选聘工作人员或与会人员的提问进行答辩，可以为候选人提供充分展示才华、自我表现的机会。

③案例分析与候选人实际能力考核。在竞聘演说与答辩以后，还需对每个候选人的实际操作能力进行分析。测试和评估候选人分析问题和解决问题的能力，可借助“情景模拟”或称“案例分析”的方法。这种方法是将候选人置于一个模拟的工作情景中，运用各种评价技术来观测考察他的工作能力和应变能力，以判断他是否符合某项工作的要求。

④选定录用员工。在上述各项工作完成的基础上，需要利用加权的方法，算出每个候选人知识、智力和能力的综合得分，并根据待聘职务的类型和具体要求决定取舍。对于决定录用的人员，应考虑由主管再一次进行亲自面试，并根据工作的实际与聘用者再做一次双向选择，最后决定选用与否。

⑤评价和反馈招聘效果。最后要对整个选聘工作的程序进行全面的检查和评价，并且要对录用的员工进行追踪分析，通过对他们的评价检查原有招聘工作的成效，总结招聘过程中的成功与过失，及时反馈到招聘部门，以便改进和修正。

管理故事

隐藏在招聘启事中的玄机

某地有份报纸曾刊登出这样一份招聘启事。

鑫达高新技术有限公司招聘启事

本公司招聘市场部公关经理3名。

工作职责：

1. 组织实施公司的公关活动；
2. 建立并维护与新闻媒体的良好关系；
3. 组织有利于公司品牌及产品形象的相关报道及传播活动；

4. 对公关活动进行监控；

5. 参与处理事件公关、危机公关等；

6. 组织实施内部沟通等项目和其他相关工作。

应聘要求：

1. 中文、广告或相关专业本科以上学历；

2. 有3年以上公关公司或信息类公司从业经验；

3. 有良好媒介关系者优先；

4. 形象好，善沟通，文字表达能力强；

5. 具有良好的媒体合作关系；

6. 较强的客户沟通能力及亲和力；

7. 各种新闻稿件的媒体发放及传播监控工作能力；

8. 具有吃苦耐劳、认真细致、优秀的人际沟通能力。

一经录用，月薪8000元以上，具体面议。

有意者请将简历于3月23日之前寄给本公司，公司将对应聘人员统一进行初试和复试。

招聘启事登出后，立刻引起众多人员的关注。但是，他们最终发现，在这则启事中，尽管应聘条件、岗位职责、工资待遇等内容俱全，就是没有应聘的联系方式。多数人认为这是招聘单位疏忽或是报社排版错误，于是，便耐心等待报社刊登更正或补充说明。但有3位应聘者见招聘的岗位适合自己，便马上开始行动。小李通过互联网，找到公司详细信息，将简历发送过去；小强则通过114查询平台，也很快取得了该公司的联系方式；小孙则通过在某商业区的广告牌，取得了该公司的地址和邮编。

鑫达公司人事主管与他们三人相约面试，当即决定办理录用手续。三人为此颇感意外，招聘启事中不是说要进行考试吗？带着这一疑问，他们向老总请教。老总告诉他们：我们的试题其实就藏在招聘启事中，作为一个现代公关人员，思路开阔，不循规蹈矩是首先应具备的素质，你们三人机智灵活，短时间内迅速找到公司的联系方式，这就说明你们已经非常出色地完成了这份答卷。

点评：藏考核于无形，更能发掘有用之才。一些应聘者的综合能力和素养往往藏于处事细节之中，用人单位要巧妙设计考核方式，能更好发掘到所用之人的内在品行。

4. 选聘工作的有效性分析

员工的选聘必须坚持慎重的原则，必须将错误发生的可能性减至最低，增加正确决策的概率，这是开展组织工作的基本前提。选聘工作的基础是有效性。

所谓有效性是指员工选聘时所选用的各种凭证，诸如招聘表、绩效模拟测验、面谈或背景调查等必须有效，并且这些凭证和员工实际绩效之间要有某种相关性。

选聘工作的有效性要求被选用的凭证具有规范性、客观性和可靠性。选用凭证的内容包括以下内容。

（1）招聘表。这种表格包括应聘者的姓名、地址、电话、学历、履历、技术类型以及过去的工作经验或成就等。由于表格中的各个项目的重要性权数会随着各个特定的工作发生变化，所以随着时间的推移必须不断地加以调整。

（2）书面测试。书面测试包括智力测验、性格测验、能力测验等。对于组织而言这些测验可以适度地预测出应聘者是否能够胜任相应的职位，当然，主管人员应更加注意工作绩效的模拟测验。

（3）绩效模拟测验。这种测验以工作分析的资料为依据，由实际的工作行为组成，因此比传统式的任何书面测试都更能证实与工作的相关性。工作抽样法和评估中心法是两种典型的绩效模拟测验，前者适用于一般工作职位，后者适用于管理阶层。

工作抽样法的设计思想是先设计出一种小型的工作样本，然后让应聘者实际去做，看其是否具备必需的才能。工作样本是根据工作分析的资料琢磨出来的，里边含有各个工作所必备的知识、技术与能力。工作样本中的各项要素必须与工作绩效要素相搭配。

评估中心法是由直线主管、监督人和受过培训的心理学者用两到四天让应聘者去模拟处理他们将遇到的实际问题，然后由评估的中心人员考核评分。评估中心法所进行的活动包括面谈、模拟解决问题、群体讨论、企业决策竞赛等。

（4）面谈。面谈可以对应聘者有一个初步的印象。不过，这种方式和往后的工作绩效并无太大的关系，其有效性比较低，需要克服的缺点是：面试者在初评时容易产生印象偏差，因为固有的模式往往使面试者倾向于喜欢和他有同样态度的应聘者，这样，面试者所下的权数比重可能会有偏差。尽管如此，面试对于决定应聘者的智力、勤奋程度以及人际沟通方面的能力还是有一定预测效度的。面试评价量表如表5-14所示。

表5-14　面试评价量表

<table>
<tr><td colspan="2">姓名：</td><td colspan="2">性别：</td><td>年龄：</td><td>编号：</td></tr>
<tr><td colspan="4">应聘职位：</td><td colspan="2">所属部门：</td></tr>
<tr><td rowspan="2">评价要素</td><td colspan="5">评价等级</td></tr>
<tr><td>1. 差</td><td>2. 较差</td><td>3. 一般</td><td>4. 较好</td><td>5. 好</td></tr>
<tr><td>个人修养</td><td></td><td></td><td></td><td></td><td></td></tr>
<tr><td>求职动机</td><td></td><td></td><td></td><td></td><td></td></tr>
<tr><td>语言表达能力</td><td></td><td></td><td></td><td></td><td></td></tr>
<tr><td>应变能力</td><td></td><td></td><td></td><td></td><td></td></tr>
<tr><td>社交能力</td><td></td><td></td><td></td><td></td><td></td></tr>
<tr><td>自我认知能力</td><td></td><td></td><td></td><td></td><td></td></tr>
<tr><td>性格内外向</td><td></td><td></td><td></td><td></td><td></td></tr>
</table>

续表

<table>
<tr><td>精神面貌</td><td></td><td></td><td></td><td></td><td></td></tr>
<tr><td>进取心</td><td></td><td></td><td></td><td></td><td></td></tr>
<tr><td>相关专业知识</td><td></td><td></td><td></td><td></td><td></td></tr>
<tr><td>总体评价</td><td></td><td></td><td></td><td></td><td></td></tr>
<tr><td>评价</td><td colspan="2">○建议录用</td><td colspan="2">○有条件录用</td><td>○建议不录用</td></tr>
<tr><td colspan="2">用人部门意见：

签字：</td><td colspan="2">人力资源部门意见：

签字：</td><td colspan="2">总经理意见：

签字：</td></tr>
</table>

（5）背景调查。背景调查有两种类型：审评应聘材料和调查一些参考附件。前者提供的信息很有价值，而后者通常只是一种参考。审核的原因是一些应聘者往往会夸大他以前的经历、成就或隐瞒某些离职的原因，因此向以前的用人单位了解过去的工作情况颇有必要。当然，还可以通过他的朋友等其他渠道来了解他过去的情况。

（6）体检。体检的目的是确定应聘者的一般健康状况，检查其是否有工作职务所不允许的疾病或生理缺陷，以减少员工因生病所增加的费用支出以及由于员工存在生理缺陷或体能不支对今后工作带来的负面影响。

三、人员的培训

1. 人员培训的目标

培训是指组织通过对员工有计划、有针对性地教育和训练，使其能够改进目前知识和能力的一项连续而有效的工作。培训旨在提高员工队伍的素质，增强组织的发展后劲，实现以下四个方面的具体目标。

（1）转变观念，提高素质。每个组织都有自己的文化、价值观念、基本行为准则。员工培训的重要目标就是要通过对组织中各个成员，特别是对新聘管理人员的培训，使他们能够认同组织价值观念，按照组织中普遍的行动准则来从事管理工作，与组织目标同步。

（2）补充新知识，提炼新技能。随着科学技术进步速度的加快，人们原先拥有的知识与技能在不断老化。为了防止组织中各层级人员工作技能衰退，组织必须对员工进行培训，使他们掌握与工作有关的最新知识和技能。

（3）全面发展能力，提高竞争力。员工培训的一个主要目的是根据工作的要求，努力提高他们在决策、用人、激励、沟通、创新等各方面的综合能力，特别是随着工作的日益复杂化和非个人行为化，组织内部改进人际关系的能力要求不断提高，这使得组织对合作的培训要求变得愈发重要，这也是衡量组织竞争力的重要体现。

（4）交流信息，加强协作。组织培训员工的基本要求是要通过培训，加强员工之间的信息交流，特别是使新员工能够及时了解组织在一定时期内的政策变化、技术发展、经营环境、绩效水平、市场状况等方面的情况，熟悉未来的合作伙伴，准确而及时地定位。

2. 人员培训的需求分析

可以通过以下三个方面的分析确定培训的需求。

（1）机构分析。分析整个组织的目标、计划、资源，以决定未来培训的重点。

（2）工作分析。分析工作要求员工如何操作方能有效地完成来决定培训的内容。

（3）人员分析。就某一特定职务，分析从业者现有的知识、技术与态度，以决定其应参加的培训发展的方向。

3. 人员培训的方式

人员培训包括管理者培训与一般员工培训，人员培训的主要形式详见表5-15。

表5-15 管理者培训与一般员工培训的主要形式

人员培训	主要形式
管理者培训	1. 专业知识与管理技能培训。有助于管理者深入了解相关专业的基本知识及其发展动态，有助于提高管理者的实际管理技能。可以采取脱产、半脱产或业余等形式，如各种短期培训班、专题讨论会、函授、业余学校等 2. 职务轮换培训。职务轮换有助于受训人全面了解整个组织的不同工作情况，积累和掌握各种不同的工作经验，从而提高他们的组织和管理协调能力，为其今后的发展和升迁打好基础 3. 提升培训。将人员从较低的管理层级暂时提拔到较高的管理层级上，并给予一定的试用期。这种方法可以使有潜力的管理人员获得宝贵的锻炼机会，既有助于管理人员扩大工作范围，把握机会展示其能力和才干，又能使组织能全面考察其是否适应和具备领导岗位上的能力，并为今后的发展奠定良好的基础
一般员工培训	1. 新来员工的培训。应聘者一旦决定被录用之后，组织中的人事部门应该对他将要从事的工作和组织的情况给予必要的介绍和引导，西方国家称之为职前引导。职前引导的目的在于减少新来人员在新的工作开始之前的担忧和焦虑，使他们能够尽快地熟悉所从事的本职工作以及组织的基本情况，如组织的历史、现状、未来目标、使命、理念、工作程序及其相关规定等，并充分了解他应尽的义务和职责以及绩效评估制度和奖惩制度等，例如，有关的人事政策、福利以及工作时数、加班规定、工资状况等。这一方面可以消除新员工中那些不切实际的期望，充分预计到今后工作中可能遇到的各种困难和问题，了解克服和解决这些困难和问题的渠道，另一方面可以引导新员工了解工作单位的远景目标、工作中的同事以及如何进行合作等。组织有义务使新员工的不适应降至最低，并使其尽快地调整自我，尽早地适应工作环境 2. 在职培训。对员工进行在职培训是为了使员工通过不断学习掌握新技术和新方法、从而达到新的工作目标要求所进行的不脱产培训。工作轮换和实习是两种最常见的在职培训。所谓工作轮换是指让员工在横向层级上进行工作调整，其目的是让员工学习多种工作技术，使他们对于各种工作之间的依存性和整个组织的活动有更深刻的体验。所谓实习是让新员工向优秀的老员工学习以提升自己的知识与技能的一种培训方式。在生产和技术领域，这种培训方式通常被称为学徒制度，而在商务领域，则被称为实习制度。实习生的工作必须在优秀的老员工的带领和监督之下进行，老员工有责任和义务帮助实习生克服困难，顺利成长进步 3. 脱产培训。脱产培训是指为使员工能够适应新的工作岗位要求而让员工离开工作岗位一段时间，专心致志于一些职外培训。常见的脱产培训方式包括教室教学、影片教学以及模拟演练等。教室教学比较适合于给员工们集中传达一些特殊的信息、知识，可以有效地增进员工在管理和技术方面的认知。影片教学的优点在于它的直观示范性，可以弥补其他教学方式在示范效果方面的不足。而如何在实践中处理好人际关系问题，如何提高解决具体问题的技能，则最适于在模拟演练中学习。这包括案例分析、经验交流、角色模拟以及召开小群体行动会议等。有效利用现代高科技及电脑的模式也属于模拟演练的一种，例如，航空公司用此方法来培训驾驶员等

管理经验

SM公司是如何培训员工的

是什么造就了SM公司150多年的辉煌？高质量的产品、完善的售后服务、不断创新以及高效的人才培训，被认为是SM公司成功的关键。在人才培训方面，SM公司创造了独具特色的培训体系。SM公司的人才培训计划从新员工培训、大学精英培训到员工再培训，涵盖了业务技能、交流能力和管理能力的培育，为公司新员工具有较高的业务能力，大量的生产、技术和管理人才储备，为员工知识、技能、管理能力的不断更新和提高提供了保证。

新员工培训

新员工培训又称第一职业培训。在D国，一般15～20岁的年轻人，如果中学毕业后没有进入大学，要想工作，必须先在企业接受三年左右的第一职业培训。在第一职业培训期间，学生要接受双轨制教育：一周工作五天，其中三天在企业接受工作培训，另外两天在职业学校学习知识。这样，学生不仅可以在工厂学到基本的熟练技巧和技术，而且可以在职业学校接受相关基础知识教育。通过“真刀实枪”的作业，他们的职业能力及操作能力都会得到提高。由于企业内部的培训设施基本上使用的是技术最先进的培训设施，保证了第一职业培训的高水平，因此第一职业教育证书在D国经济界享有很高的声誉。由于第一职业培训理论与实践结合，为年轻人进入企业提供了有效的保障，也深受年轻人欢迎。在D国，中学毕业生中有60%～70%接受第一职业培训，20%～30%选择上大学。

SM公司早在1992年就拨专款设立了专门用于培训工人的学徒基金。现在公司在全球拥有60多个培训场所，在公司总部设有SM学院，配备了最先进的设备，每年培训经费近8亿欧元。

在中国，SM公司与北京市国际技术合作中心合作，共同建立了北京技术培训中心，SM公司投资4000万欧元。合同规定，中心在合同期内负责为SM公司在华建立的合资企业提供人员培训，目前该中心每年可以对800人进行培训。

新员工培训保证了员工在正式进入公司时就具有很高的技术水平和职业素养，为企业的长期发展奠定了坚实的基础。

大学精英培训

SM公司计划每年在全球接收3000多名大学生，为了留住这些宝贵的人才，SM公司为这部分人才制订了专门的计划。

进入SM公司的大学毕业生首先要接受综合考核，考核内容既包括专业知识，也包括实际工作能力和团队精神，公司根据考核的结果安排适当的工作岗位。此外，SM公司还从大学生中选出30名表现突出者进行专门培训，培养他们的领导能力，培训时间为10个月，分三个阶段进行。第一阶段，让他们全面熟悉企业的情况，学会从网络上获取信息；第二阶段，让他们进入一些商务领域工作，全面熟悉本企业的产品，并加强他们的团队精神；第三阶段，将他们安排到下属企业（包括境外企业）承担具体工作，在实际工作中获取实践经验和知识技能。目前，SM公司共有400多名这种精英，其中1/4在接受海外培训或在国外工作。

大学精英培训计划为SM公司储备了大量管理人员。

员工五级在职培训

SM公司人才培训的第三个部分是员工在职培训。SM公司认为，在世界性的竞争日益激烈的市场上，在革新、颇具灵活性和长期性的商务活动中，人是最主要的力量，知识和技术必须不断更新、换代，才能跟上商业环境以及新兴技术的发展步伐，所以公司正在努力走学习型企业之路。为此，SM公司特别重视员工的在职培训，在公司每年投入的8亿欧元培训费中，有60%用于员工在职培训。SM公司员工的在职培训和进修主要有两种形式：SM公司管理教程培训和在职培训员工再培训计划，其中管理教程培训尤为独特，成效卓著。

SM公司员工管理教程分五个级别，各级培训分别以前一级别培训为基础，从第五级别到第一级别所获技能依次提高，培训内容大致如下。

第五级别：管理理论教程。

培训对象：具有管理潜能的员工。

培训目的：提高参与者的自我管理能力和团队建设能力。

培训内容：SM公司企业文化、自我管理能力、个人发展计划、项目管理、了解及满足客户需求的团队协调技能。

培训日程：与工作同步的一年培训，为期三天的两次研讨会和一次开课讨论会。

第四级别：基础管理教程。

培训对象：具有较高潜力的初级管理人员。

培训目的：让参与者准备好进行初级管理工作。

培训内容：综合项目完成、质量及生产效率管理、财务管理、流程管理、组织建设及团队行为、有效的交流和网络化。

培训日程：与工作同步的一年培训，为期五天的研讨会两次和为期两天的开课讨论会一次。

第三级别：高级管理教程。

培训对象：负责核心流程或多项职能的管理人员。

培训目的：开发参与者的企业家潜能。

培训内容：公司管理方法、业务拓展及市场发展策略、技术革新管理、公司全球机构、多元文化间的交流、改革管理、企业家行为及责任感。

培训日程：一年半与工作同步的培训，为期五天的研讨会两次。

第二级别：总体管理教程。

培训对象：必须具备下列条件之一：（1）管理业务或项目并对其业绩全权负责者；（2）负责全球性、地区性的服务者；（3）至少负责两个职能部门者；（4）在某些产品、服务方面是全球性、地区性业务的管理人员。

培训目的：塑造领导能力。

培训内容：公司价值、前景与公司业绩之间的相互关系、高级战略管理技术、知识管理、识别全球趋势、调整公司业务、管理全球性合作。

培训日程：与工作同步的培训两年，每次为期六天的研讨会两次。

第一级别：SM公司执行教程。

培训对象：已经担任或者有可能担任重要职位的管理人员。

培训目的：提高领导能力。

培训内容：根据参与者的情况特别安排。

培训日程：根据需要灵活掌握。

培训内容根据管理学知识和SM公司业务的需要而制定，随着二者的发展变化，培训内容需要不断更新。

问题：SM公司培训员工的方法有哪些值得学习的地方？

四、绩效考评

员工在进入组织并得到必要的知识和技能的培训之后，能否有效地完成工作，达成组织目标，在很大程度上取决于组织的激励制度是否合理。绩效考评是公平合理的激励制度的基础工作。

绩效考评是指按员工所从事的职务的要求，据以鉴定其成绩和资格的过程。从员工进入本组织起，他们的上司就有责任对其工作业绩、工作能力和工作态度进行评价，以确保符合组织标准。

1. 绩效评估的作用

（1）绩效评估的结果反映了员工工作的完成情况。绩效评估给组织做出新一轮的工作任务安排提供了依据。必要时，组织需要重新进行工作分析，修订工作说明书，完善员工招聘工作。

（2）绩效评估是人事调整决策的重要依据。绩效评估有助于人员配备部门较快地发现和掌握员工与工作岗位不相适应的情况，并通过进一步的分析与考察，做出是否调整绩效岗位的决策；而对工作有成就者和潜力较大者给予工作晋升或者工作轮换。

（3）绩效评估为组织的人员配备培训提供了直接的要求。通过绩效评估，组织对于员工的情况有了比较全面、深入的了解，掌握了员工的优缺点，特别是根据员工的薄弱环节，有针对性地确定培训需要和制订培训计划。此外，绩效评估对于分析探讨培训工作的成效、改进及探讨培训质量，具有重要作用。

（4）绩效评估是确定合理劳动报酬的基础。在很多组织的工资结构中，效益工资所占比重较高，而效益工资的衡量标准应以绩效评估的结果为基础。

（5）绩效评估是激励员工的重要手段。绩效评估本身是一种激励因素。通过考察，一方面肯定成绩、指出优点、鼓舞斗志、坚定信念，另一方面发现问题、找出差距、明确努力的方向、对后进者产生鞭策作用，促其进取。

（6）绩效评估可以反映组织的效率情况。评价一个组织的生产率情况，除了利润、成本等指标外，绩效评估可以作为一个评价指标，员工绩效评估结果可以反映出整个组织的效率情况。

（7）绩效评估可以作为组织发展、诊断的一个有力措施。

2. 绩效评估的形式与方法

常用的绩效评估方法主要有以下几种。

（1）排序法。排序法是按照某一标准，对一定范围的员工由高到低依次排列的方法。具体有以下三种方式：一是直接排序法。直接排序法是指根据某一标准，将被评人按照由高到低的顺序依次排序。

二是交替排序法。交替排序法是指在被评人中先挑出最好的和最差的员工，然后在剩下的员工中再挑选出最好的和最差的。以此类推，直到所有被评估的员工按一定顺序排列出来。这种方法十分方便，但评估标准的选择主观性较大。

三是两两比较法。两两比较法是指将被评估员工两两进行比较，从而使每个员工都与其他员工进行一次比较，得出最终结果。这种方法工作量较大，但结果比较客观、准确。

（2）强制分配法。强制分配法是由评估人员事先制定一些类别，并强制将每个员工按其实际绩效归入某一类，强制分配法如表5-16所示。

表5-16 强制分配法

等级	最差5%	较差15%	中等60%	较好15%	最好5%
员工数目	10	30	120	30	10

（3）关键事件法。绩效评估的关键事件法是依据工作分析中的关键事件分析方法而制定的。通过工作分析确定工作者应在岗位上完成的关键事件（指影响工作目标达成的行为）。在评估期内，上级管理人员对下级员工的各种杰出表现或者不良的行为都需记录在案。关键事件法强调评定人的注意力应集中于关键或主要的行为，以区分有效的或无效的工作绩效。

（4）评语法。评语法是指由考评人撰写一段评语来对被考评人进行评价的一种方法。评语的内容包括被考评人的工作业绩、工作表现、优缺点和需努力的方向。评语法在我国应用得非常广泛。由于该考评方法主观性强，最好不要单独使用。

（5）等级评估法。等级评估法是绩效考评中常用的一种方法。根据工作分析，将被考评岗位的工作内容划分为相互独立的几个模块，在每个模块中用明确的语言描述完成该模块工作需要达到的工作标准。同时，将标准分为几个等级选项，如“优、良、合格、不合格”等，考评人根据被考评人的实际工作表现，对每个模块的完成情况进行评估。总成绩便为该员工的考评成绩。

（6）目标考评法。目标考评法是根据被考评人完成工作目标的情况来进行考核的一种绩效考评方式。在开始工作之前，考评人和被考评人应该对需要完成的工作内容、时间期限、考评的标准达成一致。在时间期限结束时，考评人根据被考评人的工作状况及原先制定的考评标准来进行考评。目标考评法适用于企业中试行目标管理的项目。

管理实践

腾讯：年轻人的乐园

从基层程序员到产品经理，Eddie只用了三四年时间。

Eddie就职于腾讯公司，负责的QQ会员产品覆盖千万级别用户，每年为腾讯创造超过亿元的收入。腾讯强大的平台和庞大的会员数量，是他背后不可或缺的支持。

Eddie的成长样本并非腾讯的孤例，许多重要产品或部门的负责人都是Eddie这样的年轻人。腾讯许多产品和部门都要面对细分领域的激烈竞争，其中既有快速崛起的创业公司，也有产品成熟的知名公司。在腾讯，这些产品或部门负责人必须具备高度的战略思考和管理能力，例如，明确战略定位、制定业务策略、团队建设和人才培养，所有与产品相关的问题都要全盘负责。腾讯相关负责人说，一个本科生短短几年就能带领团队做好一款产品，为几千万用户服务，Eddie是“腾讯式”成长的典型样本。

Eddie经校园招聘进入腾讯，面试时面试官就对他印象深刻，成绩不是最优秀的，但人很聪明，特别是对腾讯、互联网的热情打动了所有面试官。始于2002年的校园招聘一直是腾讯最重要的吸收员工渠道。除了高校毕业生可塑性强、创造力强、忠诚度高外，当年腾讯重视校园招聘也是不得已而为之——公司急需扩张时人力资源池太小，人才只能自己培养。

腾讯相关负责人说，快速培养优秀人才，甚至是未来互联网的领军人物必须先选对人。相比学习成绩那些硬性指标，腾讯更看重毕业生的“内驱力”，如果一个人热爱互联网，自身又有很高的自我成就要求，你不推动他，他也会自己寻求途径学习和提升。显然，Eddie就是这样的人。他曾说，能快速成长是因为在腾讯工作很有挑战，每天都能做最有兴趣的事。

挑战同样会给Eddie带来压力，但他不是“一个人在战斗”。除了有腾讯用户研究与体验中心等部门的专家随时提供的专业支持，Eddie遇到问题时还可以迅速向腾讯两位精通行业产品技术相关领域的副总裁请教。得到反馈后，Eddie会立即进行新的尝试和推动，将前辈的经验和自己的实践融会贯通。

开始参与重量级产品的管理时，Eddie只是个刚毕业不久的学生，能得到公司两位高管的直接辅导，不是腾讯对Eddie的“特殊待遇”。在腾讯，任何一位员工只要有意愿学习，就能从身边得到最直接的帮助，有些反馈甚至来自CEO马化腾。每天他都留出固定的时间体验腾讯产品，将意见直接反馈给业务部门。一次深夜两点，马化腾打来电话提醒，在腾讯网站首页上发现了一个错别字。各种信息（尤其是用户体验）的快速反馈分享，是腾讯创始团队携带的基因，“敏捷、迭代”的产品策略正是由此派生而来。

“首席体验官”的反馈并不是CEO的命令。“小马哥”和腾讯高管团队经验再丰富也不能像产品负责人那样花费大量时间和精力研究每一项产品。最终还是由产品负责人综合各种意见做出决策。

对每个年轻人来说，像腾讯这样随时能得到成长机会的平台都极具吸引力。但让他们愿意在腾讯发展的另一重要因素，是腾讯完善的员工成长体系。腾讯有一支庞大的人力资源团队，仅深圳总部就有100多人，除了日常人力资源工作，他们还负责帮助员工完善职业路径。

TTCP（技术职业发展通道管理委员会）就像腾讯的“黄埔军校”，保证其技术能力可以一直处于业内前沿。它是腾讯全公司的技术人员管理职业发展通道，由人力资源部负责体系的日常管理和运作。在TTCP，技术人才被分为六个级别，从T1（工程师）到T6（首席科学家），每个级别的职员都会得到详细有效的提升培训计划。TTCP还负责打造腾讯的秘密武器——T4专家。T4就是专家工程师，必须做过亿次级用户的产品才能当选。T4是腾讯的技术攻坚部队，如果有产品遇到重大技术难题，由T4组成的特别技术小组就会介入。

当然，技术不是腾讯员工的唯一选择，除了TTCP外，腾讯还为员工提供技术之外的职业通道体系。每个员工可以根据自己的特长和兴趣自由选择，既可选择管理，也可选择技术、设计、产品、市场等专业发展通道。

对腾讯高度认同的不仅限于那些毕业生，还包括那些职业经理人。每年，腾讯都会到美国纽约、硅谷等地寻找人才，而融入的成功率高达90%。

问题：腾讯是如何培养年轻骨干人才的？

同步测试

一、名词解释

组织　非正式组织　组织设计　直线职能制　绩效考评

二、填空题

1. 组织按性质划分可分为________、________、________、________和________。

2. 组织的管理机制是________、________和________。

3. 管理层次是指一个组织设立的________。管理幅度是指主管人员有效地________、________其直接下属的人数。

4. 编制和实施人力资源计划的目标，就是要通过________的各项活动，使组织的需求与人力资源的基本状况相匹配，确保________的实现。

三、判断题（正确的用T，错误的用F）

1. 组织变革的阻力是消极的，应予以杜绝。(　)
2. 事业部制的优点之一是高层权力比较分散。(　)
3. 环境变化剧烈时，组织结构弹性应该大一些。(　)
4. 因事设职是组织设计的基本原则，它与因人设职是不相容的。(　)
5. 综合管理者的管理幅度大于专业管理者的管理幅度。(　)
6. 组织层次过多，不利于组织内部的沟通。(　)
7. 非正式组织的存在对正式组织的发展不利。(　)
8. 参谋人员的职责不仅是提供建议，在很多场合还具有指挥与协调的作用。(　)
9. 分工是社会化大生产的要求，所以分工越细，效率就越高。(　)
10. 如果工作岗位在地理上较为分散，该主管所能领导的直属部下数量就要减少。(　)

四、单选题

1. 下述关于授权的论断中正确的是(　)。

A. 授权不必授责　　B. 书面授权才具效力
C. 授权必须通过职位进行　　D. 授权是授权者的一种个人行为

2. 在一个集体内，由各个成员按其分工各负其责，彼此之间无隶属关系，属于(　)。

A. 集权　　B. 授权　　C. 分工　　D. 分权

3. 当代管理机构变革的一大趋势是(　)。

A. 管理层次复杂化　　B. 组织结构扁平化
C. 管理幅度日益减少　　D. 锥形结构更受欢迎

4. 组织中较低管理层次做出决策的数目或频度越大，则分权程度(　)。

A. 越低　　B. 不变　　C. 越高　　D. 不一定

5. 某集团公司为了更好地开展业务，制订了重组计划，在该计划中针对全国六大地区设立了地区经销办事处，每个办事处都有电脑直接与中央数据库联网，这意味着公司今后朝什么方向发展？(　)

A. 集权化　　B. 分权化　　C. 部门化　　D. 多元化

6. 总经理把产品销售的责任委派给一位市场经营的副总经理，由他负责所有的地区经销办事处，但总经理要求地区经销办事处的经理们直接向总会计师汇报每天的销售数字，因此，他违反了（ ）原则；而总会计师直接向销售经理们下指示，违反了（ ）原则。

A. 指挥的统一性；指挥链　　B. 指挥链；指挥的统一性

C. 分工协作；责权一致　　D. 集权化；分权化

7. 如果你是公司的总经理，你将授予哪种人以决策和行动的权力？（ ）

A. 参谋人员　B. 直线人员　C. 咨询人员　D. 其他人员

8. 李铭是某公司的总经理助理，受总经理的委派与顾客洽谈一个重要的工程项目合同，结果由于李铭对此项目的前期工作了解不够，又没有对这次洽谈进行必要的准备，最终项目被另一家公司抢走。由于此项目是一个重大且非常有影响的项目，董事会在对此事进行讨论时，关于错误的责任问题出现了分歧，你认为下列哪一种说法最为合理？（ ）

A. 李铭应该对谈判的失败承担全部的责任

B. 总经理既然已经将此事委托给李铭，那么，他对此就完全没有责任

C. 总经理虽然已经将此事委托给李铭，但他应该承担领导用人不当和督促检查失职的责任

D. 总经理和李铭各负一半的责任

9. 政府机关中的教育部、商务部、民政部、工商局等，这些机构的设置是（ ）的。

A. 按职能划分　B. 按产品划分　C. 按地区划分　D. 按顾客划分

10. 某公司总裁决定进一步采取授权行动，在公司内部推行民主管理。最近公司发文规定，在文件所列举的20种紧急情况下，一线经理有权自主采取行动，但需将进展情况和结果及时报告上级经理。对于这一安排，你认为下述描述中哪一条最贴切？（ ）

A. 这表明公司显著增加了一线经理的决策权

B. 公司有限度地扩大了一线经理的自主决策权

C. 如果无须报告上级经理，这种做法就是授权

D. 这不是真正意义上的授权而只是一种工作落实

11. 在制度分权和授权的问题上，以下哪一种理解是不正确的？（ ）

A. 组织的制度分权只能通过各级主管人员在工作中充分授权来实现

B. 授权并非改变组织设计中管理权限的制度分配

C. 授权者对被授权者有监控权和相应责任

D. 制度分权主要是为了防止上级主管过度集权，而授权主要是为了减轻上级主管的负担

12. 某合资企业以物业经营为主要业务。目前有写字楼租户272家，公寓租户426家，商场租户106家。公司在总经理下设有物业部、市场部、财务部、人事部、公关部、业务发展部等部门。物业部下设置了写字楼管理部、公寓管理部、商场管理部以及其他配套部门。试问，整个公司和物业部内部的组织结构设计分别采取了何种部门化或部门划分形式？（ ）

A. 职能部门化和顾客部门化　　B. 顾客部门化和职能部门化

C. 均为职能部门化　　D. 均为顾客部门化

13. 关于管理幅度和管理层次，下述说法中明显不正确的是（ ）。

A. 管理层次一般与组织规模成正比

B. 在组织规模不变的条件下，管理层次与管理幅度成反比

C. 组织成员越多，管理层次一般也就越多

D. 主管所能直接控制的下属越多，管理层次一般就越多

14. 刘华是一家民营企业的职员，他工作中经常接到来自不同上级的两个有时甚至相互冲突的命令。以下哪种说法指出了这一现象的最本质原因？（ ）

A. 该公司在组织设计上采取了职能型结构

B. 该公司在组织运作中出现了越级指挥问题

C. 该公司的组织层次设计过多

D. 该公司组织运行中有意或无意地违背了统一指挥原则

五、多选题

1. 下列关于组织概念的说法正确的是（ ）。

A. 组织既是一种结构，又是一种实现管理目的的工具和载体

B. 组织就是有意识地加以协调两个或两个以上的人的活动或力量的协作系统

C. 组织就是由人员、职位、指挥链与规章制度构成的封闭的系统

D. 组织可区分为组织机构与组织活动

2. 下面对消除组织变革阻力恰当的方法是（ ）。

A. 封锁消息

B. 加强教育、培训

C. 让有关人员参与变革方案的制定

D. 启用富有开拓创新精神的人

3. 组织管理职能包括以下哪几项？（ ）

A. 组织变革 B. 组织授权 C. 人员任用 D. 组织设计

4. 下列关于职权与权力的论断正确的是哪几项？（ ）

A. 当某人从职位退下后，就不再拥有相应的职位，但仍可能拥有一些权力

B. 在组织中的地位越高，权力就越大

C. 职权是权力概念的一部分

D. 不一定是管理者才拥有强制的权力

5. 员工招聘的来源有哪些？（ ）

A. 员工推荐 B. 职业介绍所介绍 C. 广告应征 D. 公司内部竞聘

六、简答题

1. 组织设计的原则与基本内容有哪些？
2. 影响有效管理幅度的因素主要有哪些？

3. 人力资源计划的任务有哪些?
4. 绩效评估的作用有哪些?
5. 简述员工招聘的程序与方法。
6. 员工培训的目标与主要方式有哪些?
7. 举例说明绩效考评的主要方法。
8. 什么是组织文化?它有哪些功能?如何进行组织文化建设?

项目实训

项目实训1

1. 实训内容

招聘方案设计模拟;招聘广告设计模拟;模拟面试;评价中心技术模拟。

2. 实训要求

(1)招聘方案设计模拟。①根据模拟公司业务发展需要和模拟面试的需要制作一份招聘方案;②掌握招聘方案的基本要素,推动后面的执行。

(2)招聘广告设计模拟。①了解招聘广告的一般设计原理;②为本公司的模拟面试设计一份招聘广告并制作成海报。

(3)模拟面试。①制作面试通知;②处理求职信或简历;③设计面试提纲;④设计制作面试评价表;⑤分角色执行面试;⑥模拟面试决策。

(4)评价中心技术模拟。①了解评价中心技术的一般原理;②按命题案例模拟无领导小组讨论;③按用人要求模拟人员评价并即兴演讲。

3. 工具设备

计算机、模拟办公桌椅等。

项目实训2

1. 实训内容

人力资源素质测评。

2. 实训过程与要求

(1)说明。

在公司里,不同岗位对于人才的性格有不同需求,比如,营销、公关岗位的人,应该选择外向型人才,而科研开发则应该选择偏内向型的人才。本测试正是为这种人才选择提供依据的。

(2)测试题目。

以下是57个测试题目,每题都有“是”“不能确定”“不是”三种答案。

A卷题,答“是”计为0分,“不能确定”计1分,“不是”计2分;

B卷题,答“是”计为2分,“不能确定”计1分,“不是”计0分;

请你以最快速度回答完毕，并统计A、B卷合计总分。

A卷

①当你站在大庭广众面前时，你会感到不好意思。
②你愿意一个人独处。
③与陌生人打交道，你感到不容易。
④当你遇到不快乐的事情时，你能抑制感情，不露声色。
⑤你不喜欢社交活动。
⑥你不会把自己的想法轻易告诉别人。
⑦对问题，你喜欢刨根问底。
⑧你凡事很有主见。
⑨会议休息时，你宁肯一个人独坐也不愿同别人聊天。
⑩当你遇到难题时，你非弄懂不可。
⑪你不善于和人辩论。
⑫你时常因为自己的无能而沮丧。
⑬你常常对自己面临的选择犹豫不决。
⑭你喜欢把自己拿去和别人比较。
⑮你容易羡慕别人的成绩。
⑯你很在意别人对你的看法。
⑰在发现异常现象时，你容易产生丰富的联想。
⑱你总是把家里收拾得干干净净。
⑲你做事很细心。
⑳你十分注意维护自己的信用形象。
㉑你信奉“不干则已，干则必成”这一格言。
㉒拿到一本书，你可以反反复复看几遍。
㉓你做事情大多有计划。
㉔你在学习时，不容易受外界干扰。
㉕读书时，你的作业大多很整洁。
㉖一旦对人形成一种看法，你不会轻易改变这一看法。
㉗你不喜欢体育活动。

B卷

①你总是对人一见如故。
②你喜欢表现自己。
③开会时，你喜欢坐在显眼的地方，以便更容易被人注意到。
④你在众人面前总是能爽快地回答问题。
⑤你愿意经常和朋友在一起。
⑥逛商店时，你只要认为是好东西立即就会买下来。
⑦对别人的意见，你很容易接受。

⑧你喜欢高谈阔论。
⑨决定问题时，你是一个爽快的人。
⑩常常不等别人把话讲完，你就觉得自己已经懂得了。
⑪当遇到挫折时，你不轻易丧气。
⑫碰到高兴事时，你极容易喜形于色。
⑬对别人的事情，你不太注意。
⑭你喜欢憧憬未来。
⑮你认为自己不比别人差。
⑯你不太注重外表。
⑰即使做了亏心事，你也会很快遗忘。
⑱你自己放的东西，却常常不知在哪里。
⑲对于别人的请求，你总是乐于帮助。
⑳你总是热情来得快，消退得也快。
㉑你做事情更注意速度而不是质量。
㉒你不习惯于长时间看书。
㉓你的兴趣广泛，但经常变换。
㉔在开会时，你喜欢同人交头接耳。
㉕答应别人的事情经常会忘记。
㉖你容易和人交朋友。
㉗对电视中的球赛节目，你非常感兴趣。
㉘你不看重经验，不惧怕从来没做过的事情。
㉙当你做错了事，你很容易承认和改正。
㉚你容易原谅他人。

（3）评价。

A、B卷合计得分90分以上，是典型的外向性格；
A、B卷合计得分71～90分，是稍外向性格；
A、B卷合计得分51～70分，是外、内向混合型性格；
A、B卷合计得分31～50分，是稍内向性格；
A、B卷合计得分30分以下，是典型的内向性格。

案例研讨

中冶宝钢：以初心铸匠心，以精技育人才

中冶宝钢技术服务有限公司（以下简称“中冶宝钢”）精准定位打造冶金运营服务“国家队”的战略目标，秉承“人才兴企，技能强企”之道，大力弘扬劳模精

神、劳动精神、工匠精神，将培养“知识型、技能型、创新型”的高技能人才作为公司人才培养的一项重要任务。

搭建培养平台，成就专业技能型人才

中冶宝钢拥有一支工种繁多、技能结构稳定的“劳动大军”，为公司高技能人才的培养奠定了有力的基础。中冶宝钢在人才培养方面有很多值得借鉴的经验。

一是高效推动技能人才培养工作。一方面公司积极推行“师徒带教”的传统培养方法，通过签订师徒协议的方式将高技能人才和被培养人有机联系起来，使培养过程责任化。通过“传、帮、带”的形式强化实践指导，使得“老手艺”“巧技能”得以薪火传承。另一方面依托公司技术职业技能培训中心，系统地开展专项技能培训，集公司各工种技能大师为雄厚师资，在专业的实训环境中，使被培养人在短时间的集中脱产培训中快速提升专业理论知识及操作技能。

二是通过职业技能登高，快速推动技能人才的成长。一方面以班组建设为基础，营造人人学技术、比技能的良好氛围，通过制定激励政策，鼓励员工积极参加国家人力资源和社会保障部的职业技能鉴定，激发技能人才成长动力。另一方面组织开展公司内部各工种技能比武，选派拔尖能手参加宝武设备部、中冶集团、上海市等举办的职业技能比武大赛，通过比技能、赛真功，实现技能水平拔高，以此脱颖而出大批优秀技术能手。

熔炼团队合力，培养创新型技能人才

近年来，一场“智慧”变革正在各行各业掀起惊涛骇浪，在未来发展中，人工智能将独占“C位”。中冶宝钢紧跟时代步伐，接轨宝武设备管理变革，为加快推行“冶金智慧运营”努力培养和打造创新型技能人才，使其成为公司发展前行的硬核实力。为此，公司大力创建“技师创新工作室”，有效发挥团队合力，致力创新研发，开展技术攻关，高效发挥高技能人才培养孵化效应。马迹山项目部“李伟伟创新工作室”是公司在开展创建工作以来涌现出的优秀代表。

“李伟伟创新工作室”自创建7年以来，一方面敢于尝试，不断探索实践，已累计将70余条合理化建议应用到生产一线，创造经济效益700多万元；参与获得市级以上科技创新奖项21项，其中省部级以上科技创新奖项11项；专利授权1项、受理4项，国家及行业期刊上发表论文3篇。2020年，“李伟伟创新工作室”团队研发的“千万吨级码头堆场质量智能化估算系统”成功应用于亚洲第一矿石中转中心的宝钢马迹山港，不但填补了行业空白，为企业降本增效达每年200万左右，其创新价值更为长三角地区散货港口智能化、智慧化发展起到了示范引领作用。

另一方面，工作室团队以实际行动认真诠释“劳模精神”“工匠精神”，内提素质、外培人才，不断涌现出更多的创新型技能人才代表。李伟伟是工作室团队的带头人，潜心20余年专研技术，提升技能，传经授教，带领团队带教学员109名，其中2人已通过技师技能等级评定，51人取得高级工技能等级，李伟伟本人更于2019年4月获得“全国五一劳动奖章”殊荣。

适应市场变化，储备紧缺型技能人才

近两年，中冶宝钢大力推行“智慧制造”，公司抓牢智能型设备检修服务转型契机，重点加强培养电调专业、液压专业、设备点检以及钢铁全工艺链技术等方面的紧缺型技能专家人才，全力助推公司转型发展。

一是以现场需求为重点，提前做好电调专业技能型人才的储备、培养，集合电气、仪表、调试技术技能骨干，成立了电调专业团队，旨在培养高技能、高水平的电仪技术人才。电调团队成立以来，以“培训、学习、干活”为主线，通过实际项目锻炼、理论知识培训等方式快速提升能力，成立仅一年时间，已单独承接多项外部电调业务。

二是围绕有关业务区域逐步推行“管、用、养、修”的设备管理模式以及运维“一体化”业务的开展，公司加快了对设备点检的培养。通过内部推优，外部招聘的方式选拔人才，采取理论培训与实操培训相结合，积极组织参加宝钢点检能力提升“首席师讲坛”培训等方式，有效促进点检队伍能力全面提升。

三是围绕炼铁、炼钢、热轧、冷轧、信息化等五个工程技术中心，组建了原料、烧结、高炉等13个技能专家团队，开展智慧检修技术研究、技术支撑。重点结合钢铁全工艺链技术研发、现场关键项目技术支撑、与业主开展技术交流，培养技术人员综合能力。

中冶宝钢在人才培养工作中不断探索和创新，构建更加完善的人才成长平台，致力培养更多有远大理想、有知识技能、有责任担当的时代工匠，为公司的发展前行建成一支“高、精、专”的劳动大军，助推公司逆势而上筑梦中国“冶金运营服务国家队”。

（资料来源：王芸芸. 中冶宝钢：以品牌文化铸魂　走好冶金运营服务的价值创造之路 [N]. 中国冶金报，2025-05-12.）

讨论题：

中冶宝钢如何培养高技能人才？有何借鉴意义？

模块6

领导与协调

学习目标

知识目标

1. 掌握领导的含义与艺术；
2. 了解领导者的作用、权力与领导班子的合理结构要求；
3. 了解四种比较典型的领导理论。

能力目标

1. 能够正确应用所学领导艺术；
2. 能够正确使用领导理论指导自身实践；
3. 具备开展工作协调能力。

素质目标

1. 培养作为领导者应具备的宽容胸襟并注重提高个人修养，以身作则；
2. 培养社会责任感。

导入案例

向任正非学习领导力

从领导力的角度，企业面临的最大、最头痛的问题，不是市场、不是技术，不是客户，而是中高管团队思想的统一，人心的凝聚。企业越大，业务越复杂，转型变革创新的阻力越大，思想统一的问题越严峻。

如何统一中高管团队的思想，规范企业的经营战略、目标与方向，需要有一套原则，一个抓手。任正非牵头制定的《华为基本法》，就是这样的一套原则、一个抓手、一套思想体系，一套规范大是大非的法典，从此让华为人变得不同。每一个企业，都需要有一部自己的基本法，而且团队在一起研讨的过程，比最后达成的文件成果来得更重要。

事实上，华为基本法，作为一个可以直接学习和模仿的框架，涉及了企业经营管理的方方面面，是提升企业中高管对企业经营管理系统认知的最好方式，也是统一思想的一个必经的集团学习的过程。

《华为基本法》一共6章103条，从公司的宗旨、基本经营政策、基本组织政策、基本人力资源政策、基本运营管理政策和接班人的培养与基本法的修改，涉及了公司管理的方方面面，不仅有文化价值观的理念，比如，第一条，“华为的追求是在电子信息领域实现顾客的梦想，并依靠点点滴滴、锲而不舍的艰苦追求，使我们成为世界级领先企业。”还有很多的管理原则，比如，第四十四条，“公司的基本组织结构将是一种二维结构：按战略性事业划分的事业部和按地区划分的地区公司。”再比如，第五十三条强调的是公司的决策原则，从贤不从众。真理往往掌握在少数人手里，要造成一种环境，让不同意见存在和发表。一经形成决议，就要实行权威管理。还有，第五十八条，阐述的是华为的绩效管理原则，“华为奉行效率优先，兼顾公平的原则。我们鼓励每个员工在真诚合作与责任承诺的基础上，展开竞争；并为员工的发展，提供公平的机会与条件。”

事实上，很多企业在战略、组织、决策和绩效等方面的众多问题，其实就是缺乏上面的原则，以及规则不清晰的结果。在原则、规则不清晰的情况下，引进再多的工具系统、模板、流程或制度，都只是徒增管理的成本。

（资料改编来源：中外管理传媒. 任正非的领导力艺术，你可能以前都理解错了[EB/OL].（2023-03-13）[2025-05-24]. https://baijiahao.baidu.com/s?id=1760206711497203291&wfr=spider&for=pc.）

那么，任正非的领导能力有哪些值得学习的地方？作为领导者应掌握哪些领导方法与理论？

6.1 领导与领导者

一、领导

领导
与领导者

领导是管理的一项重要职能，是连接决策、计划、组织、控制职能的纽带，是实现组织目标的关键。从管理学意义上来讲，领导的定义可概括为：领导是指领导者在一定的环境下，运用职位权力和个人影响力，指挥、带领和激励下属实现组织目标的行为和艺术。领导工作包括五个必不可少的要素，领导者、被领导者、作用对象（即客观环境）、职权和领导行为。其基本内涵包括以下几个方面。

（1）领导的本质是影响力。领导者拥有影响被领导者的能力或力量，它们既包括由组织赋予的职位权力，也包括领导者个人所具有的影响力。当一个领导者的职位权威不足以说服下属从事适当的活动时，领导是无效的。领导者只有凭借影响力获取组织或群体成员的信任才能把组织或群体中的人吸引到他的周围来。因此，拥有个人影响力的人才能称得上是一位真正的领导者。一个好的领导，应该让下属觉得没有你，他们工作仍然能够顺利完成。

（2）领导是一个活动过程。领导是引导人们的行为过程，是对人们施加影响的过程，是领导者带领、引导和鼓舞下属去完成工作、实现目标的过程。

（3）领导是一门艺术。领导作为一门艺术，具有随机性、经验性、多变性和创造性等特点。由于领导过程中所面临的组织或群体的内外部环境是千变万化的，被领导者也是各种各样的，他们身份不同，教育、文化和经历背景不同，进入组织或群体的目的和需要不同，因此领导的过程是一种充满复杂因素和不确定因素的过程，越是高层次的领导行为，这种复杂性和不确定性就越高，所以领导行为中艺术的成分就越多。

管理实践

提拔错了吗?

朱彬是一家房地产公司负责销售的副总经理，他把公司里最好的推销员李兰提拔起来当销售部经理。李兰在这个职位上干得并不怎么样，她的下属说她待人不耐烦，几乎得不到她的指点。李兰也不满意这项工作，当推销员时，她做成一笔生意就可立即拿到奖金，可当了经理后，她干得是好是坏取决于下属的工作，她的奖金也要到年终才能定下来。人们说她是被高度激发了，她拥有一幢价格昂贵的市区住房，开着奥迪车，全部收入都用在生活开销上。李兰现在和过去判若两人，朱彬被搞糊涂了。

问题：李兰为什么会不适应新的岗位？

领导者要掌握为人处世之道：知人不必言尽，责人不必苛尽，才能不必傲尽，锋芒不必露尽，有功不必邀尽，得理不必争尽，得宠不必恃尽，气势不必倚尽，富贵不必享尽，凡事不必做尽。

（4）领导包含领导者和被领导者两个方面。领导者是指能够影响他人并拥有管理的制度权力、承担领导职责、实施领导过程的人。领导是领导者与被领导者的一种关系，如果没有被领导者，领导者将变成光杆司令，其领导关系也就不复存在。

（5）领导的目的是实现组织的目标。领导是要让人们情愿地、热心地为实现组织或群体的目标而努力，而非无奈地、勉强地为组织或群体的目标而工作，这体现了领导工作的水平，也是领导者追求的完美目标。不能为了领导而领导，不能为了体现领导的权威而领导。领导的根本目的在于引导下属为实现组织的目标而努力。一个好的领导，应该是东风，给团队带来希望和光明。

管理实践

海尔的领导力培训

在竞争激烈的商业环境中，企业领导者的角色至关重要，他们需要具备良好的领导力来引领团队取得成功。海尔公司一直以来都注重领导力的培养和提升，通过专业的领导力培训计划，帮助海尔领导者发展他们的能力，并以此来解决用户的问题。

提高领导力水平：愿景、决策、沟通

海尔领导力培训的核心目标是帮助领导者提高他们的能力，使他们能够有效地引导团队实现共同的愿景。领导者需要具备明确的愿景，能够为团队设定挑战和目标，并激发员工的动力和创造力。通过培养正确的决策能力，领导者能够在变化多端的市场环境中作出明智的判断，并迅速采取行动。良好的沟通能力也是一个成功的领导者应具备的重要品质，他们需要能够与员工建立良好的关系，激发他们的潜力，以更好地满足用户的需求。

赋能团队：激发员工创造力，提升用户体验

一名优秀的领导者应该能够赋能团队，激发员工的创造力，不断改善用户体验。海尔领导力培训帮助领导者学习如何建立高效的团队，通过有效的协作和激励机制，将团队成员的个人优势和专业技能进行充分发挥，并将他们的智慧和创新能力付诸实践。领导者还需要具备良好的问题解决能力，帮助团队克服困难，确保用户在使用海尔产品和服务时能够得到积极的体验。

行动导向：快速响应用户需求，不断创新

作为一家一直致力于用户满意度的企业，海尔领导者在培训中学习到的行动导向原则非常重要。他们需要敏锐地洞察市场变化和用户需求，及时调整优化产品和服务。领导者还应以身作则，以积极的态度和行动激励团队成员，推动团队不断创新，为用户提供更好的解决方案。

海尔领导力培训以解决用户问题为导向，通过提升领导者的能力，帮助他们引领团队取得成功。这种培训注重帮助领导者明确愿景、提升决策和沟通能力，通过赋能团队，激发员工的创造力，并强化行动导向能力。通过这些措施，海尔领导者能够更好地满足用户的需求，并保持企业竞争优势。

（资料来源：学习网．海尔领导力培训，海尔领导者 [EB/OL].（2023-10-09）[2025-05-15]. http://www.mbaxue.com/a/177050.html.）

问题：海尔的领导力培训是否值得学习？为什么？

二、领导者

1. 领导者概念

领导者是指在正式的社会组织中经合法途径被任用而担任一定领导职务、履行特定领导职能、掌握一定权力、肩负某种领导责任的个人和集体。领导者应该具备良好的思想素质、业务素质、心理素质和身体素质，有较强的业务技能和管理技能。

2. 领导者的作用

（1）指挥作用。在组织活动中，领导者要客观准确地分析预测内部条件和外部环境，运筹帷幄、高瞻远瞩，帮助组织成员认清当前形势，合理地确定组织目标和行动方案，并在组织成员行动过程中给予指导与帮助。

（2）沟通与协调作用。在内外因素的干扰下，需要领导者通过沟通来协调组织成员之间的关系和活动，朝着共同的目标前进。

（3）激励作用。领导者为组织成员主动创造能力发展空间，并为其职业生涯发展提供支持。

3. 领导者的权力

领导是一种影响力，影响力来源于权力。在组织中，领导者的权力可分为职位权力与非职位权力两大类，详见表6-1。

表6-1 领导者的权力分类

权力类型	内容描述
职位权力	职位权力是因为在组织中担任一定的职务而获得的权力。主要包括法定权、奖赏权与惩罚权。①法定权。由个人在组织中的职位决定。个人由于被任命担任某一职位，因而获得了相应的法定权力和职位权力。②奖赏权。个人控制着对方所重视的资源而对其施加影响的能力。例如，上级在职权范围内可以决定或影响下级的薪水、晋升、提拔、奖金、表扬或分配有利可图的任务、职位，或给予下属所希望得到的其他物质资源或精神上的鼓励，从而有效地影响他人的态度和行为。奖赏权是否有效，关键在于领导者要确切了解对方的真实需要。③惩罚权。通过强制性的处罚或剥夺而影响他人的能力。实际上是利用人们对惩罚和失去既得利益的恐慌心理来影响和改变其态度和行为。以上三种权力都与组织中的职位联系在一起，是从职位中派生出的权力，因此统称为职位权力
非职位权力	非职位权力是指与组织的职位无关的权力，主要有：①专长权。这种权力源于人在某一领域所特有的专长。②表率权。也称个人魅力或感召力，是一种无形的，很难用语言来描述或概括的权力。诸如品格、知识、才能、毅力和气质等，它通常与具有超凡魅力或声名卓著的领导者相联系。如领导者拥有吸引别人的个性、品德、作风，引起人们的认同、钦佩、羡慕而自愿地追随和服从他。③背景权。是指个体由于以往的经历而获得的权力。④亲和权。指个体由于和被影响者感情较融洽而获得的权力

4. 领导班子的合理结构

（1）年龄结构。遵循“老中青”三结合的原则，这就是说，领导班子应由“老马识途”的老年，“中流砥柱”的中年和“奋发有为”的青年构成。

（2）知识和专业结构。现代组织领导班子成员不仅应有较高的专业水平和知识水平，而且应有不同方面的专门人才。

（3）能力结构。从领导班子的构成看，思维能力最具重要性。思维能力可分为发现型、创造型和再现型三种类型。

发现型：善于在别人看不到问题的地方发现问题。

创造型：善于出谋划策，善于出主意、想办法。

再现型：不善于发现问题，也不善于出谋划策，但如果交给他一定的任务，他会原原本本贯彻执行，不会走样。

（4）性格结构。外向型性格与内向型性格的人应合理搭配。

管理故事

王珐鉴才

在一次宴会上，唐太宗对王珐说：“你善于鉴别人才，尤其善于评论。你不妨从房玄龄等人开始，都一一做些评论，评一下他们的优缺点，同时和他们互相比较一下，你在哪些方面比他们优秀？”

王珐回答说：“孜孜不倦地办公，一心为国操劳，凡所知道的事没有不尽心尽力去做，在这方面我比不上房玄龄。常常留心于向皇上直言建议，认为皇上能力德行比不上尧舜很丢面子，这方面我比不上魏征。文武全才，既可以在外带兵打仗做将军，又可以进入朝廷担任宰相，在这方面，我比不上李靖。向皇上报告国家公务，详细明了，宣布皇上的命令或者转达下属官员的汇报，能坚持做到公平公正，在这方面我不如温彦博。处理繁重的事务，解决难题，办事井井有条，这方面我也比不上戴胄。至于批评贪官污吏，表扬清正廉洁，疾恶如仇，好善喜乐，这方面比起其他几位能人来说，我也有一己之长。”唐太宗非常赞同他的话，而大臣们也认为王珐完全道出了他们的心声，都说这些评论是正确的。

点评：从王珐的评论可以看出唐太宗的团队中，每个人各有所长；但更重要的是唐太宗能将这些人依其专长分配到最适当的职位上，使其能够发挥自己所长，进而让整个国家繁荣强盛。

未来企业的发展是不可能只依靠一种固定组织的形态而运作，必须根据企业经营管理的需要而组建不同的团队。所以，每一个领导者必须学会如何组织团队，如何掌握及管理团队。企业组织领导应以每个员工的专长为思考点，安排适当的位置，并依照员工的优缺点，做机动性调整，让团队发挥最大的效能。

三、领导的艺术

（一）用人艺术

树立正确的用人观念。在用人标准上树立“德才兼备”的观念；在事业发展上树立“不用人才事无成”的观念；在人才使用上树立“用当其时”的观念；在人才评价上树立“人无完人”的观念；在人才成长上树立“用养相结合”的观念；在人才的考察上树立“注重实绩”的观念。

要会用人，必须知人识事，用人治事：用人长、容人短；用人不疑，疑人不用；授职授权，赏罚分明；敢于大胆用年轻人。

致力于建立公开、公正、公平，充满竞争活力的选用人机制。

管理故事

黄金台招贤

《战国策·燕策一》记载：燕国国君燕昭王一心想招揽人才，而更多的人认为燕昭王仅仅是叶公好龙，不是真的求贤若渴。于是，燕昭王始终寻觅不到治国安邦的英才，整天闷闷不乐。

后来有个智者郭隗给燕昭王讲述了一个故事，大意是，有一国君愿意出千两黄金去购买千里马，然而时间过去了三年，始终没有买到，又过去了三个月，好不容易发现了一匹千里马，当国君派手下带着大量黄金去购买千里马的时候，马已经死了。可被派出去买马的人却用五百两黄金买来一匹死了的千里马。国君生气地说："我要的是活马，你怎么花这么多钱弄一匹死马来呢？"国君的手下说："你舍得花五百两黄金买死马，更何况活马呢？我们这一举动必然会引来天下人为你提供活马。"果然，没过几天，就有人送来了三匹千里马。

郭隗又说："你要招揽人才，首先要从招纳我郭隗开始，像我郭隗这种才疏学浅的人都能被国君采用，那些比我本事更强的人，必然会闻风千里迢迢赶来。"

燕昭王采纳了郭隗的建议，拜郭隗为师，为他建造了宫殿，后来没多久就引发了"士争凑燕"的局面。投奔而来的有魏国的军事家乐毅，有齐国的阴阳家邹衍，还有赵国的游说家剧辛等。从此以后，燕国从一个内乱外祸、满目疮痍的弱国，逐渐成为一个富裕兴旺的强国。

点评：如何将企业治理好，一直是管理者的一个"研究课题"。有的研究有素，也就治理有方；有的研究无得，也就治理失败。要治理好企业，必须网罗人才。管理之道，唯在用人。人才是事业的根本。杰出的领导者应善于识别和运用人才。只有做到唯贤是举，唯才是用，才能在激烈的社会竞争中战无不胜。

（二）用权与授权艺术

坚持大权独揽，小权分散。"一把手"必须集中人权、财权和物权，在这种情况下适度分权；注意把握好集权与分权的最佳时机：组织内部结构松散、成员关系紊乱、下级层次权力膨胀、凝聚力下降时要适度集权，而当积极性下降、领导者或部属之间工作错位责任不清时则要适度分权。

学会授权。授权是领导者把自己的权力授给下属，而让下属代表领导者处理领导者自己的事情，并代替领导者行使其权力而达到领导者意图和目的的一种特殊分权。领导者为什么分权？一是领导太忙，需要分身；二是有意识培养和锻炼下属的能力；三是弥补领导者自身才能上的某些不足。领导者如何授权？一是因事择人，视德才授权；二是权责同授，交代明确；三是不越级授权，不授权外之权；四是关心支持授权者，及时给予指导；五是不轻易授予重大权力。

恰当借权。借第三方力量来达到领导者的主观目的和意图，这种做法称为"借权"，一是借信息权；二是借人际关系权；三是借统御权（通过经常接触上级、他人、专家或下属等有影响的人物获得他们的赞许和表扬，利用他们为自己的主张开路）；四是借集体领导权。

（三）决策艺术

1. 运筹艺术——统筹兼顾，把握关键

通过运筹艺术调整可改变的变量，使整体效果达到最优。这一思想最早可追溯至中国古代的"田忌赛马"。

2. 决断艺术——指令明确、决断及时

决断艺术是决策能力的升华，融合了理性分析、经验直觉与风险承担，旨在于不确定性中抓住关键机会。与运筹学强调“优化”不同，决断更关注如何选择，尤其在信息不全、时间紧迫或利益冲突时。决断艺术的本质，是在理性与直觉、速度与精度、冒险与稳健之间找到动态平衡。在VUCA（易变、不确定、复杂、模糊）时代，决断力已成为个人与组织的核心竞争力。

3. 善于调动他人的积极性

调动他人积极性是领导力、管理和人际沟通的核心能力之一。无论是管理者、团队领导者，还是普通成员，掌握激励他人的技巧，都能显著提升团队效率、凝聚力和创造力。调动积极性是理解人性需求+设计激励环境+持续反馈调整的系统工程。掌握这些策略，你不仅能提升团队绩效，还能培养出更主动、更有韧性的成员。

4. 借用外脑

借用外脑是指通过外部专家、顾问、智库、合作伙伴甚至AI工具，获取新视角、补充专业能力，从而优化决策、加速创新。借用外脑的本质是打破组织边界，以开放心态整合全球智慧。如管理学家亨利·明茨伯格所言：“伟大的战略往往诞生于跨界碰撞。”无论是借助专家、合作伙伴，还是AI工具，关键在于精准匹配需求、高效协作，并保持自身判断力。

（四）人际关系艺术

人际沟通艺术：态度和蔼、平等待人；尊重别人、注意方法；简化语言；积极倾听；抑制情绪；把握主动；创造互信环境。人际沟通的本质，是尊重对方的需求，同时清晰表达自己的意图。正如卡耐基所言：“一个人的成功，15%靠专业技能，85%靠人际沟通。”无论是职场协作、亲密关系还是日常社交，掌握沟通艺术的人，往往能事半功倍，成为更受欢迎的领导者、伙伴和朋友。

处理人际纠纷艺术：严己宽人；分寸得当、审时度势；讲究策略；把握主动。人际纠纷是生活与工作中不可避免的挑战，处理得当可以化敌为友、促进合作，处理不当则可能激化矛盾、破坏关系。处理人际纠纷的最高境界，是将冲突转化为关系升级的契机。如管理学家玛丽·帕克·福莱特所言：“最好的调解不是妥协，而是整合双方需求创造新价值。”掌握这一艺术，你将在职场、家庭和社交中成为受人信赖的“和平缔造者”。

管理故事

南风法则

南风法则也称为“温暖”法则，源于法国作家拉封丹写过的一则寓言：北风和南风比威力，看谁能把行人身上的大衣脱掉。北风首先来一个冷风凛冽寒冷刺骨，结果行人把大衣裹得紧紧的。南风则徐徐吹动，顿时风和日丽，行人因为觉得春意上身而解开纽扣，继而脱掉大衣，南风获得了胜利。

点评：温暖胜于严寒。领导者在管理中运用南风法则，就是要尊重和关心下属，以下属为本，多点人情味，使下属真正感觉到领导者给予的温暖，从而去掉包袱，激发工作的积极性。

6.2 领导理论

在管理学领域中，现有的领导理论，大致归纳为四种比较典型的理论，即特性理论、方式理论、行为理论和权变理论。

一、领导特性理论

领导特性理论

传统领导理论认为领导者的品质和性格是遗传决定的。在早期的研究假设中，认为领导的特质是与生俱来的，不是后天塑造的。研究人员试图寻找社会中不同领域的领导者在体型、外貌、精神、个性、社交等方面的共性特征，但是“伟人”在体貌、个性方面的特征存在着许多差异性，仅从天赋的角度进行研究暴露出了许多矛盾与问题，现在已经很少有人赞同这种观点。

现代领导理论：认为领导者的品质和性格是在实践中逐步形成的，是可以通过教育训练加以培养和改造的。不同国家的学者根据本国的情况研究提出了应该培养和训练领导者所必须具备的条件。例如，日本的有效领导观就要求一个领导者具有10项品德和10项能力。10项品德是：使命感、责任感、信赖感、积极性、忠诚老实、进取心、忍耐性、公平、热情和勇气。10项能力是：思维能力、决策能力、规划能力、改造能力、洞察能力、劝说能力、对人理解能力、解决问题能力、培养下级能力、调动积极性能力。

美国普林斯顿大学教授威廉·杰克·鲍莫尔（William Jack Baumol）针对美国企业界的实际情况提出了企业领导者应具备的10项条件：合作精神、决策才能、组织能力、精于授权、善于应变、敢于求新、勇于负责、敢担风险、尊重他人、品德超人。

知识拓展

核心员工管理的有效原则

核心员工，往往是组织里的具有更高学历、更强能力、更独到技艺和更丰富经验的核心人才。正是因为具有一些其他员工无法比拟的优势，他们并不畏惧更高的目标、更难的任务，反而希望通过挑战自我来显示超人一等的能力以及在组织中无可替代的地位，以便为自己赢得更多的尊重。如何对待核心人才是组织的管理者能否领导一个优秀团队的重要前提。掌握以下一些原则十分必要。

（1）领导者的诚信度。不要为了留住某些人而轻易做出很难实现的承诺，如果有承诺一定要兑现，如果无法兑现一定要给他们正面的说法。千万不要在员工面前扮演一个言而无信的领导者角色，那样只会为将来的动荡埋下隐患。

（2）领导者的情、理、义。及时发现员工特别是那些核心骨干产生情绪波动的原因，一定要将安抚民心、鼓舞士气的工作做在前头。事先耐心倾听、适时沟通、充分交流、思想动员等情感资本投入是不是可以避免一些不必要的人力资本损失呢？特别要把握对核心人才管理的“度”，不要让某些核心人才的跳槽变成有针对性、有目的性的挑衅，以免造成组织内员工的大面积情绪波动和跳槽。

（3）领导者的自我反省能力。随时检讨组织的晋升、薪酬、绩效考核等人力资源管理制度是否合理，避免因组织制度性的原因造成员工非正常流动。

（4）领导者的“容才肚”，核心人才大都“才高八斗”。作为领导者，你可以不懂专业技术，但你必须有容人的肚量。如果一看到比自己强的部属就恨得咬牙切齿，甚至不惜利用手中的权力对他进行打击和压制，那么你所压制和失去的不仅仅是一个人才，而是一个组织。

一个成功的领导者最大的成就就在于构建并统帅一支具有强大战斗力与高度协作精神的团队。因此，你需要像林肯一样，运用自己的智慧，善用“马蝇”效应，将一些很难管理而又十分关键的部属团结在一起，不仅能有效地减少组织内部的冲突，而且可以充分发挥其核心作用，不断为组织创造更高的管理绩效。

二、领导方式理论

领导方式理论

领导方式理论又叫领导风格理论或领导作风理论。在引导和影响组织成员的过程中，组织成员对领导者的追随往往是以领导方式为基础的，所以许多学者开始从研究领导者的内在特征转移到外在行为上。领导者对所获得的权力的使用方式称为领导方式或领导风格。在管理实践中，不同的领导者倾向于某种领导行为方式，往往是由他们对人性的不同认识所决定的，领导者对人性的假设和判断在很大程度上决定着领导者的行为方式。

1. 勒温的领导方式理论

德裔美国心理学家库尔特·勒温（Kurt Lewin）根据领导者控制或影响被领导者方式的不同（权力定位不同）将领导方式划分为专制式、民主式和放任式三种类型。这三种领导方式的特点如表6-2所示。

在分析了三种领导方式的特点后，勒温也指出，在实际的组织与企业管理中，很少有极端型的领导，大多数领导都是介于专制型、民主型和放任型之间的混合型。领导者倾向于采用何种领导方式取决于他们对人性的认识以及具体工作环境等。

表6-2 勒温三种领导方式特点分析表

项目	专制式领导	民主式领导	放任式领导
权力分配	权力集中于领导者个人手中	权力在团队之中	权力分散在每个员工手中，采取无为而治态度
决策方式	领导者独断专行，所有的决策都由领导者自己做出，不重视下属成员的意见	让团队参与决策，所有的方针政策由集体讨论做出决策，领导者加以指导、鼓励和协助	团队成员具有完全的决策自由，领导者几乎不参与
对待下属的方式	领导者介入具体的工作任务中，对员工在工作中的组合加以干预，不让下属知道工作的全过程和最终目标	员工可以自由选择与谁共同工作，任务的分工也由员工的团队来决定。让下属员工了解整体的目标	为员工提供必要的信息和材料，回答员工提出的问题
影响力	领导者以权力、地位等因素强制性地影响被领导者	领导者以自己的能力、个性等心理品质影响被领导者，被领导者愿意听从领导者的指挥和领导	领导者对被领导者缺乏影响力
对员工评价和反馈的方式	采取“个人化”的方式，根据个人的情感对员工的工作进行评价。采用惩罚性的反馈方式	根据客观事实对员工进行评价。将反馈作为对员工训练的机会	不对员工的工作进行评价和反馈
实际效果	通过严格管理能够达到目标，但长期将下属视为某种可控制的工具，不利于下属职业生涯的良性发展。组织成员没有责任感，情绪消极，士气低落	工作效率最高，不但能够完成工作目标，而且组织成员之间关系融洽，工作积极主动，有创造性	工作效率最低，只能达到组织成员的社交目标，但完不成工作目标

2. 利克特的领导方式理论

美国管理学家伦西斯·利克特（Rensis Likert）及密执安大学社会研究所的有关研究人员，曾进行了一系列的领导研究，其对象包括企业、医院及政府各种组织机构。通过研究他们提出了四种领导方式。

（1）专制—权威式。领导者非常专制，决策权仅限于高层，决策中没有下属参与；对下属很少信任，激励方式主要用恐吓和惩罚，有时也偶尔用奖赏去激励人们；惯于由上而下地传达信息。

（2）开明—权威式。领导者对下属有一定的信任和信心，激励方式采用奖赏与惩罚并行的做法，允许一些自下而上传递的信息；向下属征求一些想法与意见，并允许把某些决策权授予下属，但会加以严格的政策控制。

（3）协商式。领导者对下属抱有相当大但并不是完全的信任，激励方式主要是以奖赏为主，偶尔采用惩罚的方式，在做决策时征求、接受和采用下属的建议；通常试图去酌情利用下属的想法与意见；既使下情上传，又使上情下达；由上级主管部门制定主要的政策和运用于一般情况的决定，让较低一级的主管部门去做出具体的决定，并采用其他一些方法通过协商办事。

（4）集体参与式。领导者对下属在一切事务上都抱有充分的信任和信心，向下属提出挑战性目标，鼓励各级组织做出决策，让群众参与，以奖赏作为激励方式，既使上下级之间的信息畅通，又使同级人员之间的信息畅通。

利克特发现，那些用集体参与式领导方式去从事管理活动的管理人员，一般都是极有成就的领导者，以此种方法来管理的组织，在制定目标和实现目标方面是最有成绩的，他把这些主要归于员工参与管理的程度，以及在实践中坚持相互支持的程度。

三、领导行为理论

1. 利克特的"工作中心"与"员工中心"理论

密执安大学社会研究所领导理论研究由伦西斯·利克特（Rensis Likert）及其同事在1947年开始进行，试图比较群体效率如何随领导者的行为变化而变化。这项研究的目的，是打算建立实现预期的绩效和满意水平的基本原理，以及有效的领导方式类型，结果发现了两种不同的领导方式。

一种是工作（生产）导向型的领导行为。这种领导方式关心工作的过程和结果，并用密切监督和施加压力的办法来获得良好的绩效、满意的工作期限和结果评估。对这种领导者而言，下属是实现目标或任务绩效的工具，而不是和他们一样有着情感和需要的人，群体任务的完成情况是领导行为的中心。

另一种领导方式是员工导向型领导行为。这种领导方式表现为关心员工，并有意识地培养与高绩效的工作群体相关的人文因素，即重视人际关系。员工导向型领导者把他们的行为集中在对人员的监督上，而不是对生产的提高上。他们关心员工的需要、晋级和职业生涯的发展。

密执安大学的研究人员发现，在领导方式员工导向型的组织中，生产的数量要高于领导方式工作导向型组织的生产数量。另外，这两种群体的态度和行为也根本不同。在员工导向型的生产单位中，员工的满意度高，离职率和缺勤率都较低。在工作导向型的生产单位中，产量虽然不低，但员工的满意度低，离职率和缺勤率都较高。在这种经验观察的基础上，密执安大学领导行为方式研究的结论是，员工导向的领导者与高的群体生产率和高满意度成正相关，而生产导向的领导者则与低的群体生产率和低满意度相关。

2. 俄亥俄州立大学的二维构面理论

大约在密执安大学对领导方式展开研究的同一时期，美国俄亥俄州立大学的研究人员弗莱希曼（E. A. Fleishman）和他的同事们也在进行关于领导方式的比较研究。他们发现，领导行为可以用两个构面加以描述：即领导方式的关怀维度和定规维度。

关怀维度代表领导者对其下属所给予的尊重、信任以及互相理解的程度。从高度关怀到低度关怀，中间可以有无数不同程度的关怀。定规维度指领导者对于下属的地位、角色与工作方式，是否都订有规章或工作程序。领导者在每种维度中的位置，通过对两种维度的问卷调查测度。根据这样的分类，领导者可以分为四种基本类型，即高关怀—高定规、高关怀—低定规、低关怀—高定规和低关怀—低定规。

俄亥俄州立大学的这项研究发现，在两个维度方面皆高的领导者，一般更能使下属达到高绩效和高满意度。不过高关怀—高定规型风格并不总是产生积极效果；而其他三种维度组合类型的领导者行为，普遍与较多的缺勤、事故、抱怨以及离职有关系。

3. 管理方格理论

1964年，得克萨斯大学的罗伯特·布莱克（Robert R. blake）和简·穆顿（Jans S. Mouton）在《管理方格》一书中提出了管理方格理论。这一理论充分概括了上述两项研究所提炼的员工导向和生产导向维度。在这种领导方式论中，首先把管理人员按他们的绩效导向行为（称为对生产的关心）和维护导向行为（称为对人员的关心）进行评估，给出等级分值。然后以此为基础，把分值标注在两个维度坐标界面上，并在这两个维度坐标轴上分别划出9个等级，从而生成81种不同的领导类型（图6–1）。

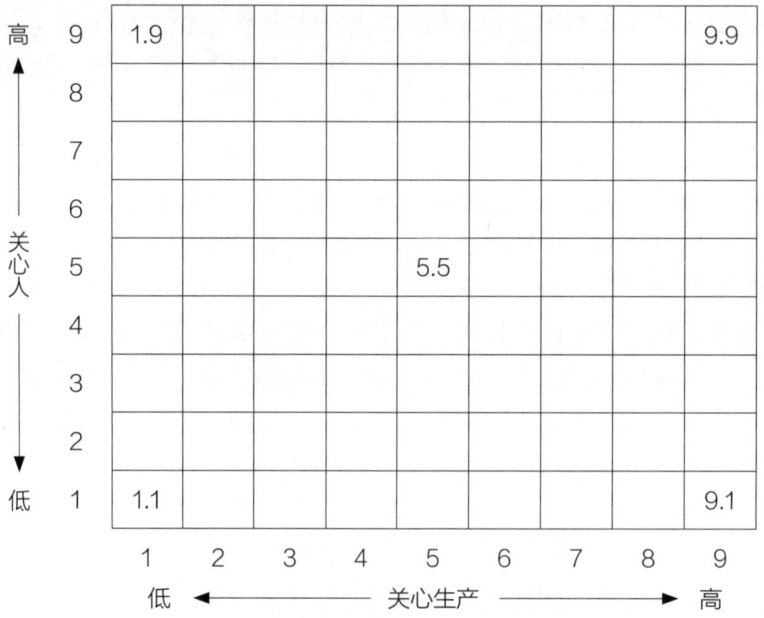

图6–1 管理方格图

如图6–1所示，有代表性的领导方式有如下几种。

（1）贫乏式管理（1.1）。这种领导方式对员工和生产任务都表现出不经意的状态，仅以最小的努力与工作完成组织必须完成的任务，认为员工能够自己处理好工作与生活的各种事情。

（2）乡村俱乐部式管理（1.9）。这种领导方式表现的是对员工的需要、成长、健康甚至家庭生活都非常关心，营造良好的上下级关系和融洽的气氛，但对生产与工作漠不关心，忽视工作效果。

（3）中庸之道式管理（5.5）。这种领导方式既对工作关心，又对员工关心，但程度适中，强调适可而止。

（4）任务式管理（9.1）。这种领导方式对工作非常关心，通过工作条件的安排与规章制度的控制实现更高的工作绩效，尽量降低人为因素在工作中的影响，对员工与下属十分冷漠。

（5）团队式管理（9.9）。这种领导方式对工作和员工都极为关心，既考虑如何实现组织的既定目标、提高工作绩效，又关心员工的个人需求与成长。

20世纪60年代，管理者方格培训受到美国工商界的普遍推崇。但在后来，这一理论逐步受到批评，因为它仅仅讨论一种直观并且是最佳的领导方式。而且，管理方格理论并未对如何培养管理者提供答案，只是为领导方式的概念化提供了框架。另外，也没有实质性证据支持在所有情况下，（9.9）领导方式都是最有效的方式。例如，在不同的社会、经济、文化和政治背景中，管理者领导方式的优劣，并不是简单地通过中性或平衡的分布能够陈述的。这说明，领导方式的行为理论并不是对某种领导方式的最佳选择，领导方式的研究应是多角度的。

四、领导权变理论

领导权变理论

1. 费德勒权变理论

权变理论认为不存在一种“普遍适用”的领导方式，领导工作强烈地受到领导者所处的客观环境的影响。或者说，领导和领导者是某种既定环境的产物。即：

$$S=f(L, F, E)$$

在上式中，S代表领导方式，L代表领导者特征，F代表追随者的特征，E代表环境。f代表函数关系即领导方式是领导者特征、追随者特征和环境的函数。领导者的特征主要指领导者的个人品质、价值观和工作经历。追随者的特征主要指追随者的个人品质、工作能力、价值观等。环境主要指工作特征、组织特征、社会状况、文化影响、心理因素等。工作是具有创造性还是简单重复，组织的规章制度是比较严密还是宽松，社会时尚是倾向于追随服从还是推崇个人能力等，都会对领导方式产生强烈的影响。

费德勒（F. Fiedler）的权变理论是比较有代表性的一种领导权变理论。该理论认为各种领导方式都可能在一定环境内有效，这种环境是多种外部与内部因素的综合作用体。

费德勒将权变理论具体化为三个方面，即职位权力、任务结构和上下级关系。所谓职位权力是指领导者所处的职位具有的权威和权力的大小，或者说领导的法定权、强制权、奖励权的大小。权力越大，群体成员遵从指导的程度越高，领导的环境也就越好，反之，则越差。任务结构是指任务的明确程度和部下对这些任务的负责程度。如果这些任务越明确，而且部下责任心越强，则领导环境越好；反之，则越差。上下级关系是指下属乐于追随的程度。如果下级对上级越尊重，并且乐于追随，则上下级关系越好，领导环境也越好；反之，则越差。

费德勒设计了两种问卷来测定领导者的领导方式。该问卷的主要内容是询问领导者对最难共事者（LPC）的评价。如果领导者对这种同事的评价大多用敌意的词语，则该领导趋向于工作任务型的领导方式（低LPC型）；如果评价大多用善意的词语，则该领导趋向于人际关系型的领导方式（高LPC型）。

费德勒认为环境的好坏对领导的目标有重大影响。对低LPC型领导来说，比较重视工作任务的完成。如果环境较差，他将首先保证完成任务；当环境较好时，任务能够完成，这时他的目标将是维护好人际关系。对高LPC型领导来说，比较重视人际关系。如果环境较差，他将首先将人际关系放在首位，如果环境较好时，人际关系也比较融洽，这时他将追求完成工作任务。

在实际管理工作中做到领导者与情境的匹配，在了解了个体的LPC分数，评估了三项权变因素之后，费德勒指出，两者相互匹配时，才会达到最佳的领导效果。费德勒研究了1200个工作团体，对八种情境类型的每一种，均对比了关系取向和任务取向这两种领导风格。其结论是：任务取向的领导者在非常有利的情境和非常不利的情境下工作更有利，即在这种环境下任务取向的领导会干得更好。而关系取向的领导者则在中等有利的情境中干得更好。

管理实践

管理风格

某市建筑工程公司是一个大型施工企业，下设一个工程设计研究所，三个建筑施工队，研究所由50名高中级职称的专业人员组成。施工队有400名正式职工，除少数领导骨干外，多数职工文化程度不高，没受过专业训练。在施工旺季还要从各地招收400名左右农民工补充劳动力的不足。

张总经理把研究所的工作交给唐副总经理直接领导、全权负责。唐副总经理是一位高级工程师，知识渊博，作风民主，在工作中总是认真听取不同意见，从不自作主张，硬性规定。公司下达的施工设计任务和研究所的科研课题，都是在全体人员共同讨论、出谋献策取得共识的基础上，做出具体安排的。他注意发挥每个人的专长，尊重个人兴趣、爱好，鼓励大家取长补短，相互协作，克服困难。在他领导下，科技人员积极性很高，聪明才智得到了充分发挥，年年超额完成创收计划，科研方面也取得了显著成绩。

公司的施工任务，由张总经理亲自负责。张总经理是工程兵出身的复员转业军人，作风强硬，对工作要求严格认真，工作计划严密，有部署，有检查，要求下级必须绝对服从，不允许自作主张、走样变形。不符合工程质量要求的，要坚决返工、罚款；不按期完成任务的扣发奖金；在工作中相互打闹、损坏工具、浪费工料、出工不出力、偷懒耍滑等破坏劳动纪律的都要受到严厉的批评、处罚。一些人对张总的这种不讲情面、近似独裁的领导方式很不满意，背后骂他“张军阀”。张总深深地懂得，若不迅速改变职工素质低、自由散漫的习气，企业将难以长期发展下去，于是他亲自抓职工文化水平和专业技能的提高。在张总的严格管教下，这支自由散漫的施工队逐步走上了正轨，劳动效率和工程质量迅速提高，第三年还创造了全市优质样板工程，受到市政府的嘉奖。

张总经理和唐副总经理这两种完全不同的领导方式在公司中引起人们的议论。

问题：

1. 你如何看待这两种领导方式？
2. 为什么他们都能在工作中取得好成绩？请用费德勒的领导权变理论进行解释。

2. 路径—目标理论

路径—目标理论是罗伯特·豪斯（Robert House）提出的一种领导权变理论。该理论认为，领导者的工作是帮助下属达到他们的目标，并提供必要的指导和支持，以确保各自的目标与群体或组织的总体目标一致。“路径—目标”的概念来自这样的观念，即有效领导者能够明确指明实现工作目标的方式来帮助下属，并为他们清除各种障碍和危险，从而使下属的相关工作容易进行。

根据路径—目标理论，领导者的行为被下属接受的程度，取决于下属是将这种行为视为获得当前满足的源泉，还是作为未来满足的手段。领导者行为的激励作用在于：①使下属的需要—满足取决于有效的工作绩效；②提供有效绩效所必需的辅导、指导、支持和奖励。为考察这些陈述，豪斯确定了四种领导行为：指导型领导者让下属知道他对他们的期望是什么，以及他们完成工作的时间安排，并对如何完成任务给予具体指导，这种领导类型与俄亥俄州立大学的定规维度相似；支持型领导十分友善，表现出对下属需要的关怀，它与俄亥俄州立大学的关怀维度相似；参与型领导则与下属共同磋商，并在决策之前充分考虑他们的建议；成就导向型的领导设定富有挑战性的目标，并期望下属发挥出自己的最佳水平。与费德勒的领导方式学说不同的是，豪斯认为领导者是灵活的，同一领导者可以根据不同的情境表现出任何一种领导风格。

路径—目标理论提出了两类情境变量作为领导行为—结果关系的中间变量，即环境因素（任务结构、正式权力系统和工作群体）和下属的个人特点（控制点、经验和知觉能力）。控制点是指个体对环境变化影响自身行为的认识程度。根据这种认识程度的大小，控制点分为内向控制点和外向控制点两种。内向控制点是说明个体充分相信自我行为主导未来而不是环境控制未来的观念，外向控制点则是说明个体把自我行为的结果归于环境影响的观念。依此，下属分为内向控制点和外向控制点两种类型。环境因素和下属个人特点决定着领导行为类型的选择。这一理论指出，当环境因素与领导者行为相重复或领导者行为与下属特点不一致时，效果皆不佳。

以下是路径—目标理论引申出的一些假设范例。

（1）相对于具有高度结构化和安排完好的任务来说，当任务不明或压力过大时，指导型领导产生更高的满意度。

（2）当下属执行结构化任务时，支持型领导导致员工高绩效和高满意度。

（3）指导型领导不太适于知觉能力强或经验丰富的下属。

（4）组织中的正式权力关系越明确、越层级化，领导者越应表现出支持行为，降低指导型行为。

（5）内向性控制点的下属，比较满意于指导型风格。

（6）当任务结构不清时，成就导向型领导将会提高下属的努力水平，从而达到高绩效的预期。

3. 领导生命周期理论

领导生命周期理论是由科曼（A. Korman）首先提出，后由保罗·赫西（Paul Hersey）和肯尼斯·布兰查德（Kenneth Blanchard）予以发展，也称情境领导理论，这是一个重视下属的权变理论。赫西和布兰查德认为，依据下属的成熟度，选择正确的领导风格，就会取得领导的成功。

领导的生命周期理论使用的两个领导维度与费德勒的划分相同：工作行为和关系行为。但是，赫西和布兰查德更向前迈进了一步，他们认为每一维度有低有高，从而组成以下四种具体的领导风格。

（1）命令型领导方式（高工作—低关系）。在这种领导方式下，由领导者进行角色分类，并告知人们做什么，如何做、何时以及何地去完成不同的任务。它强调指导性行为，通常采用单向沟通方式。

（2）说服型领导方式（高工作—高关系）。在这种领导方式下，领导者既提供指导性行为，又提供支持性行为。领导者除向下属布置任务外，还与下属共同商讨工作的进行，比较重视双向沟通。

（3）参与型领导方式（低工作—高关系）。在这种领导方式下，领导者极少进行命令，而是与下属共同进行决策。领导者的主要作用就是促进工作的进行和沟通。

（4）授权型领导方式（低工作—低关系）。在这种领导方式下，领导者几乎不提供指导或支持，通过授权鼓励下属自主做好工作。

赫西—布兰查德的领导生命周期理论对下属成熟度的四个阶段的定义如下。

第一阶段（不成熟）：这些人对于执行某任务既无能力又不情愿。他们既不胜任工作又不能被信任。

第二阶段（初步成熟）：这些人缺乏能力，但愿意执行必要的工作任务。他们有积极性，但目前尚缺足够的技能。

第三阶段（比较成熟）：这些人有能力，却不愿意干领导者希望他们做的工作。

第四阶段（成熟）：这些人既有能力又愿意干让他们做的工作。

当下属成熟程度为第一阶段时，选择命令型领导方式；当下属成熟程度为第二阶段时，选择说服型领导方式；当下属成熟程度为第三阶段时，选择参与型领导方式；当下属成熟程度为第四阶段时，选择授权型领导方式。

和费德勒的权变理论相比，领导生命周期理论更容易理解。但它只针对了下属的特征，而没有包括领导行为的其他情境特征。因此，这种领导方式的情境理论算不上完善，但它对于深化领导者和下属之间的研究，具有重要的基础作用。

管理实践

谁的方式更有效

高明是一位空调销售公司的总经理。他刚接到有关公司销售状况的最新报告：销售额比去年同期下降了25%、利润下降了10%，而且顾客的投诉上升。更为糟糕的是，公司内部员工纷纷跳槽，甚至还有几名销售分店的经理提交辞呈。他立即召集各主管部门的负责人开会讨论解决该问题。会上，高总说："我认为，公司的销售额之所以下滑都是因为你们领导不得力。公司现在简直成了俱乐部。每次我从卖场走过时，我看到员工们都在各处站着，聊天的、煲电话粥的，无处不有，而对顾客却视而不见。他们关心的是多拿钱少干活。要知道，我们经营公司的目的是赚钱，赚不到钱，想多拿钱，门儿都没有。你们必须记住，现在我们迫切需要的是对员工的严密监督和控制。我认为现在有必要安装监听装置，监听他们在电话里谈些什么，并将对话记录下来，交给我处理。当员工没有履行职责时，你们要警告他们一次，如果不听的话，马上请他们走人……"

部门主管们对高总的指示都表示赞同。唯有销售部经理李燕提出反对意见。她认为问题的关键不在于控制不够，而在于公司没有提供良好的机会让员工真正发挥潜力。她认为每个人都有一种希望展示自己的才干，为公司努力工作并做出贡献的愿望。所以解决问题的方式应该从和员工沟通入手，真正了解他们的需求，使工作安排富有挑战性，促使员工们以从事这一工作为豪。同时在业务上给予指导，花大力气对员工进行专门培训。

然而，高总并没有采纳李燕的意见，而是责令所有的部门主管在下星期的例会上汇报要采取的具体措施。

问题：

1. 请你用学过的领导理论评价高总的做法是否妥当？
2. 李燕的意见有哪些可取之处？

6.3 工作协调

一、工作协调的含义

工作协调是指通过各种管理与沟通手段，解决工作运行中的各种矛盾，使经营管理活动平衡、有效地进行的管理行为。

二、工作协调的类型

工作协调主要包括纵向协调与横向协调两种基本类型。

（1）工作的纵向协调是指在组织纵向结构的各管理层次之间的协调。工作的纵向协调由于存在领导隶属关系，可以靠领导权威与权力进行干预，因此，协调较为容易。纵向协调应该遵循维护统一指挥，相互尊重职权，加强信息沟通，建立清晰的等级链，明确划定各自的职责权限等相关原则。

（2）横向协调是指在组织横向结构的同一管理层次之间的协调。由于都是平级关系，无法靠权威与权力加以干预，因此，横向协调较为困难。进行横向协调的主要方式有两种：一是制度方式，即通过建立科学有效的组织与管理制度，健全与完善规范体系来保证工作的协调；二是组织方式，即在组织结构出现缺陷时，通过建立协调组织来进行工作协调。

制度方式。协调工作的制度方式主要有：①对经常性业务与工作制定标准、程序与规范，实现管理工作标准化，从制度规范体系上保证协调。这是制度协调的基本方法；②对于需要各部门根据变化随机处理的问题，要通过例会制度进行协调；③建立有联系的横向部门之间的信息沟通制度，遇有例外性问题，可进行跨部门直接沟通；④涉及多个部门的例外性问题，可采用联合办公和现场调度的形式进行协调。

组织方式。协调工作的组织方式主要有：①对于需要多个部门长期协调的，可建立常设委员会或任务小组。借助委员会或任务小组的协调，可保证该项工作的有效实施；②对于需要多个部门共同参与完成的临时性任务，可依需要设立临时性的委员会或任务小组。在委员会或任务小组的协调下，突击完成该项任务，任务完成了，委员会解散；③对于职权相关的几个部门，可由一名上级领导来分管，以有利于这几个部门的协调；④对于需要经常进行各部门工作协调的，可设置专职的协调部门，专司协调工作。如全面质量管理办公室。

三、协调的方法与艺术

1. 协调上级关系的方法与艺术

要协调好与上级的关系，既包括努力工作的方面，又包括协调的方法与艺术。具体来说可做好以下几点。

①熟悉自己的领导，适应领导特点开展工作。②努力做好本职工作，并表现出有很强的工作能力。③摆正位置，尊重职权。“干事而不越位”，遵从必要的上下级礼仪规范。④与上级主动沟通。事前要请示，事后要汇报，并注意保持必要的经常性联系。⑤与上级保持适度的距离。与上级的亲密关系要适度。同时，还要注意与各相关领导的“等距外交”。

在共事的过程中，由于工作或个性等原因也会出现上下级之间的矛盾与冲突。要掌握解决冲突的原则：①以事实为根据，分清是非与责任，并以适当的方式做出必要的说明；②下级服从上级，要以尊重的态度，认真查找自己的责任与原因；③主动与上级沟通，修复关系。

2. 协调下级关系的方法与艺术

上级领导在协调与下级的关系时，可从以下几个方面入手。

（1）坚持原则，率先垂范。

（2）以人为本，尊重、关怀下级。

（3）充分信任，放手使用。上级的信任就是对下级的巨大激励。

（4）多沟通，多联络。做决策，下指示，尽可能让下级参与。

（5）严爱结合，宽猛相济。

管理实践

根据调令，A前往B公司担任经理。在交接班时，前任经理特意对领导班子中的一位副手的情况做了详细介绍，说这位副手个性强，不好合作，凡事都要听他的，有时经理决定了的事，如果他不同意，经理的决策就很有可能得不到有效实施。前任经理还对A说，要不是他知道自己要调离，那一定会建议上级想办法把这位副手撤掉。前任经理的介绍在A的心理上留下了很大的阴影。

后来，A正式接任工作，在与这位副手的接触中，发现这位副手确实很有个性，如：自尊心很强，人很正直，对工作很有主见，也敢于负责，好胜心强，总希望自己分管的工作做得比别人好。

问题：对于这位副手，应该怎样做，才能既调动其积极性，又能实现有效领导，保证组织整体目标的实现？

同步测试

一、名词解释

领导　领导者　领导权变理论

二、填空题

1. 领导者的作用主要有________、________和________。

2. 领导班子的结构是否合理主要从________结构、________结构、________结构和________结构来判断。

三、判断题（正确的用T，错误的用F）

1. 领导工作是组织结构中一种特殊的人与人之间的关系，其实质是影响。（　）

2. 领导者只要拥有职权，就会对下属有激励力和鼓舞力。(　)

3. 在紧急情况下，专制式的领导是必要的。(　)

4. 分权式的领导总比独裁式的领导更有效。(　)

5. 在领导生命周期理论中，“四种领导方式”不能主观确定哪一种领导方式最好。(　)

6. 要协调好与上级的关系，既包括努力工作的方面，又包括协调的方法与艺术。(　)

四、单选题

1. 领导者采用何种领导风格，应当视其下属的“成熟”程度而定。当某一下属既不愿意也不能负担工作责任，学识和经验较少时，领导对于这种下属应采取如下哪种领导方式？(　)

A. 命令型　B. 说服型　C. 参与型　D. 授权型

2. 一个企业的管理者为了提高自己对下属的领导效果，他应当(　)。

A. 提高在下属中的威信影响力

B. 尽量升到更高的位置

C. 采取严厉的惩罚措施

D. 增加对下属的物质刺激，因为每个员工都是“经济人”

3. 依据领导生命周期理论，适合于低成熟度情况的领导方式是(　)。

A. 授权型领导　B. 参与型领导　C. 说服型领导　D. 命令型领导

4. 领导者运用权力的最重要原则是(　)。

A. 慎重原则　B. 公正原则　C. 例外原则　D. 有权不用过期作废原则

5. “士为知己者死”这一古训反映了有效的领导始于(　)。

A. 上下级之间的友情　B. 为下属设定崇高的目标

C. 为下属的利益不惜牺牲自己　D. 了解下属的欲望和需要

6. 有些领导事必躬亲、劳累不堪，但管理的效果不理想，这可能主要是因为他忽视了(　)。

A. 提高自己的领导能力

B. 运用现代的办公设施

C. 过分集权的弊端和分权的重要性

D. 锻炼身体的重要性

7. 根据权变理论，领导是否有效取决于(　)。

A. 稳定的领导行为

B. 领导者的品质权威

C. 领导者能否适应其所处的具体环境

D. 是专制型领导还是民主型领导

五、多选题

1. 领导者的权力有哪些？（ ）

A. 法定权 B. 奖赏权 C. 惩罚权 D. 亲和权

2. 下列属于利克特的领导方式理论的主要内容的是（ ）。

A. 专制—权威式 B. 开明—权威式 C. 协商式 D. 集体参与式

3. 进行横向协调的主要方式包括下列哪几项？（ ）

A. 制度方式 B. 组织方式 C. 人际关系方式 D. 奖惩结合方式

六、简答题

1. 简述领导者的权力有哪些？
2. 领导权变理论的特点是什么？试用领导的生命周期理论来加以说明。
3. 领导艺术包括哪些方面？
4. 领导者有哪些权力？领导班子的合理结构有哪些要求？
5. 举例说明领导理论的应用。

项目实训

项目实训1

1. 目的

探讨如何提高领导能力和领导艺术。

2. 要求

围绕“假如我是班长，应该如何提高领导能力和领导艺术”分组开展大讨论，结合所学内容谈认识、谈体会、进行思维碰撞，各小组派代表上台发言。

项目实训2

1. 目的

对企业进行调研，主要对以下两方面内容进行探究。

（1）领导行为研究。

（2）团队管理技巧分析。

2. 资料

高绩效团队领导行为量表

以下选项中的1~5表示该题项所描述的行为发生的频度，“1”表示几乎没有，“2”表示偶尔，“3”表示有时，“4”表示经常，“5”表示总是。若您是团队领导者，则请您在符合您的情况处打“√”；若您是团队普通成员，则在符合您所在团队领导者的情况处打“√”。

维度	典型描述	发生频度				
		几乎没有	偶尔	有时	经常	总是
品德魅力	勇于承担责任	1	2	3	4	5
	以身作则，为团队成员树立榜样	1	2	3	4	5
	言行一致	1	2	3	4	5
鼓励创新	经常鼓励团队成员尝试新的工作方法	1	2	3	4	5
	鼓励团队成员创新	1	2	3	4	5
	营造有利于创新的氛围	1	2	3	4	5
协调沟通	善于建立畅通的沟通渠道	1	2	3	4	5
	善于与人进行沟通和交流	1	2	3	4	5
	善于理解其他人的意图和想法	1	2	3	4	5
鼓励合作	鼓励团队成员之间相互合作	1	2	3	4	5
	能够塑造团队成员之间相互信任的氛围	1	2	3	4	5
	鼓励团队成员为共同的目标而团结合作	1	2	3	4	5
关心指导	能够帮助团队成员解决生活中的问题	1	2	3	4	5
	能够对团队成员的工作进行指导	1	2	3	4	5
	愿意为团队成员未来在团队中的发展提供建议	1	2	3	4	5
提供奖励	能够对团队成员的绩效进行客观公正的评价	1	2	3	4	5
	能够及时肯定并认可团队成员的绩效和贡献	1	2	3	4	5
	善于使用奖励手段激励团队成员努力工作	1	2	3	4	5
精神鼓舞	能够激发团队成员的工作活力和信心	1	2	3	4	5
	能够给团队成员描绘美好的发展前景	1	2	3	4	5
	能够增强团队成员的成就感	1	2	3	4	5
目标监控	能够给团队制定明确的工作目标	1	2	3	4	5
	能够为团队制定严格的目标考核制度	1	2	3	4	5
	能够对团队目标的达成过程进行监控	1	2	3	4	5
获取支持	善于运用和调动社会资源	1	2	3	4	5
	能够为团队的发展创造良好的外部环境	1	2	3	4	5
	善于影响上级领导，以获得资源和支持	1	2	3	4	5
技能提升	注重提高团队成员的工作技能	1	2	3	4	5
	能够为团队成员提供学习和培训的机会	1	2	3	4	5
	经常给团队成员分享知识	1	2	3	4	5

注：本量表仅供调研参考，可进行修改或重新设计。

3. 要求

请以小组为单位去寻找一个你们感兴趣的企业或组织，对其领导行为进行分析研究，形成调研分析报告。

项目实训3

1. 目的

本次实训进行指挥模拟，旨在培养学生的现场指挥能力和应变能力。

2. 要求

设定一定的管理情境，由学生即时进行模拟决策或指挥。

（1）情境。

凌晨12点多，男生宿舍二楼的卫生间上水管突然爆裂，此时楼门和校门已经关闭（水闸阀门锈住）。人们都在沉睡，只有邻近几个宿舍的学生被惊醒。水不断从卫生间涌出，并顺着走廊和楼梯流出，情况非常紧急。假如你身处其中，你将如何领导才能化险为夷？

（2）任务。

①先以课堂学习小组为单位进行分组讨论，然后各小组分别制定应急方案。

②在课堂上各小组依据其制定的方案做现场表演，表演后可现场对各小组方案提出质疑。

（3）评估方式。

①课下先进行分组讨论，然后各小组分别阐述本组的应急方案，看看谁的方案最好。

②班级全体学生与老师一起对各组方案进行评价。

案例研讨

一次重大的人事任免

某钢铁公司领导班子会议正在研究一项重大的人事任免事项。总经理提议免去公司所属的、有2000名职工的主力厂——炼钢一厂厂长张昆的厂长职务，改任公司副总工程师，主抓公司的节能降耗工作；提名炼钢二厂党委书记黄达为炼钢一厂厂长。张、黄二人都是公司的老同志了，从年轻时就在厂里工作，大家对他们的情况可以说是了如指掌。

张昆，男，47岁，中国共产党党员，高级工程师。从南方某冶金学院毕业后分配到炼钢厂工作，一直从事设备管理和节能技术工作，勤于钻研，曾参与主持了几项较大的节能技术改造，成绩卓著，在公司内引起较大震动。32岁晋升为工程师，38岁聘为高级工程师，先被任命为炼钢一厂副总工程师，后又任生产副厂长，3年前任厂长至今。该同志属技术专家型领导，对炼钢厂的生产情况极为熟悉，上任后对促使炼钢一厂能源消耗指标的降低起了巨大的推动作用。他工作勤勤恳恳，炼钢转炉的每次大修他都亲临督阵，有时半夜入厂抽查夜班工人的劳动纪律，白天花很多时间到生产现场巡视，看到有工人在工作时间闲聊或乱扔烟头总是当面提出批评，事后通知违纪人所在单位按规定扣发奖金。但群众普遍反映，张厂长一贯不苟言笑，没听张厂长和他们谈过工作以外的任何事情，更不用说和下属开玩笑了。他到哪个科室谈工作，一进办公室大家的神情便都严肃起来，犹如“一鸟入林，百鸟压音”，大家都不愿和他接近。对他自己特别在行的业务，有时甚至不事先征求该厂总工程师的意见，直接找下属布置工作，总工程师对此已习以为常了。张厂长手下几员很能干的“大将”却都没有发挥多大的作用。据他们私下说，在张厂长手下工作，从来没受过什么激励，特别是当他们个人生活有困难需要厂里帮助时，张厂长一般不予过问。用工人的话说是“缺少人情味”。久而久之，张厂长手下的骨干都没有什么积极性了。

黄达，男，49岁，中国共产党党员，高中毕业。在基层工作多年，前几年才转为正式干部，任车间党支部书记。该同志脑子灵活、点子多，宣传、鼓动能力强，具有较突出的工作协调能力。43岁出任炼钢二厂厂办主任，两年后调任公司行政处副处长，主抓生活服务，局面很快被打开。前年炼钢二厂党委书记离休，黄达又回炼钢二厂任党委书记。黄达长于人事工作，善于激励部下，据说对行为科学很有研究。他对下属非常关心，周围的同志遇到什么难处都愿意和他说，只要是厂里该办的，他总是很痛快地给予解决。他民主作风好，工作也讲究方式方法，该他做主的事从不推三阻四。由于他会团结人（用他周围同志的说法是“会笼络人”），工作力强，因此在群众中享有一定的威望。他的不足之处是学历低，工作性质几经变化，没有什么专业技术职称（有人说他是“万金油”），对工程技术理论知之不多，也没有独立指挥生产的经历。

张、黄二人的任免事关炼钢一厂的全局工作，这怎么能不引起公司领导的关注呢？公司领导在心里反复掂量，考虑着对炼钢厂厂长这一重大人事变动提议应如何表态。

问题：

1. 根据张昆的性格特点和技术专长，对他这次任免是否合适？
2. 对厂长的领导素质、领导风格应有什么要求？黄达会成为一名合格的厂长吗？

模块7

沟通与激励

学习目标

知识目标

1. 了解沟通的含义与障碍，掌握沟通的基本技巧；
2. 了解激励的含义与作用，掌握激励的理论、原则与艺术。

能力目标

1. 能够应用沟通的基本技巧；
2. 能够应用激励的基本技能。

素质目标

1. 培养良好的沟通意识与团队合作精神；
2. 培养良好的激励意识。

导入案例

售后服务部的难题

李经理近期被频繁发生的售后服务投诉事件所困扰。公司的产品已打开销路，市场占有率正在稳步提高。可是，公司近期却不断接到顾客的投诉，而且这些投诉大部分集中在售后服务环节。经初步了解，产品本身没有什么大的问题，问题在于售后服务做得不到位，从而引发了顾客的强烈不满，致使顾客投诉不断。李经理决定亲自到售后服务部蹲点，帮助售后服务部主任解决这一问题。

售后服务部是一个新组建的部门。该部门主任之前是做行政后勤工作的，现在由他来主持售后服务部的工作，他对下属要求很严格，一心想把工作干好，然而事与愿违，结果非但没有把工作做好，反而常常遇到员工与他“顶牛”。该部门的服务人员一部分是由别的部门抽调来的，另一部分是新招聘来的大学毕业生。他们的技术服务水平参差不齐，而且其中有的对自己的工作根本不感兴趣。由于经常分散在外工作，接触较少，所以这些人相互之间也不太熟悉。这些员工缺乏工作热情，在为顾客服务时既不够积极也不够热情，有时对维修服务工作极不负责任，碰到只需稍做简单调试便可解决的问题，却让顾客自掏腰包换零部件。因此，常常引发顾客对本公司产品及其售后服务的不满和抱怨。

事实上，为了鼓励员工提高售后服务质量，维修部主任也曾尝试过制定并实施一个考核与奖励方案。然而，由于售后服务的工作量不好考核、各种产品服务的工资可比性差、奖励的数额差别不大等原因，使得该方案彻底失败了。

那么，到底怎样才能对这些员工进行有效沟通与激励，调动他们的积极性呢？

7.1 沟通

一、沟通的含义

沟通是指运用语言（语气、语调）、文字或一些特定的非语言行为（外表、脸部表情、肢体动作），把信息、思想和情感在个人或群体间传递，顺利达成各种不同的目的的过程。沟通的要素包括沟通的内容、沟通的方法、沟通的动作。

松下幸之助有句名言：“企业管理过去是沟通，现在是沟通，未来还是沟通。”管理者的真正工作就是沟通。不管到了什么时候，企业管理都离不开沟通。从一定意义上讲，沟通就是管理的本质，管理离不开沟通。著名组织管理学家巴纳德认为“沟通是把一个组织中的成员联系在一起，以实现共同目标的手段”。没有沟通，就没有管理。美国通用电气公司的前CEO杰克·韦尔奇（Jack Welch）认为当今的企业比以往任何一个时期更需要沟通，对企业来讲，可谓沟通时代的来临。享誉世界的美国未来学家约翰·奈斯比特（John Naisbitt）指出未来竞争是管理的竞争，竞争的焦点在于每个社会组织内部成员之间及其对外部组织的有效沟通上。

一般来说，沟通在管理中具有以下几方面的重要意义：①沟通是协调各个体、各要素，使企业成为一个整体的凝聚剂；②沟通是领导激励下属、实现领导职能的基本途径；③沟通是企业与外部环境之间建立联系的桥梁；④沟通有利于加强组织的文化建设。

有研究表明，有两个数字可以很直观地反映沟通在企业里的重要性，就是两个70%。第一个70%，是指企业的管理者，实际上70%的时间用在沟通上。开会、谈判、谈话、做报告是较常见的沟通形式，撰写报告实际上是一种书面沟通的方式，对外各种拜访、约见也都是沟通的表现形式，管理者大约有70%的时间花在此类沟通上；第二个70%，是指企业中70%的问题是由于沟通障碍引起的。比如，企业常见的效率低下的问题，往往是有了问题后，大家没有沟通或不懂得沟通所引起的。

管理故事

鼹鼠的忠告

鹰王和鹰后从遥远的地方飞到远离人类的森林。它们打算在密林深处定居下来，于是就挑选了一棵又高又大、枝繁叶茂的橡树，在最高的一根树枝上开始筑巢，准备夏天在这儿孵养后代。

鼹鼠听到这个消息。大着胆子向鹰王提出警告：“这棵橡树可不是安全的住所，它的根几乎烂光了，随时都有倒掉的危险。你们最好不要在这儿筑巢。”

嘿，这真是咄咄怪事！老鹰还需要鼹鼠来提醒？你们这些躲在洞里的家伙，难道能否认老鹰的眼睛是锐利的吗？鼹鼠是什么东西，竟然敢跑出来干涉鸟大王的事情？

鹰王根本瞧不起鼹鼠的劝告，立刻动手筑巢，并且当天就把全家搬了进去。不久，鹰后孵出了一窝可爱的小家伙。

一天早晨，正当太阳升起来的时候，外出打猎的鹰王带着丰盛的早餐飞回家来。然而，那棵橡树已经倒掉了，它的鹰后和它的子女都已经摔死了。

看见眼前的情景，鹰王悲痛不已，它放声大哭道：“我多么不幸啊！我把最好的忠告当成了耳边风，所以，命运就对我给予这样严厉的惩罚。我从来不曾料到，一只鼹鼠的警告竟会是这样准确，真是怪事！真是怪事！”“轻视从下面来的忠告是愚蠢的，”谦恭的鼹鼠答道，“你想一想，我就在地底下打洞，和树根十分接近，树根是好是坏，有谁还会比我知道得更清楚呢？”

点评： 来自最基层的意见与建议价值最高，因为那是实事求是的真知灼见。在一些企业的管理实践中，一线员工的建议往往到不了总裁那里，尽管总裁很想听到一线的意见，尽管员工的意见非常好，原因在哪里？在等级森严的企业管理制度，自下而上一级级地汇报导致了信息在传输过程中的失真，越级汇报工作一直被视为大忌。这样，管理层与基层员工就被隔离起来，决策自然难免失误。

二、沟通的类别

沟通的类别依划分的标准不同而不同：按照方法划分，沟通可分为口头沟通、书面沟通、非语言沟通和电子媒介沟通等。按照组织系统，沟通可分为正式沟通和非正式沟通，按照方向，沟通可分为下行沟通、上行沟通和平行沟通。按照是否进行反馈，沟通可分为单向沟通和双向沟通。一般来说，单向沟通指没有反馈的信息传递。双向沟通指有反馈的信息传递，是发送者和接收者相互之间进行信息交流的沟通。

管理实践

H航空公司的信息沟通

H航空公司的总部最近发生了一系列的传闻：公司总经理李某想出卖自己的股票，但又想保住自己的总经理的职务，他为公司制定了两个战略方案：一个是出售航空公司的附属单位；另一个是利用现有的基础重新振兴发展。他自己曾对这两个方案的利弊进行了认真的分析，并委托副总经理王某提出一个参考的意见。

王某曾为此起草了一份备忘录，随后叫秘书小张打印。小张打印完后即到职工咖啡厅去，在喝咖啡时小张碰到了另一位副总经理赵某，并把这一秘密告诉了他。小张对赵某悄悄地说："我得到了一个极为轰动的最新消息。他们正在准备成立另外一个航空公司。他们虽说不会裁减职工，但是，我们应该联合起来，有所准备啊！"这话又被办公室的通讯员听到了，他立即把这消息告诉他的上司黄某。黄某又为此事写了一个备忘录给负责人事的副总经理刘某，刘某也加入了他们的联合阵线，并认为公司应保证兑现其不裁减职工的诺言。

第二天，小张正在打印两份备忘录又被路过办公室探听消息的小高看见了。小高随即跑到办公室说："我真不敢相信公司会做出这样的事来，我们要被卖给联合航空公司了，而且要大量削减职工呢！"

这消息传来传去，3天后又传回到总经理李某的耳朵时，李某也接到了许多极不友好，甚至带有敌意的电话和信件。人们纷纷指责他企图违背诺言而大批解雇工人，有的人也表示为与别的公司联合而感到高兴。而李某则被弄得迷惑不解。

问题：

1. 该公司内存在非正式沟通渠道，是否有可能将之关闭，如何关闭？
2. 你是否也经常充当一个小道消息的传递者，你认为好吗？

三、影响有效沟通的主要障碍

1. 个人因素

对沟通产生影响的个人因素主要有这几种：个人的态度、个性气质、生理特征、情绪特征、知识与经验水平、社会文化差异以及个人的直觉选择偏差等。

2. 语言问题

当双方都听不懂对方的语言时，尽管也可以通过手势或其他动作来传达信息，但其效果将大为削弱。即使双方用的是同一种语言，有时也会因理解问题而造成误解。

3. 信息含糊或混乱

信息含糊是指信息发送者没有准确地表达清楚所要传递的信息，以至于信息接收者难以正确理解。信息混乱是指对同一事物有多种不同的信息。如指令前后不一，令出多门等。这些都会使信息接收者不知所措。

4. 等级观念的影响

不同地位的人在组织中拥有不同的权力，即使是同样的信息，人们在接受的过程中首先关注的是"这是谁讲的"，其次才是信息的内容，这样使信息传递的效果大不一样。

5. 小集团的影响

非正式组织出于自身集团利益的考虑，他们可能会扭曲信息、掩盖信息甚至是伪造信息，使信息变得混乱而不真实。

6. 环境干扰

嘈杂的环境会使信息接收者难以全面、准确地接收信息发送者所发出的信息，如交谈时的距离、场合、当时的情绪等。

四、沟通的技能

1. 提高自身的表达能力

注意语言的逻辑性和条理性，也可以借助手势、动作、表情等。提高表达能力需要系统化训练思维逻辑能力和语言输出能力，既要提升内容质量，又要掌握呈现技巧。语言方面，要注意内容逻辑强化技巧：首先，采用黄金三点法作为结构化表达框架；其次根据时间轴、空间轴或程度轴，按逻辑顺序组织内容。手势方面，首先要注意定位手势：列举要点时按空间方位展开，如第一重点（左手侧平举）→核心突破（右手胸前）→终极目标（双手上托）；其次要注意强调手势：关键数据→手指聚拢突然张开（模拟爆炸效果），重要结论→手掌下切动作（增强确定性）。要避免小动作。面部表情管理方面，要注意提出方案时，眉毛轻微上扬（展现信心）；倾听时，每隔5秒点头+小幅前倾（鼓励对方）。眼神控制方面，可以将听众分成3个区域，每个区域选择1人交替注视（每人停留3～5秒）。

2. 培养“倾听”的技巧

（1）集中精力，听清内容。

（2）及时反应，注意要点。

（3）询问互动，控制情绪。

（4）察言观色，理解含义。

（5）整理信息，记住要点。

培养深度倾听能力是高效沟通的基石，需要打破被动倾听的惯性，建立结构化倾听系统。真正的倾听不是声音接收器，而是理解解码器。当你能听出对方没说出口的顾虑，发现语言背后的思维模式，就达到了顶级倾听者的境界。

管理故事

最有价值的金人

曾经有个小国的人到中国来，进贡了三个一模一样的金人，做工精美，皇帝十分满意。可是小国的人出了一道题目，答对才能得到金人：这三个金人哪个最有价值？皇帝想了许多的办法，请来珠宝匠检查，称重量，看工艺，都是一模一样的。怎么办？使者还等着回去汇报呢。泱泱大国，不会连这个小事都不懂吧？最后，有一位退位的老大臣说他有办法。皇帝将使者请到大殿，老臣胸有成竹地拿着三根稻草，插入第一个金人的耳朵里，这稻草从另一边耳朵出来了。第二个金人的稻草从嘴巴里直接掉出来，而第三个金人，稻草进去后掉进了肚子，什么响动也没有。老臣说：第三个金人最有价值！使者默默无语，答案正确。

点评： 这个故事告诉我们，最有价值的人，不一定是最能说的人。老天给我们两只耳朵一个嘴巴，本来就是让我们多听少说的。善于倾听，才是成熟的人最基本的素质。

3. 注意选择合适的时机

由于所处的环境、气氛会影响沟通的效果，所以信息交流要选择合适的时机。对于重要的信息，在办公室等正规的地方进行交谈；而对于思想上或感情方面的沟通，则适宜在比较随便、休闲的场合进行。另外，要选择双方情绪都比较冷静时进行沟通。

管理故事

慈禧赐“福”

慈禧太后爱看京戏，常赏赐艺人一点东西。一次她看完著名演员杨小楼的戏后，把他召到眼前，指着满桌子的糕点说：“这一些赐给你，带回去吧！”

杨小楼叩头谢恩，他不想要糕点，便壮着胆子说：“叩谢老佛爷，这些贵重之物，奴才不敢领，请……另外恩赐点……”

“要什么？”慈禧心情不错，并未发怒。

杨小楼又叩头说：“老佛爷洪福齐天，不知可否赐个‘字’给奴才。”慈禧听了，一时高兴，便让太监捧来笔墨纸砚。慈禧举笔一挥，就写了一个“福”字。

站在一旁的小王爷，看了慈禧写的字，悄悄地说：“福字是‘示’字旁，不是‘衣’字旁的呢！”杨小楼一看，这字写错了，若拿回去必遭人议论，岂非欺君之罪？不拿回去也不好，慈禧太后一怒就要自己的命。要也不是，不要也不是，他急得直冒冷汗。

气氛一下子紧张起来，慈禧太后也觉得挺不好意思，既不想让杨小楼拿去错字，又不好意思再要过来。

旁边的李莲英脑子一动，笑呵呵地说：“老佛爷之福，比世上任何人都要多出一‘点’呀！”杨小楼一听，脑筋转过弯来，连忙叩首道：“老佛爷福多，这万人之上之福，奴才怎么敢领呢！”慈禧太后正为下不了台而发愁，听这么一说，急忙顺水推舟，笑着说：“好吧，隔天再赐你吧。”就这样，李莲英为二人解脱了窘境。

李莲英机灵，嘴巧，常常为慈禧太后打圆场，难怪会讨得她的欢心。

点评：领导需要树立权威，若不慎做了错误的决定或说错了什么话，下属直接指出上司的错误，无疑是向他的权威挑战，会让他很没有面子。相信一个最宽宏大量的老板也无法忍受。

上司有错时，不要当众纠正。如果错误不明显，不关大局，其他人也没发觉，不妨“装聋作哑”，等事后再予以弥补。不要在公众场合或同事的面前跟上司顶嘴，否则会弄巧成拙。因为有些上司极重“面子”即使明知自己错了，也拉不下脸当众承认，如果你穷追猛打，在大家面前让他出丑的话，吃亏的只会是自己。

4. 注重双向沟通

由于信息接收者容易从自己的角度来理解信息而导致误解，因此信息发送者要注重反馈，注意倾听反馈意见，提倡双向沟通。

管理实践

陈经理的苦恼

财务部陈经理总会每月按照惯例请手下员工吃一顿，一天，他走到休息室叫员工小马，通知其他人晚上吃饭。快到休息室时，陈经理听到休息室里面有人在交谈，他从门缝看过去，原来是小马和销售部员工小李在里面。小李对小马说："你们陈经理对你们很关心，我见他经常请你们吃饭。""得了吧。"小马不屑地说，"他就这么点本事笼络人心，遇到我们真正需要他关心，帮助的事情，他没一件办成的。你拿上次公司办培训班的事来说，谁都知道如果能上这个培训班，工作能力会得到很大提高，升职机会也大大增加。我们部门几个人都很想去，但陈经理一点都没察觉到，也没积极为我们争取，结果让别的部门抢了先。我真的怀疑他有没有真正关心过我们。""别不高兴。"小李说，"走，吃饭去。"陈经理只好满腹委屈地躲进自己办公室。

问题：

1. 案例中上司和下属的错误主要有哪些？
2. 上司和下属接下来可以怎么做？

7.2 激励

一、激励的含义与作用

激励就是激发、鼓励的意思。

心理学上，"激励"主要是指持续激发人的动机、使人进入兴奋状态的心理过程。

激励

管理学上，"激励"是激发和鼓励人朝着所期望的目标采取行动的过程。组织的生命力来自组织中每一个成员的热忱，如何激发和鼓励员工的创造性和积极性，是管理人员必须解决的问题。

对一个企业来说，科学的激励制度至少具有以下几个方面的作用。

1. 吸引优秀的人才到企业来

在发达国家的许多企业中，特别是那些竞争力强、实力雄厚的企业，通过各种优惠政策、丰厚的福利待遇、快捷的晋升途径来吸引企业需要的人才。

2. 开发员工的潜在能力，促进在职员工充分发挥其才能和智慧

美国哈佛大学的威廉·詹姆斯（William James）教授在对员工激励的研究中发现，按时计酬的分配制度仅能让员工发挥20%～30%的能力，如果受到充分激励的话，员工的能力可以发挥出80%～90%，两种情况之间60%的差距就是有效激励的结果。管理学家的研究表明，员工的工作绩效是员工能力和受激励程度的函数，即绩效=f（能力×激励）。如果把激励制度对员工创造性、革新精神和主动提高自身素质的意愿的影响考虑进去的话，激励对工作绩效的影响就更大了。

3. 留住优秀人才

彼得·德鲁克（Peter F. Drucker）认为，每一个组织都需要三个方面的绩效：直接的成果、价值的实现和未来的人力发展。缺少任何一方面的绩效，组织注定发展受限。因此，每一位管理者都必须在这三个方面均有贡献。在三方面的贡献中，对"未来的人力发展"的贡献就来自激励工作。

4. 造就良性的竞争环境

科学的激励制度包含一种竞争精神，它的运行能够创造出一种良性的竞争环境，进而形成良性的竞争机制。在具有竞争性的环境中，组织成员就会受到环境的压力，这种压力将转变为员工努力工作的动力。正如道格拉斯·麦格雷戈（Douglas M. McGregor）所说："个人与个人之间的竞争，才是激励的主要来源之一。"

知识拓展

赞美员工是对员工进行激励的一个重要手段，但是，企业领导不能不考虑，只有赞美的激励是否能取得良好的效果呢？

对员工的赞美是必不可缺的，但一定要配合实际行动，做到体贴下属、关心下属，这才是构成完美激励的途径，这需要领导在生活和工作的细节上下功夫，才能达到最佳的效果。领导应该牢牢把握住员工的心理，再好听的漂亮话，如果没有切实的行动做保障，就会变成虚假的道具，时间久了，会让人厌恶的。

二、激励的理论

1. 内容型激励理论

研究人到底具有哪些不同类型的需要，不同类型的需要决定了组织应给员工提供哪些方面的刺激或激励因素。内容型激励理论研究的是"什么样的需要会引起激励"这样的问题，它说明了激发、引导、维持和阻止人的行为的因素，旨在了解人的各种需要，解释"什么会使员工努力工作"的问题，如马斯洛的需求层次理论、奥尔德弗的ERG理论、赫茨伯格的双因素理论等。

（1）需求层次理论。美国人本主义心理学家亚伯拉罕·马斯洛（Abraham H. Maslow）1943年在他的著作《人类动机的理论》中首次提出该理论。

需求层次理论的主要观点如下。

①人是有需求的动物，其需求取决于它已经得到了什么，还缺少什么，只有尚未满足的需求能够影响行为。换言之，已经得到满足的需求不再起激励作用。

②人的需求都是有层次的，前一层次的需求得到满足后，后一层次的需求才会出现。即只有前面的需求得到充分的满足后，后面的需求才会显示出激励作用。

③马斯洛将人的需求划分为高低两级，生理的需求和安全的需求称为较低级需求；而社交需求、尊重需求与自我实现需求称为较高级的需求。低级需求主要是从外部使人得到满足，而高级需求则是从内部使人得到满足。

④每一个人在某一特定时期总有某一层次的需求占据主导地位，称之为主导需求，其他需求则处于从属地位。主导需求产生激励人行为的主导动机。激励工作应主要针对激励对象的主导需求来采取措施。

⑤人的需求是处在连续地发展变化之中的，主导需求在不断变化，因而激励也应当是动态的。

（2）ERG理论。美国耶鲁大学的克雷顿·奥尔德弗（Clayton Alderfer）针对理解员工的工作需要提出了ERG理论。该理论重组了马斯洛的需求层次，将人的需要总结为三种。

①生存需要（Existence）。生存需要是指所有维持人生命的物质和生理欲望的需要，相当于马斯洛需求层次理论中的生理需求和安全需求。

②关系需要（Relation）。关系需要是指维持重要人际关系的需要，相当于马斯洛需求层次理论中的社交需求和尊重需求中的外部尊重需要。

③成长需要（Growth）。成长需要是指追求自我发展、获得自尊及充分发挥自己能力的需要。相当于马斯洛需求层次理论中的内部尊重需求和自我实现需求。

管理故事

李斌的工作调动

三年前，某计算机公司招聘录用两名计算机专业刚刚毕业的大学生张强和李斌。公司人事经理决定让他们从事市场营销工作。虽然两个人都愿意从事该项工作，但张强个性外向、热情、开朗，善于交际且主动；而李斌则与之相反。一年后，张强完全适应了销售工作，且成绩出色，被提升为部门副经理；而李斌表现一般，仅能完成上级交给的任务。过了一段时间后，李斌找人事主管谈话，说他准备辞职，对营销工作早已不感兴趣。人事主管经私下了解，得知李斌有极强的创新精神，高中时就获得过科技发明奖。人事主管和公司总经理找李斌一番长谈后，将李斌调到公司研究开发部工作。李斌到新的工作部门不到一年，两项发明就为公司创利五十多万元。

点评：管理者当好伯乐，用人之长，实现单位和个人发展的“双赢”。

（3）双因素理论。双因素理论也叫激励—保健理论，由美国心理学家弗雷德里克·赫茨伯格（Frederick Herzberg）于20世纪50年代后期提出。

双因素理论

赫兹伯格认为，能对工作带来积极态度、较多满意感和激励作用的因素多为工作内容或工作本身方面的因素，这叫作激励因素，比如成就感、同事认可、上司赏识、更多职责或更大成长空间等。能使员工感到不满意的，属于工作环境或工作关系方面的因素，叫作保健因素，如企业政策、管理措施、监督、人际关系、工作条件、工资福利等。

保健因素一般并不能起到激励的效果，但是当这些因素恶化到人们认为可以接受的水平以下时，就会产生反激励的效果，导致员工对工作不满意、消极怠工等消极行为。即使人们认为这些因素得到了满足，它也只是消除了不满意，并不会激发积极的态度。

激励因素是能带来积极态度、满意和激励作用的因素，包括能满足个人自我实现需要的因素，例如，成就、挑战性的工作、工作责任、成长和发展的机会等。

2. 过程型激励理论

过程型激励理论则研究“激励是怎样产生的”问题，解释人的行为是怎样被激发、引导、维持和阻止的，着重分析人们怎样面对各种满足需要的机会以及如何选择正确的激励方法，过程型激励理论解释的是“为什么员工会努力工作”和“怎样才会使员工努力工作”这两个问题。如弗鲁姆的“期望理论”、亚当斯的“公平理论”等。

（1）期望理论。耶鲁大学维克托·弗鲁姆（Victor H. Vroom）教授在1964年出版的著作《工作与激励》阐述了期望理论。

期望理论认为个体之所以能够从事某项工作并达成组织目标，是因为这些工作和组织目标会帮助个体达成自己的目标，满足个体某方面的需要。某一活动对个体的激励力量取决于他所能得到结果的全部预期价值乘以他认为达成该结果的期望概率。用公式可以表示为：

$$M=V\times E$$

式中：

M——激励力量，这是指调动一个人的积极性，激发出人的潜力的强度；

V——目标效价，指达成目标后对于满足个人需要价值的大小；

E——期望值，这是指根据以往的经验进行的主观判断，达成目标并能导致某种结果的概率。

期望理论提出在进行激励时要处理好三方面的关系：第一，努力与绩效的关系；第二，绩效与奖励的关系；第三，奖励与满足个人需要的关系。

（2）公平理论。组织公平感是指组织内人们对与个人利益有关的组织制度、政策和措施是否公平的感受。根据现有的研究成果，组织公平感主要包括三部分：分配公平感、程序公平感和互动公平感。

①分配公平感是指员工对组织报酬的分配是否有公平的感受。

②程序公平感是指员工对用于做出报酬决策的方法（即程序）是否有公平的感受。

③互动公平感。格林伯格（Greenberg）提出分配结果反馈执行时的人们之间的互动方式对公平感有一定的影响，包括：一种是“人际公平”，主要指在执行程序或决定结果时，权威或上级对待下属是否有礼貌、是否考虑到对方的尊严、是否尊重对方等；另一种是“信息公平”，主要指是否给当事人传达了应有的信息，即要给当事人提供一些解释，如为什么要用某种形式的程序或为什么要用特定的方式分配结果。

管理实践

黄一鸣的选择

助理工程师黄一鸣，一个名牌大学高才生，毕业后工作已4年，于2年前应聘调到一家大厂工程部负责技术工作，工作诚恳负责，技术能力强，很快就成为厂里有口皆碑的“四大金刚”之一，名字仅排在厂技术部主管陈工之后。然而，工资却并不高，夫妻小孩三口尚住在来时住的那间平房。对此，他心中时常有些不平。

李厂长，一个有名的、识才的老厂长，孙中山先生“人能尽其才，物能尽其用，货能畅其流”的名言，在各种公开场合不知被他引述了多少遍，实际上他也这样做了。两年前，黄一鸣调来报到时，门口用红纸写的“热烈欢迎黄一鸣工程师到我厂工作”几个不凡的颜体大字是李厂长亲自吩咐人秘部主任落实的，并且交代要把“助理工程师”的“助理”两字去掉。这确实使黄一鸣当时工作更卖劲。

1年前，厂里有指标申报工程师，黄一鸣属于有条件申报之列，但名额却让给一个没有文凭、工作平平的张同志。他想问一下厂长，谁知，他未去找厂长，厂长却先来找他了：“黄工，你年轻，机会有的是。”去年，他想反映一下工资问题，这问题确实重要，来这里其中一个目的不就是想多挣一点工资，提高一下生活待遇吗？但是几次想开口，都没有勇气讲出来。因为厂长不仅在生产会上大夸他的成绩，而且，曾记得，有几次外地人来取经，李厂长当着客人的面赞扬他：“黄工是我们厂的技术骨干，是一个有创新精神的……”哪怕厂长再忙，路上相见时，总会拍拍黄工的肩膀说两句，诸如“黄工，干得不错”“黄工，你很有前途”。这的确让黄一鸣兴奋，“李厂长确实是一个伯乐”。此言不假，前段时间，李厂长还把一项开发新产品的重任交给他，大胆起用年轻人，然而……

最近，厂里新建好了一批职工宿舍，听说数量比较多，黄一鸣决心要反映一下住房问题，谁知这次李厂长又先找他，还是像以前一样，笑着拍拍他的肩膀：“黄工，厂里有意培养你入党，我当你的介绍人。”他又不好开口了，结果家没有搬成。

深夜，黄一鸣对着一张报纸的招聘栏出神。第二天一早，李厂长办公桌上放着一张小纸条。

李厂长：

您是一个懂得使用人才的好领导，我十分敬佩您，但我决定走了。

黄一鸣

于2024年5月25日深夜

问题：

1. 根据马斯洛的需求层次理论，住房、评职称、提高工资和入党对于黄工来说分别属于什么需要？
2. 根据公平理论，黄工的工资水平比较低，是否合理？

三、激励的原则

人的心理、需求和行为的复杂性以及外部环境的多样性，决定了在不同的情形下对不同的人进行激励的复杂性和困难性。同时，激励总是存在一定的风险性，所以在制定和实施激励政策时，一定要谨慎。尽管如此，在管理中仍然有一些共同的激励原则可以遵循和参考。

1. 目标合理原则

激励往往和目标联系在一起，因此，应树立合理的目标以及尽可能准确、明确的绩效衡量标准。目标既不能过高，也不能过低。过高使员工的期望值降低，影响积极性，过低则会使目标的激励效果下降。

2. 物质激励与精神激励相结合的原则

好的激励应该是物质激励与精神激励的有机结合。物质激励是激励的一般模式，也是目前使用最为普遍的一种激励模式。涨薪、年终分红、各种奖金、股权及福利奖励等都是物质奖励的常用方式。与物质激励相比，精神激励满足的主要是员工的精神需求。精神激励相对而言不仅成本较低，而且常常能取得物质激励难以达到的效果。将精神激励和物质激励组合使用，可以大大激发员工的成就感、自豪感，使激励效果倍增。

3. 奖惩结合原则

有功则奖，有过则罚。对有贡献者奖励是必要的，而对有过失者实施适当的惩罚也是必要的。要坚持以正激励为主，负激励为辅。在进行奖惩时要注意奖惩分明，以奖为主。

4. 因人而异原则

激励的起点是满足员工的需要，但员工的需要因人而异、因时而异，并且只有满足最迫切需要（主导需要）的措施，其效价才高，其激励强度才大。因此，管理者必须努力与员工共同去发现其最大的激励因素：是物质奖励、培训、发展机会、良好的工作氛围，还是其他的什么回报。

5. 适度激励原则

激励要适度，奖励和惩罚不适度都会影响激励效果，同时增加激励成本。奖励过重会使员工产生骄傲和满足的情绪，失去进一步提高自己的欲望；奖励过轻会起不到激励效果，或者让员工产生不被重视的感觉。惩罚过重会让员工感到不公，或者失去对公司的认同，甚至产生怠工或破坏的情绪；惩罚过轻会让员工轻视错误的严重性，从而可能还会犯同样的错误。

6. 明确性原则

激励的明确性原则包括三层含义：其一，明确。激励的目的是需要做什么和必须怎么做；其二，直观。实施物质奖励和精神奖励时都需要直观地表达它们的指标，直观性与激励影响的心理效应成正比。其三，公开公平。特别是分配奖金等大量员工关注的问题时，更为重要。

7. 时效性原则

要把握激励的时机，“雪中送炭”和“雨后送伞”的效果是不一样的。激励越及时，越有利于将人们的激情推向高潮，使其创造力连续有效地发挥出来。

四、激励的技能

1. 激励要分层次

系统化的激励机制由五个层次构成：物质激励、精神激励、竞争激励、人才开发激励、产权激励。

物质激励是最基本的激励方法，其核心是内部分配制度。物质激励制度应包括以下内容：深入改革工资制度，充分体现按劳分配原则；加大内部分配浮动比例，实行骨干倾斜政策；丰富物质奖励手段，扩大激励效应。

精神激励是十分重要的激励手段，它通过满足员工的自尊、自我发展和自我实现的需要，在较高层次上调动员工的工作积极性，其激励深度大，效果维持时间长。精神激励主要有以下几种方式：目标激励、荣誉激励、参与激励、感情激励。

通过竞争制度的设立实现激励的效果。竞争激励包括：管理人员岗位公开招聘，实现竞争上岗；全员加强目标管理，实现优胜劣汰。

企业的高素质人才除了外部引进之外，更重要的是依靠企业自身对领导干部和普通员工进行系统和全面的培训，激发其潜能。即逐步建立系统的培训进程序列，尝试进行员工潜能开发。

以企业产权为基础确立的公司分配制度是激励机制的根本层次，因为它把员工的收入与企业效益通过固定的机制紧密地联系在一起。利润共享的主要手段：实施内部员工持股计划；对主要经营者实行奖励股票期权制度。

2. 激励和约束统一

激励机制是指在组织系统中，激励主体系统运用多种激励手段并使之规范化和相对固定化。激励只有形成机制，才能持续有效地发挥作用。

约束机制是根据经营业绩及对约束客体各种行为的监察结果，约束主体（企业所有者或市场）对约束客体（企业经营者或内部控制人）做出适时、公正的奖惩决定。

3. 激励要有针对性

"任何激励都适用于任何人"是激励认识中的误区。每个管理者首先要明确两个基本问题：第一，没有相同的员工；第二，在不同的阶段，员工会有不同的需求。对于不同的人应当具体分析，采取不同的激励方法。

激励政策的制定应以环境为基础。同一激励政策在不同的企业环境下，会得到不同的激励结果。

4. 激励中善用"皮格马利翁效应"

"皮格马利翁效应"，是教育心理学中的术语，意思是对受教育者进行心理暗示：你很行，你能够学得更好，从而使受教育者认识自我，挖掘潜能，增强信心。"皮格马利翁效应"能促使受激励者化压力为动力，快速适应岗位需要。"皮格马利翁效应"传达了管理者对员工的信任和期望值。而当下属出现失误时，更需要"皮格马利翁效应"的激励。

知识拓展

"皮格马利翁效应"来源于古希腊的一则神话。皮格马利翁是塞浦路斯的国王，他爱上了自己雕塑的一位少女，并且真诚地期望自己的爱能被接受，这种真挚的爱情和真切的期望感动了爱神阿佛洛狄忒，他给了雕塑以生命，皮格马利翁的幻想也变成了现实。员工是单位的主体，管理者只有在尊重员工、关心员工、帮助员工的前提下，才能最大限度地调动员工的工作积极性和创造性，做到人尽其才，才尽其用，各尽所能，各得其所，单位才能兴旺发达，实现"皮格马利翁效应"。

管理实践

F公司的激励难题

F公司是一家生产电信产品的公司。在创业初期，依靠一批志同道合的朋友，大家不怕苦不怕累，从早到晚拼命干。公司发展迅速，几年之后，员工由原来的十几人发展到几百人，业务收入由原来的每月十来万元发展到每月上千万元。企业大了，人也多了，但公司领导明显感觉到，大家的工作积极性越来越低，也越来越计较。

F公司的总裁黄明一贯注重思考和学习，为此特意到书店买了一些有关成功企业经营管理方面的书籍来研究，他在介绍松下幸之助的用人之道一文中看到这样一段话："经营的原则自然是希望能做到高效率、高薪资。效率提高了，公司才可能支付高薪资。但松下先生提倡‘高薪资、高效率’时，却不把高效率摆在第一个努力的目标，而是借着提高薪资，来提高员工的工作意愿，然后再达到高效率。”他想，公司发展了，确实应该考虑提高员工的待遇，一方面是对老员工为公司辛勤工作的回报，另一方面是吸引高素质人才加盟公司的需要。为此，F公司重新制定了薪酬制度，大幅度提高了员工的工资，并且对办公环境进行了重新装修。

高薪的效果立竿见影，F公司很快就聚集了一大批有才华、有能力的人。所有的员工都很满意，大家的热情高，工作十分卖力，公司的精神面貌也焕然一新。但这种好势头不到两个月，大家又慢慢回到懒洋洋、慢吞吞的状态。这是怎么回事？

问题：F公司的高工资没有换来员工工作的高效率，公司领导陷入两难的困惑境地，既苦恼又彷徨不知所措。那么症结在哪里？

同步测试

一、名词解释

激励　沟通

二、填空题

1. 从激励的内容来看，激励要分层次。系统化的激励机制由五个层次构成：________激励、________激励、________激励、________激励和________激励。

2. 沟通的类别因划分的标准不同而不同，按照方法划分，沟通可分为________沟通、________沟通、________沟通和________沟通。

三、判断题（正确的用T，错误的用F）

1. 没有需要动机的员工，其行为是无法激励的。（　）

2. 双因素理论认为，消除了人们工作中的不满意因素，就会使工作结果令人满意。（　）

3. 保健因素同工作内容有关，激励因素与工作环境有关。（　）

4. 非正式沟通是指通过正式组织途径以外的信息交流，这类沟通经常会给组织带来负面影响，因此应杜绝非正式沟通。（　）

5. 非正式沟通是正式沟通的重要补充形式。（　）

6. 马斯洛认为：任何人对各层次的需要满足都是相对的，例如，自我实现的需要只要满足40%就算相对满足了。（　）

7. 每个人都有一些基本的需要，但不同的人，其基本需要的内容不同。（　）

四、单选题

1. 独裁主义气氛比较浓厚的组织中信息沟通的主要方式可能是（ ）。

A. 自上而下　B. 自下而上　C. 横向交叉　D. 非正式沟通

2. 在正式组织环境中，正式沟通可以有链式、轮式、环式、全通道式和“Y”式五种沟通形态，它们各有优点，其中有助于实行分权管理的沟通形态是（ ）。

A. 链式沟通　B. 环式沟通　C. 轮式沟通　D. 全通道式沟通

3. 关于非正式沟通的如下说法中，哪一项是正确的？（ ）

A. 非正式沟通必须具备发送者和接收者这两个要素，所传递的内容无关紧要

B. 非正式沟通必须同时具备发送者、接收者和所传递的内容三个要素

C. 非正式沟通的流向是自上而下的

D. 非正式沟通的流向是自下而上的

4. 通常存在于参与的和民主的组织环境中的沟通方式是（ ）。

A. 自上而下的信息沟通　B. 自下而上的信息沟通

C. 横向的信息沟通　D. 交叉的信息沟通

5. 管理需要信息沟通，而信息沟通必须具备的三个关键要素是（ ）。

A. 传递者、接收者、信息渠道　B. 发送者、传递者、信息内容

C. 发送者、接收者、信息内容　D. 发送者、传递者、接收者

6. 马斯洛需求层次理论认为人的需要分为五个层次，它们从低到高的顺序是（ ）。

A. 生理的、安全的、社交的、自尊的和自我实现的需要

B. 安全的、生理的、社交的、自尊的和自我实现的需要

C. 自我实现的、自尊的、社交的、安全的和生理的需要

D. 生理的、自尊的、安全的、社交的和自我实现的需要

7. 比较马斯洛的“需求层次理论”和赫茨伯格的“双因素理论”，属于激励因素的是（ ）。

A. 自我实现与自尊需要　B. 社交需要与安全需要

C. 生理需要与安全需要　D. 自尊与社交需要

五、多选题

1. 激励的原则包括下列哪几项？（ ）

A. 目标合理原则　B. 奖惩结合原则

C. 因人而异原则　D. 适度激励原则

2. 影响有效沟通的主要障碍有哪几项？（ ）

A. 语言问题　B. 信息含糊或混乱

C. 环境干扰　D. 等级观念的影响

3. 有效的沟通技巧有哪几项？（ ）

A. 提高自身的表达能力　B. 培养倾听的技巧

C. 注意选择合适的时机　D. 注重单向沟通

六、简答题

1. 沟通在管理中的重要意义有哪些?
2. 简述激励的作用。
3. 举例说明激励理论的应用。
4. 简述激励的原则与艺术。
5. 沟通的基本技巧有哪些?
6. 马斯洛需求层次理论的主要内容有哪些?

项目实训

项目实训1 撕纸沟通游戏

请所有同学按老师的口令做，同时不可以向老师提问。①把纸张水平对折；②把纸张垂直对折；③撕下折叠过纸张的一个或多个角后继续下一个指令；④把经过多次折叠和撕角处理的纸张展开，与临近的参与者做对比，看最终展开来的纸张平面的几何形态是否相同或相似并把结果报知主持人以便统计结果来阐述问题。

问题：为什么会出现以上结果？对我们有何启示？

项目实训2 蒙眼作画

1. 游戏过程

所有学员用眼罩将眼睛蒙上，然后分发纸和笔，每人一份。要求蒙着眼睛将他们的家或者其他指定东西画在纸上。完成后，让学员摘下眼罩欣赏自己的作品。

2. 讨论

(1)为什么当他们蒙上眼睛，所完成的画并不是他们所期望的那样?

(2)怎样使这一工作更容易些?

(3)在工作场所中，如何解决这一问题?

3. 变化

(1)让每个人在戴上眼罩前将他们的名字写在纸的另一面。在他们完成图画后，将所有的图片挂到墙上，让学员从中挑选出他们自己画的那幅。

(2)老师用语言描述某一样东西，让学员蒙着眼睛画下他们所听到的，然后比较他们所画的图并思考，为何每个人听到是同样的描述，而画出的东西却是不同的，在工作时呢?

4. 所需时间

10~15分钟。

5. 教具

眼罩，纸，笔。

案例研讨

杨瑞的困惑

杨瑞是一个典型的北方姑娘，在她身上可以明显地感受到北方人的热情和直率，她喜欢坦诚，有什么说什么，总是愿意把自己的想法说出来和大家一起讨论，正是因为这个特点，她在上学期间很受老师和同学的欢迎。今年，杨瑞从西安某大学的人力资源管理专业毕业，她认为，经过四年的学习自己不但掌握了扎实的人力资源管理专业知识而且具备了较强的人际沟通技能，因此她对自己的未来期望很高。为了实现自己的梦想，她毅然只身去广州求职。

经过将近一个月的反复投简历和面试，在权衡了多种因素的情况下，杨瑞最终选定了东莞市的一家研究生产食品添加剂的公司。他之所以选择这家公司是因为该公司规模适中、发展速度很快，最重要的是该公司的人力资源管理工作还处于尝试阶段，如果杨瑞加入她将是人力资源部的第一个人，因此她认为自己施展能力的空间很大。但是到公司实习一个星期后，杨瑞就陷入了困境。

原来该公司是一个典型的小型家族企业，企业中的关键职位基本上都由老板的亲属担任，其中充满了各种裙带关系。尤其是老板安排了他的大儿子做杨瑞的临时上级，而这个人主要负责公司研发工作，根本没有管理理念更不用说人力资源管理理念，在他的眼里，只有技术最重要，公司只要能赚钱其他的一切都无所谓。但是杨瑞认为越是这样就越有自己发挥能力的空间，因此在到公司的第五天杨瑞拿着自己的建议书走向了直接上级的办公室。“王经理，我到公司已经快一个星期了，我有一些想法想和您谈谈，您有时间吗？”杨瑞走到经理办公桌前说。

“来来来，小杨，本来早就应该和你谈谈了，只是最近一直扎在实验室里就把这件事忘了。”

“王经理，对于一个企业尤其是处于上升阶段的企业来说，要持续企业的发展必须在管理上狠下功夫。我来公司已经快一个星期了，据我目前对公司的了解，我认为公司主要的问题在于职责界定不清；雇员的自主权力太小致使员工觉得公司对他们缺乏信任；员工薪酬结构和水平的制定随意性较强，缺乏科学合理的基础，因此薪酬的公平性和激励性都较低。”杨瑞按照自己事先所列的提纲开始逐条向王经理叙述。

王经理微微皱了一下眉头说：“你说的这些问题我们公司也确实存在，但是你必须承认一个事实——我们公司在盈利，这就说明我们公司目前实行的体制有它的合理性。”

“可是，眼前的发展并不等于将来也可以发展，许多家族企业都是败在管理上。”

“好了，那你有具体方案吗？”

“目前还没有，这些还只是我的一点想法而已，但是如果得到了您的支持，我想方案只是时间问题。”

“那你先回去做方案，把你的材料放这儿，我先看看然后给你答复。”说完王经理的注意力又回到了研究报告上。

杨瑞此时真切感受到了不被认可的失落，她似乎已经预测到了自己第一次提建议的结局。

果然，杨瑞的建议书石沉大海，王经理好像完全不记得建议书的事。杨瑞陷入了困惑之中，她不知道自己是否应该继续和上级沟通。

问题：

1. 你认为杨瑞的做法有哪些不妥之处？
2. 假如你是杨瑞，你会怎么做？

模块8

控制与评价

学习目标

知识目标

1. 了解控制的含义及必要性，掌握控制的类型与原则；
2. 掌握控制过程的主要关键环节；
3. 掌握控制的基本方法。

能力目标

1. 能够应用控制的基本方法解决一些实际问题；
2. 能够应用PDCA循环工作法解决工作中的实际问题。

素质目标

1. 培养坚持原则的工作作风；
2. 培养注重诚信的职业道德，树立责任意识、风险意识。

导入案例

美的集团高效管理之道

美的集团高度重视跨部门之间流程接口的简化及流程处理过程的高效，如在制冷家电集团，美的曾推行过“1131”流程工作项目，关键要求如下。

（1）一个接口。集团各事业部之间，每个单项流程在每个单位只允许有一个接口，实现流程在各单位的单点接触，流程在各单位内部的流转由各单位负责进行处理。

（2）一个工作日签批（反馈）。每个流程控制点的停留时间最多一天。

（3）三个签批控制点。每个单项流程原则上为三个签批控制点，超三个签批控制点的特殊流程倡导自主改善，尽可能压缩签批空间，并对相关签批控制点予以删减。

（4）一个工作日反馈。对于下达的工作任务在一个工作日内响应，向相关部门反馈执行或解决的时间进度。由于美的分权结构是高效的，管理决策点低，决策点贴近业务一线，跨部门之间流程接口简洁，流程效率要求高，所以它的流程设计也是高效的，加上美的务实进取的企业文化，这样的流程支撑了美的的快速反应与高效率，从而实现了对整个流程的高效控制。

那么，美的集团公司的高效控制是如何取得成功的？有效控制的原则与方法有哪些呢？

8.1 控制概述

一、控制的含义及其必要性

控制是对组织内部的管理活动及其效果进行衡量和校正，以确保组织的目标以及为此而拟订的计划得以实现的过程。控制是一项重要的管理职能。由于环境的变化、分权管理、组织成员工作能力的差异等原因，没有有效的控制，实际工作就有可能偏离计划，组织目标就有可能无法实现。

控制概述

1. 环境的变化

外界环境是不断变化的，产业结构、市场供求、资源条件、技术水平、国家的方针政策以及人的思想意识都在不断变化。这一系列的变化，必然会导致已定的计划与执行计划的活动不完全一致，需要采取一系列的控制手段与措施，对活动及时进行调整，保证目标的实现。

2. 分权管理

只要企业经营达到一定规模，企业主管就不可能直接地、面对面地组织和指挥全体员工的活动。时间与精力的限制要求他委托一些助手代理部分管理事务，即授权。企业分权程度越高，控制就越有必要。下级掌握着较多的管理与决策的权力，如果控制失效，管理人员无法完全准确或及时地了解下级的工作情况，可能会出现权力的滥用或活动不符合计划的现象，会导致组织管理内部成本提高，严重的会危及组织的生存。

企业管理者不可能事必躬亲，对属下进行授权是必要的。但是，怎样授权才是科学的、有效的？

首要的一条就是将权力授给能够胜任工作的人。建议你对下属进行完整的评价。如果你发现有的职员对自己的工作了解很深，并且远远超出你的预料，这些人就有可能具备担负重要工作任务的才能和智慧。如果你对职员的分析正确无误，那么选择能够胜任工作的人这一步就比较容易做好。但有一点也要记住，那就是你要尽量避免把所有的工作都交给一个人去做。

其次是对接受授权员工进行监督和控制。没有制约的权力是不可想象的。仅有授权而不实施反馈控制会招致许多麻烦，最可能出现的问题是下属会滥用他获得的权限。因此，在进行任务分派时就应当明确控制机制。首先要对任务完成的具体情况达成一致，而后确定进度日期，在这些时间里下属要汇报工作的进展情况和遇到的困难。控制机制还可以通过定期抽查得以补充，以确保下属没有滥用权力。但是要注意物极必反，如果控制过度，则等于剥夺了下属的权力，授权所带来的许多激励就会丧失。

3. 组织成员工作能力的差异

组织成员由于个人背景、学识和经历的不同，对信息的接受能力和判断能力存在差异，对计划的理解就难以完全一致；个人的工作能力的差异，完成工作的数量和质量不会完全相同。由于组织成员的认识能力和工作能力存在差异，会导致其实际工作的结果可能会与计划不符。某个环节可能产生的这种偏离计划的现象，就会对整个企业活动造成冲击。因此，加强对这些成员的工作控制是非常必要的。

二、控制的类型

1. 按照控制时间的先后划分

按照控制时间的先后，可将控制划分为事前控制、事中控制和事后控制三类，详见表8-1。

表8-1 控制的类型（按照控制时间的先后划分）

控制的类型	内容描述
事前控制	事前控制也称前馈控制或预先控制，是在工作正式开始前对工作中可能产生的偏差进行预测和估计并采取防范措施，将可能的偏差消除于产生之前的控制方式。其目的是保证某项活动有明确的绩效目标，保证各种资源要素的合理投放。计划是典型的事前控制。如市场调查、可行性分析、入学考试和体检等都属于事前控制。事前控制是在工作开始之前进行的，可以防患于未然，避免了偏差发生造成的实际损失；事前控制针对某项计划行动所依赖的条件进行控制，不针对具体人员，因而不易造成直接冲突，易于被员工接受并付诸实施

续表

控制的类型	内容描述
事中控制	事中控制也称同期控制、同步控制或现场控制，是与实际工作同步进行的控制。事中控制是基层主管人员的主要控制工作方法，因此也是控制工作的基础。事中控制是在某项活动或工作过程中进行的控制，管理者在现场对正在进行的活动给予指导和监督，其目的是及时纠正工作中发生的偏差。如生产进度控制等都属于事中控制。事中控制具有监督和指导两方面作用，有助于提高工作人员的工作能力和自我控制能力
事后控制	事后控制也称反馈控制，是在工作结束或行为发生之后进行的控制活动。事后控制的主要弊端是，在矫正措施实施之前，偏差、损失已经产生，只能“亡羊补牢”

管理故事

扁鹊兄弟治病之道

有一次魏文侯问扁鹊：“你们兄弟三人，谁的医术最高明？”扁鹊说：“我大哥最高，二哥次之，我最差。”魏文侯说：“那你说说道理吧！”扁鹊说：“我大哥治病是看病人的神色，病还没有表现出来他就把病给治了，所以他的名声不出家门。我二哥治病是在病人稍有不适的时候，所以他的名声不出巷子。而我扁鹊看病用的是疏通血脉的针、有毒副作用的汤汁、埋入肌肤之内的草药。所以我的名声反倒传遍了各个诸侯国。”

点评：医术高者隐于市，预防性控制会取得事半功倍的效果。

2. 按照控制的性质划分

按照控制的性质，可将控制划分为预防性控制和纠正性控制两类，详见表8-2。

表8-2 控制的类型（按照控制的性质划分）

控制的类型	内容描述
预防性控制	预防性控制为了避免产生错误和尽量减少今后的纠正活动，防止资金、时间和其他资源的浪费。例如，规章制度、工作程序和上岗培训等起着预防控制的作用
纠正性控制	纠正性控制在实际管理工作中使用得更普遍。采用纠正性控制往往是由于管理者没有预见问题，其目的是，当出现偏差时采取措施使行为或活动返回到事先确定的或所希望的水平

3. 按照控制方式划分

按照控制方式，可将控制划分为集中控制、分散控制和分层控制三类，详见表8-3。

表8-3 控制的类型（按照控制方式划分）

控制的类型	内容描述
集中控制	集中控制是指在组织中建立一个控制中心，由它来对所有的信息进行统一的加工、处理，并由这一控制中心发出指令，操纵所有的管理活动
分散控制	当信息量极大时，适宜采用分散控制方式。它的缺点是难以保证各分散系统的目标和总体目标的一致性，从而危及整体的优化，严重的甚至会导致失控
分层控制	分层控制是把集中控制和分散控制结合起来的控制方式

4. 按照控制对象划分

按照控制对象，可将控制划分为人员控制、财务控制、作业控制、信息控制和组织绩效控制五类，详见表8-4。

表8-4 控制的类型（按照控制对象划分）

控制的类型	内容描述
人员控制	组织人员是组织活动的主体，是组织计划的执行者和组织目标的实现者，所以管理控制首要的是对组织活动的相关人员进行有效的控制。人员的有效控制要求管理人员首先要了解员工行为的驱动力，既有内在的动力，如知识技能、需要和动机、情感态度等，又有外在的动力，如家庭、社会环境、组织文化等。对人员控制最常用的方法是直接巡视和实施评估。管理人员深入工作岗位直接观察员工的工作并纠正工作中出现的问题。管理者对员工的工作进行系统化的评估是一种非常正规的方法，通过评估来了解每一位员工的工作绩效。在实践中，管理者用各种各样的具体方法来影响和控制员工的行为，增大员工按计划去工作的可能性，如甄选聘用人员、实施目标管理、技能培训、制定相应制度政策、实施绩效评估、运用强化手段、宣扬组织文化等
财务控制	财务控制是为了实现企业预期财务目标，对企业财务活动的各个环节、各个方面，以及影响和制约公司财务绩效的各因素实施约束并对脱离预算或适度的偏差进行调节的一种管理活动。企业为了追求利润，保持企业的正常运作，必须进行财务控制，财务控制是通过审核各期的财务报表，把现金流量和债务负担控制在一个合理的水平，进而保障各项资产得到有效利用。财务控制是企业财务管理的重要内容，也是当今企业需要解决的重要问题。许多企业因为财务控制薄弱导致经济效益低下，甚至导致企业破产。在财务管理活动中常用一些财务比率指标来考察组织在利用资产、负债和库存等方面的效率，如流动比率、速动比率、资产负债率、利息收益比、存货周转率、总资产周转率、销售利润率和投资收益率等财务控制渗透到了管理控制的其他方面，如人员控制、生产控制等都涉及一些财务指标，因此我们可以把它看作管理控制的核心内容
作业控制	将劳动力、原材料、资本等资源转化成最终产品和服务提供给顾客，这是一个由此及彼、由内到外的有序集合体，这个有序的集合体就是组织的作业链。作业控制的目的是通过实施作业管理来优化企业的作业链，即尽量地去提高每个作业所创造的价值和降低该作业所消耗的资源。它通常包括①订货控制：即以尽可能低的价格提供生产所需的质量和数量的原材料；②存货控制：即保持合理的库存水平，以较低的存货成本保证组织生产经营的顺利进行；③质量控制：通过建立质量标准，进行质量检查对产品或服务出现的问题进行纠正；④对生产设施设备的控制；⑤对员工的控制：这是作业控制的一项重要内容，也是人员控制的一个方面，只是控制的对象根据工作性质更加具体化了

续表

控制的类型	内容描述
信息控制	信息遍布于组织活动的每个环节，是组织的一项重要资源，也是现代化管理的依据和基础，及时、准确、全面的信息是管理者做出正确决策的前提。因此，组织应该建立一个信息管理系统，对信息进行管理和控制，使其能在正确的时间，以正确的数量，为正确的人提供正确的数据信息。以计算机为工具的管理信息系统（MIS）在目前组织的信息管理活动中应用广泛
组织绩效控制	一般而言，我们可以从5个方面来衡量组织绩效：组织的生产率、组织财务状况、客户对组织的满意度、组织核心业务流程、组织学习成长和创新能力。对于组织绩效的控制是一种综合控制，它在很大程度上是通过对组织的财务活动进行控制来实现的，如总预算、损益控制及投资回收率等

三、控制的原则

为了达到对计划的有效控制，在控制执行工作中要遵循以下原则。

1. 系统性原则

系统是一个由各种相互作用、相互制约的要素为达到共同的目的而组成的有机体。系统控制是指在控制中要树立目的性、全局性、层次性的观点。为了保证计划的顺利实施，控制与计划、控制设立的各项标准及各种控制的技术和方法、实施控制活动的人员之间都要密切联系、相互制约和协调。

2. 例外原则

例外原则是泰勒的科学管理的主要原则之一。即企业的高级管理人员把例行的一般事务授权给下级管理人员处理，而自己只保留对例外事项的决策权。例如，重大的企业战略问题和重要的人员更替问题等。这样，既能保证稳定性的正常管理工作，又能应付特殊性的例外管理工作。

3. 及时准确性原则

控制工作需要大量及时准确的信息反馈，信息的及时性和准确性是控制执行的前提，没有准确及时的信息，控制工作就会像人在黑暗中失去了引路灯，无法顺利实施下去，既增加了控制的成本，也不会起到监控计划执行的作用。

4. 灵活性原则

任何一个控制系统，需要与外部进行正常的物质、能量和信息交换，同外部环境之间保持积极的动态适应关系，都必须充分考虑到各种变化的可能性，这就要求管理者制定多种应对变化的方案和留有一定的后备力量，并采用多种灵活的控制方式和方法来达到控制的目的。

5. 经济性原则

与所有其他经营活动一样，在管理中，控制的操作和执行应该是经济的，即做到以较低的控制成本来获得最大的控制效益，或者说要控制活动物有所值。控制系统一定要适合企业的业务和规模。一项控制系统无论设计得多么完美，如果需要耗费大量的人力和物力，都是不可取的。

8.2 控制的过程

控制是根据计划的目标与要求，对实际工作进行衡量和纠正的过程。对于组织的生产、财务、人员各环节的控制本质是一样的，都要经过确立衡量标准、评估绩效和纠正偏差这三个基本过程。

一、确立衡量标准

控制要根据计划来确定衡量工作绩效的标准，标准是一种评价成效的尺度，类型多样。制定控制的标准，要方便各种工作的衡量，具有可考核性和权威性；要根据控制的对象，分析其影响因素，寻找关键的控制点，有利于组织目标的实现；选择恰当的方法，并且保证标准的一致性和可实现性，要预测到未来的发展与变化，具有一定的弹性。

1. 确定控制对象及其影响因素

确立标准之前首先要对控制对象加以分析，明确组织运行中究竟哪些事务和环节需要进行控制。企业经营结果就是企业经营管理中的重要控制对象，通过销售额、费用、利润、资金周转率等指标衡量企业的盈利情况；通过实物标准、工作差错率等指标衡量生产的情况；通过效率指标可以对工作的进度进行控制。环境、资源投入和组织活动这些因素是影响企业经营结果的重要因素。制订计划和控制的标准的时候，重点强调对环境的正确认识。科学合理的控制标准是根据控制对象及其各种影响因素综合考虑而设计出来的。

2. 选择关键点控制

关键点往往是组织活动中对计划工作明确有利的或有强制约束性的因素，例如，盈利能力是企业的经营成败的重要标志之一，可以通过确定销售额、资金占用量、资金周转速度和利润指标等来衡量和控制。关键点不是固定不变的，而是动态的。例如，当产品供不应求的时候，控制的关键点应该是生产环节，重点是劳动生产率的提高；当产品供过于求的时候，竞争加剧，市场地位成为衡量其成功的重要因素，营销手段、成本、价格、质量、服务等方面的控制就表现出重要的作用。因此，在选择关键点的时候要根据组织的具体情况、环境的要求和计划的目标综合考虑。

3. 制定控制的标准

标准是人们检查和衡量工作及其结果（包括阶段结果与最终结果）的规范。没有一套完整的标准，衡量绩效或纠正偏差就失去了客观依据。控制标准可分为定量标准和定性标准两大类。

定量标准主要分为实物标准、时间标准和价值标准。如产量、工时定额、工期和成本、利润、销售收入等。

定性标准，主要是有关服务质量、组织形象等方面的，一般难以定量化。但为了使定性标准便于掌握，有时也应尽可能地采用一些可度量的方法。如美国著名的麦当劳公司，规定服务员必须在顾客离开后5分钟内把餐桌打扫干净；事先准备好的汉堡包必须在5分钟内热好供应顾客；95%以上的顾客进餐馆后3分钟内，服务员必须迎上前去接待顾客。

二、评估绩效

确定了合理的标准，就要以标准为尺度，对实际工作进行评估，从而发现实际工作与计划之间的差距。管理者在评估工作成绩的过程中应注意以下几个问题。

（1）通过评估成绩，检验评估标准的有效性及其评估方法与手段的可行性。

（2）确定适宜的评估频度。过频的评估，不仅会增加控制的费用，而且可能引起有关人员的不满，从而影响他们的工作态度。

（3）建立信息管理系统。要注意评估信息的及时性、可靠性和适用性。只有掌握全面的信息，才能迅速有效地进行纠偏工作。

控制的目的不是衡量绩效，而是达到预定的绩效。

三、纠正偏差

衡量工作的目的是发现实际工作与计划的差距，分析原因，采取措施纠正偏差，使组织运行保持正常良好的状态。在纠正偏差的过程中需要注意以下方面的问题。

（1）正偏差和负偏差要同样重视。正偏差是指实际业绩超过了计划要求，而负偏差是指实际业绩未达到计划要求。负偏差固然引人注目，需要分析，正偏差也要进行原因分析。如果是由于环境变化导致的有益的正偏差，则要修改原有计划以适应变化了的环境。

（2）判断偏差可能导致的结果。有的偏差是偶然的、暂时的、局部的，不会对组织运行结果产生不良影响，可以不对其进行重点分析；有的偏差表现出计划工作执行过程中的重大问题，对组织活动的效率构成威胁，就需要认真分析导致偏差的主要原因。

（3）找出偏差产生的主要原因。

（4）制定恰当的纠偏措施。

①改进工作方法。达不到原定的控制标准，工作方法不当是主要原因之一。

②改进组织和领导工作。组织方面的问题主要有两种：一是计划制订好之后，组织实施工作没有做好；二是控制工作本身的组织体系不完善，不能对已产生的偏差加以及时跟踪与分析。在这两种情况下，都应改进组织工作。偏差也可能是由于执行人员能力或积极性不高而导致的，那么就需要通过改进领导方式和提高领导艺术来矫正偏差。

③调整或修正原有计划或标准。偏差较大，有可能是由于原计划安排不当而导致的；也有可能是由于内外环境的变化，使原计划与现实状况之间产生了较大的偏差。不论是哪一种情况，都要对原计划加以适当的调整。

8.3 控制的技术与方法

组织在管理活动中，可以利用各种技术、使用多种方法来进行控制活动，如预算控制、目标管理、全面质量管理、比率分析、审计控制等。

控制方法

一、预算控制

1. 预算的概念

预算也称为预算编制，是一种计划，是用数字编制来反映组织在未来某一个时期的综合计划，也可以简单地将预算理解为计划的数量体现，即用数字来表明预期的结果。它预估了组织在未来时期的经营收入或现金流量，也限定了各项活动的资金、人力、材料、设施、能源等方面的支出额度。

从上述概念里我们可以看出：

预算是一种计划。为了实现计划目标，它首先要确定各种管理工作的收入（产出）与支出（投入）各是多少；还要明确为什么必须收入（产出）这么多数量，以及为什么需要支出（投入）这么多数量；然后计划什么时候实现收入（产出）以及什么时候支出（投入），必须使得收入与支出取得平衡。

预算是一种预测。它是对未来一段时期内的收支情况的预计，可以采用统计方法、经验方法或工程分析法。预算的数字是估计的，在大数力求准确的情况下可以忽略小数，这一点不同于财务账目，财务记录要求做到准确无误。

预算主要是一种控制手段。编制预算实际上就是控制过程的第一步，即拟订标准。由于预算是以数量化的方式来表明管理工作的标准，从而预算本身具有可考核性。编制预算有助于根据标准来评定工作成效，当计划营业收入（产出）数与计划成本投入数发生巨额差异时，向决策者和责任经理们发出信号，促使他们找出偏差，并采取纠正措施，消除偏差。

组织在未来时期的几乎所有活动都可以利用预算来进行控制。预算是为组织内部的每一个分部、部门编制的，无论这些单位的规模多小，只要是执行独立的项目和功能，就应该编制预算。

2. 预算控制的概念

预算控制是指通过编制预算并根据预算规定的收入和支出标准为基础，来检查、监督和控制组织各个部门的生产经营活动，在活动过程中比较预算和实际的差距及原因，以保证各种活动或各个部门在充分达成既定目标实现利润的过程中对经营资源的利用，从而费用支出受到严格有效的约束。组织中的预算控制体系如表8-5所示。

表8-5　组织中的预算控制体系

组织层次	控制的内容
公司层次	1. 方针　2. 在行业中的位置　3. 组织结构　4. 销售　5. 采购　6. 财务　7. 利润　8. 研究与发展
分公司层次	1. 产出　2. 原材料和人工成本　3. 产品质量
运作层次	1. 人工标准　2. 原材料标准　3. 间接变动成本　4. 废品

续表

组织层次	控制的内容
职能层次	1. 销售：产品、广告、赊销、销售人员、产品组合 2. 采购：质量、成本、存货 3. 财务：现金、应收账款和应付账款、资本支出、资本结构 4. 研究与开发：纯理论和应用型、新产品、降低成本、单个项目 5. 人事：选拔和培训、激励、工资和薪水

以上控制项目大部分都是可以数字化的。通过编制预算有助于改进计划工作，更有效地确定目标和拟定标准。但是，预算的最大价值还在于它有助于改进协调和控制工作。当为组织的各个职能部门都编制了预算时，就为协调组织的活动奠定了基础。同时，由于对预期结果的偏离将更容易被查明和评定，预算也为控制工作中的纠正措施奠定了基础。所以预算可以导向更好的计划和协调，并为控制提供基础。此外，要使预算对主管人员具有指导和约束作用，预算就必须反映组织的机构状况。要充分按照各部门业务工作的需要来制订、协调并完善计划，才有可能编制一个足以作为控制手段的分部门预算。将各种计划缩略为一些确切的数字，有助于主管人员清楚地看到哪些资金将由谁来使用，将由哪些单位使用，并涉及哪些费用开支计划，收入计划和以实物表示的投入量和产出量计划。主管人员明确了这些情况，就可以放手地授权下属，以便使之在预算的限度内去实施计划。

3. 预算的内容

不同组织、同一组织的不同时期，由于其经营活动的不同，预算表中的项目会有所差异。一般来说预算内容主要包括经营预算、投资预算和财务预算三个方面。

（1）经营预算。经营预算是指企业日常发生的各项活动的预算。它主要包括销售预算、生产预算、直接材料采购预算、直接人工预算、制造费用预算、单位生产成本预算、推销及管理费用预算等。其中最基本和最关键的是销售预算。由于销售预测是计划的基础，加之企业主要靠销售产品和劳务所提供的收入维持经营并获得利润，因而销售预算也就成为预算控制的基础。生产预算是根据销售预算中的预计销售量，按产品品种、数量分别编制的。生产预算编好后，还应根据分季度的预计销售量，经过对生产能力的平衡排出分季度的生产进度日程表，或称为生产计划大纲，在生产预算和生产进度日程表的基础上，可以编制直接材料采购预算、直接人工预算和制造费预算，这三项预算构成对企业生产成本的统计。而推销及管理费用预算，包括制造业务范围以外预计发生的各种费用明细项目，如销售费用、广告费、运输费等。对于实行标准成本控制的企业，还需要编制单位生产成本预算。

（2）投资预算。投资预算是对企业的固定资产的购置扩建、改造、更新等，在可行性研究的基础上编制的预算。它具体反映在何时进行投资、投资多少、资金从何处取得、何时可获得收益、每年的现金流量为多少、需要多少时间回收全部投资等。由于投资的资金来源往往是企业的限定因素之一，而对厂房和设备等固定资产的投资又往往需要很长时间才能收回，因此，投资预算应当力求和企业的战略以及长期计划紧密联系在一起。

（3）财务预算。财务预算是指企业在计划期内反映预计现金收支、经营成果和财务状况的预算。它主要包括现金预算、预算收益表和预计资产负债表。

①现金预算主要反映计划期间预计的现金收支的详细情况。在完成了初步的现金预算后，就可以知道企业在计划期间需要多少资金，财务主管就可以预先安排和筹措，以满足资金的需求。为了有计划地安排和筹措资金现金，预算的编制期应越短越好。西方国家有不少企业以周为单位，逐周编预算，甚至还有按天编制的。中国最常见的是按季和按月进行编制。

②预算收益表（或称为预计利润表）是用来综合反映企业在计划期生产经营的财务情况，并作为预计企业经营活动最终成果的重要依据，是企业财务预算中最主要的预算表之一。

③预计资产负债表主要用来反映企业在计划期末那一天预计的财务状况。它的编制需以计划开始日的资产负债表为基础，然后根据计划期各项预算的有关资料进行必要的调整。

4．预算的方法

（1）增量预算法与减量预算法。增量预算法与减量预算法是指在上年度预算实际执行情况的基础上，考虑了预算期内各种因素的变动，相应增加或减少有关项目的预算数额，以确定未来一定期间收支的一种预算方法。如果在基期实际数基础上增加一定的比率，则叫“增量预算法”；反之，若是基期实际数基础上减少一定的比率，则叫“减量预算法”。

这种方法主要适用于在计划期由于某些采购项目的实现而应相应增加的支出项目。如预算单位计划在预算年度上采购或拍卖小汽车，从而引起的相关小车燃修费、保险费等采购项目支出预算的增减。其优点是预算编制方法简便、容易操作。缺点是以前期预算的实际执行结果为基础，不可避免地受到既成事实的影响，易使预算中的某些不合理因素得以长期沿袭，因而有一定的局限性。同时，也容易使基层预算单位养成资金使用上“等、靠、要”的思维习惯，滋长预算分配中的平均主义和简单化，不利于调动各部门增收节支的积极性。

（2）零基预算法。零基预算法就是指对所有的单位收支，完全不考虑以前的水平，重新以零为起点而编制的预算形式。零基预算在编制年度预算时，对各项预算支出均不以上年预算为基数，一切从零开始，按日常经费和专项经费两部分重新核定，做到该保留的保留，应取消的取消，确需增加的予以增加。这种预算不对历史基础数据进行修修补补，而是重新审查每项活动对实现目标的意义和效果，要消除今年存在的费用支出在下一年度就一定存在的习惯性心理。然后在成本效益分析的基础上，重新排出各项目的优先次序，并据此决定资金和其他资源的分配。

在实际编制中，增量预算和零基预算可以根据不同项目的需要结合使用。如人员工资、租赁费等使用增量预算，资本性的支出，如家具、设备等的添置则应使用零基预算。

运用零基预算法编制预算，在操作上需要把握好四个步骤。

第一，列出所有预算项目，即需要花钱的项目，逐一分析其必要性。

第二，在分析的基础上确定哪些项目是必须保留的。

第三，对保留安排预算的项目进行排序。一般按照轻重缓急的顺序权衡轻重，区分层次，确定先后次序。

第四，有序地分配资金，编制预算（表8-6）。

例：根据以下支出项目，试用增量预算法和零基预算法来编制6万元的部门预算。

表8-6 部门预算表

项目名称	上年实际支出（万元）	预算年度数（万元）	
		增量预算	零基预算
图书资料费	0.5		
水电费	1		
市内交通费	0.5		
办公用品费	0.5		
电话通信费	0.2		
办公设备购置费（购置电脑）	0.8		
维修费	1		
合计	4.5		

（3）固定预算与弹性预算。固定预算又称静态预算，是以预算期内正常的、可实现的某一业务量水平为基础来编制的预算。用这个方法做出来的预算，算多少是多少，一般情况金额都不变。所以，适用于固定费用或者数额比较稳定的预算项目。弹性预算在按照成本（费用）习惯性分类的基础上，根据量、本、利之间的依存关系，考虑到计划期间业务量可能发生变动，编制出一套适应多种业务量的费用预算。对于固定性成本（费用）采用固定预算编制方法，对于变动性成本（费用）采用弹性预算编制方法。

（4）定期预算与滚动预算。定期预算是以不变的会计期间作为预算期。多数情况下该期间为一年，并与会计期间相对应。滚动预算是指在编制预算时，将预算期与会计期间脱离，随着预算的执行不断地补充预算，逐期向后滚动，使预算期间始终保持在一个固定的长度（一般为12个月）。

5. 预算的作用

（1）使企业在不同时期的活动效果和不同部门的经营绩效具有可比性。

（2）预算的编制为企业的各项活动确立了财务标准。

（3）通过为不同职能部门和职能活动编制预算，也为协调企业活动提供了依据。

（4）数量形式的预算标准方便了控制过程中的绩效衡量工作。

6. 预算的局限性

（1）只能帮助企业控制那些可以用货币计量的活动，会忽视那些不能计量的企业文化、企业形象的改善。

（2）编制预算通常参照上期的预算项目和标准，从而会忽视本期活动的实际需要。

（3）在企业的外部环境不断变化中，编制收入和支出的预算有点不合时宜。

（4）对于项目预算和部门预算一般限制了费用的支出，使得主管在活动中精打细算，不可超支，由此可能局限项目的发展。

二、目标管理

1. 目标管理的含义

目标管理是以目标为导向，以人为中心，以成果为标准，使组织和个人取得最佳业绩的现代管理方法。目标管理亦称“成果管理”，俗称责任制，是指在企业个体职工的积极参与下，自上而下地确定工作目标，并在工作中实行“自我控制”，自下而上地保证目标实现的一种管理办法。

目标管理是由美国著名管理学家彼得·德鲁克在1954年的著作《管理实践》中提出的一种管理方法，并由其他一些人发展，逐步成为许多国家普遍采用的一种系统地制定目标、并据此进行管理和监督控制组织行为的一种有效方法。它是以泰勒的科学管理和后来的行为科学（其中的参与管理）为基础形成的一套管理制度。凭借这种制度，可以使员工亲自参加目标的制定，实现“自我控制”，并努力完成目标。对于员工的工作成果，由于有明确的目标作为考核标准，从而使对员工的评价和奖励做到更客观、更合理，因而可以大大激发员工为完成目标而努力。这种管理制度在美国得到了广泛应用，被称为“管理中的管理”。

管理故事

驴子的感叹

唐太宗贞观年间，有一匹马和一头驴子，它们是好朋友。贞观三年，这匹马被玄奘选中，前往印度取经。

17年后，这匹马驮着佛经回到长安，便到磨房会见它的朋友驴子。马谈起这次旅途的经历：浩瀚无边的沙漠、高耸入云的山峰、炽热的火山、奇幻的波澜……神话般的境界，让驴子听了大为惊异。

驴子感叹道：“你有多么丰富的见闻呀！那么遥远的路途，我连想都不敢想。”

马说：“其实，我们跨过的距离大体是相同的，当我向印度前进的时候，你也一刻没有停步。不同的是，我同玄奘大师有一个遥远的目标，按照始终如一的方向前行，所以我们走进了一个广阔的世界。而你被蒙住了眼睛，一直围着磨盘打转，所以永远也走不出狭隘的天地……”

马和驴子最大的差别就在于目标的不同，最终导致了不同的结果。

点评：企业或团队有目标不等于有好目标。好目标一定要结合企业的长远发展和员工的特点来制定。彼得·德鲁克说：“目标并非命运，而是方向。目标并非命令，而是承诺。目标并不决定未来，而是动员企业的资源与能源以便塑造未来的那种手段。”

2. 目标管理的原则

目标管理应遵循以下四个原则。

（1）科学制定目标。目标管理能不能产生理想的效果、取得预期的成效，首先就取决于目标的制定。科学合理的目标是目标管理的前提和基础，脱离了实际的工作目标，轻则影响工作进程和成效，重则使目标管理失去实际意义，影响企业发展大局。

（2）严格控制成本。目标管理以目标的达成为最终目的，考核评估也是重结果轻过程。这很容易让目标责任人重视目标的实现，轻视成本的核算，特别是当目标运行遇到困难可能影响目标的适时实现时，责任人往往会采取一些应急的手段或方法，这必然导致实现目标的成本不断上升。作为管理者，在督促检查的过程当中，必须对运行成本做严格控制，既要保证目标的顺利实现，又要把成本控制在合理的范围内。因为，任何目标的实现都不是不计成本的。

（3）认真督促检查。目标管理关键在管理。在目标管理的过程中，丝毫的懈怠和放任自流都可能贻害巨大。作为管理者，必须随时跟踪每一个目标的进展，发现问题及时协商、及时处理、及时采取正确的补救措施，确保目标运行方向正确、进展顺利。

（4）考核评估到位。任何一个目标的达成、项目的完成都必须有一个严格的考核评估。考核、评估、验收工作必须选择执行力较强的人员开展，必须严格按照目标管理方案或项目管理目标，逐项进行考核并得出结论，对目标完成度高、成效显著、成绩突出的团队或个人按章奖励，对失误多、成本高、影响整体工作的团队或个人按章处罚，真正达到表彰先进、鞭策落后的目的。

3. 目标管理的过程与方法

（1）制定目标。①制定依据。根据企业的经营战略目标，制定公司年度整体经营管理目标。

②目标分类。根据不同的标准进行分类。结合企业实际，主要制定三类目标。一是按照作用不同分为经营目标和管理目标，如经营目标包含销售额、费用额、利润率等指标，管理目标包含客户保有率、新产品开发计划完成率、产品合格率、物料报废控制率，安全事故控制次数等；二是按照管理层级分为公司目标、部门目标和个人目标；三是按评价方法的客观性与否分为定量目标和定性目标，定量目标包含销售额、产量等，定性目标包含制度建设、团队建设和工作态度等。

③制定方法。符合SMART原则（S=Specific，M=Measurable，A=Attainable，R=Relevant，T=Time-bound）。

S是指要具体明确，尽可能量化为具体数据，如年销售额5000万元、费用率25%、存货周转一年5次等；不能量化尽可能细化，如对文员工作态度的考核可以分为工作纪律、服从安排、服务态度、电话礼仪、员工投诉等。

M是指可测量的，要把目标转化为指标，指标可以按照一定标准进行评价，如主要原料采购成本下降10%，即在原料采购价格波动幅度不大的情况下，同比采购单价下降10%。

A是指可达成的，要根据企业的资源、人员技能和管理流程配备程度来设计目标，保证目标是可以达成的。

R是指相关性，各项目标之间有关联，相互支持，符合实际。

T是指有时间期限，各项目标要定出明确的完成时间或日期，便于监控评价。

④沟通一致。制定目标既可以采取由上到下的方式、也可以采取由下到上的方式，还可以两种方式相结合。并且要全面沟通，认可一致。公司总经理要向全体员工宣讲公司的战略目标，向部门经理或关键员工详细讲解重要的经营目标和管理目标，部门之间相互了解、理解、认可关联性的目标，上司和下属要当面沟通、确认下属员工的个人目标。

（2）分解目标。公司整体目标分解成部门目标，部门目标分解为个人目标，并量化为经济指标和管理指标。根据公司的现状，首先可以在营销部门、生产部门、采购部门实施全员目标管理，其他后勤支持部门先推行部门级目标管理。例如，把公司销售额目标分解为销售大区、省、市、县的销售额目标成本；把公司成本下降目标分解到采购成本下降指标、生产成本下降指标、货运成本下降指标或行政办公费用下降指标等；采购成本下降指标又可以再分解成原料成本下降指标、包装成本下降指标等。这样，建立企业的目标网络，形成目标体系图，通过目标体系图把各部门的目标信息显示出来，就像看地图一样，任何人一看目标网络图就知道工作目标是什么，遇到问题时需要哪个部门来支持。

（3）实施目标。要经常检查和监控目标在实施过程的执行情况和完成情况。如果出现偏差，及时从资源配置、团队能力和管理系统等方面分析原因，及时补充或强化，确有必要再调整目标。

（4）信息反馈处理。在进行目标实施控制的过程中，会出现一些不可预测的问题，如目标是年初制定的，年中出现了不可控的意外事件，那么年初制定的目标就不能实现。因此在考核时，要根据实际情况对目标进行调整和反馈。

（5）检查实施结果及奖惩。按照制定的指标、标准对各项目标进行考核，依据目标完成的结果和质量与部门、个人的奖惩挂钩，甚至与个人升迁挂钩。

管理实践

某制药公司的目标管理

一家制药公司决定在整个公司内实施目标管理，根据目标实施和完成情况，一年进行一次绩效评估。事实上他们之前在为销售部门设计奖金系统时已经用了这种方法。公司通过对比实际销售额与目标销售额，支付给销售人员相应的奖金。这样销售人员的实际薪资就包括基本工资和一定比例的个人销售奖金两部分。

销售额大幅度提上去了，但是却苦了生产部门，他们很难完成交货计划。销售部抱怨生产部不能按时交货。总经理和高级管理层决定为所有部门和个人经理以及关键员工建立一个目标设定流程。为了实施这个新的方法他们需要用到绩效评估系统。生产部门的目标包括按时交货和库存成本两个部分。

他们请了一家咨询公司指导管理人员设计新的绩效评估系统，并就现有的薪资结构提出改变的建议。他们付给咨询顾问高昂的费用，请他们修改基本薪资结构，包括岗位分析和工作描述。还请咨询顾问参与制定奖金系统，该系统与年度目标的实现程度密切相关。他们指导经理们如何组织目标设定的讨论和绩效管理流程。总经理期待着很快能够提高业绩。

然而不幸的是，业绩不但没有上升，反而下滑了。部门间的矛盾加剧，尤其是销售部和生产部。生产部埋怨销售部销售预测准确性太差，而销售部埋怨生产部无法按时交货。每个部门都指责其他部门，客户满意度下降，利润也在下滑。

问题：为什么设定目标（并与工资挂钩）反而导致了矛盾加剧和利润下降？本案例中的问题可能出在哪里？

三、全面质量管理

1. 全面质量管理的含义

质量管理一直是组织经营的一项重要内容，也是对相关组织活动实施控制的一种重要手段。随着组织管理理论的演变，质量管理经过了从检验质量管理、统计质量管理到全面质量管理的演变。全面质量管理，就是以质量为中心，全体职工和有关部门积极参与，把专业技术、经济管理、数理统计和思想教育结合起来，建立起产品的研究、设计、生产等全过程的质量体系。全面质量管理作为一种全新的质量管理观点和方式，是企业为了保证和提高产品质量，综合运用一整套质量管理体系、手段和方法所进行的系统性管理活动。

20世纪60年代，全面质量管理产生于美国，后来在西欧与日本逐渐得到推广与发展。它应用数理统计方法进行质量控制，使质量管理实现定量化，变产品质量的事后检验为生产过程中的质量控制。它通过计划—实施—检查—处理的质量管理循环，提高质量管理效果，保证和提高产品质量。因此，它比传统的质量检验、统计质量控制等质量管理更加完善与全面。全面质量管理是一个系统化、综合化的管理方法，是一套能够控制质量、提高质量的管理技术和科学技术。

2. 全面质量管理的基本内容

全面质量管理过程的全面性，决定了全面质量管理的内容应当包括设计过程、制造过程、辅助过程、使用过程这四个过程的质量管理。

（1）设计过程质量管理。产品设计过程的质量管理是全面质量管理的首要环节。这里所指的设计过程，包括市场调查、产品设计、工艺准备、试制和鉴定等过程（即产品正式投产前的全部技术准备过程）。主要工作内容包括通过市场调查研究，根据用户要求、科技情报与企业的经营目标，制定产品质量目标；组织有销售、使用、科研、设计、工艺、制度和质管等多部门参加的审查和验证，确定适合的设计方案；保证技术文件的质量；做好标准化的审查工作；督促遵守设计试制的工作程序。

（2）制造过程质量管理。制造过程是指对产品直接进行加工的过程。它是产品质量形成的基础，是企业质量管理的基本环节。它的基本任务是保证产品的制造质量，建立一个能够稳定生产合格品和优质品的生产系统。主要工作内容包括组织质量检验工作；组织和促进文明生产；组织质量分析，掌握质量动态；组织工序的质量控制，建立管理点等。

（3）辅助过程质量管理。辅助过程是指为保证制造过程正常进行而提供各种物资技术条件的过程。它包括物资采购供应，动力生产，设备维修，工具制造，仓库保管，运输服务等。它主要的内容有：做好物资采购供应（包括外协准备）的质量管理，保证采购质量，严格入库物资的检查验收，按质、按量、按期地提供生产所需要的各种物资（包括原材料，辅助材料，燃料等）；组织好设备维修工作，保持设备良好的技术状态；做好工具制造和供应的质量管理工作等。另一方面，企业物资采购的质量管理也将日益显得重要。

（4）使用过程质量管理。使用过程是考验产品实际质量的过程，它是企业内部质量管理的继续，也是全面质量管理的出发点和落脚点。这一过程质量管理的基本任务是提高服务质量（包括售前服务和售后服务），保证产品的实际使用效果，不断促使企业研究和改进产品质量。它主要的工作内容有：开展技术服务工作，处理出厂产品质量问题；调查产品使用效果和用户要求。

管理实践

公司的审核员

某公司新产品研制均由产品设计工艺负责人负责，从研制到投产所有技术问题均由他一个人负责。审核员想了解对产品工艺的有关规定，开发部经理说："这些东西都在产品设计工艺负责人脑子里，为了保密，只在个人的笔记本里有记录，没有整理成文件。"审核员要求查看笔记本，经理拿来一个项目的笔记本，审核员看到上面密密麻麻写了很多的内容，多是平时做试验的记录，没有一定的格式。审核员问开发部经理："你看得明白吗？"经理说："都是当事人自己记的，我一般不看他们的记录，一切由产品设计工艺负责人自己负责。"审核员看到该公司多数的研制人员都是原来从研究所出来的，平均年龄在50岁以上。审核员问："这些笔记本以后上交吗？"经理说："没有明确的规定。"审核员又问："如果设计人员不在了怎么办？"经理说："不知道，好多年来都是这么规定的，没考虑以后的事。"

问题：

1. 请评价该公司的做法。
2. 该公司在质量管理方面存在哪些问题？

3. 全面质量管理的特点

全面质量管理包含以下特点。

（1）拓宽管理跨度，增进组织纵向交流。

（2）减少劳动分工，促进跨职能团队合作。

（3）实行防检结合，以预防为主的方针，强调企业活动的可测度和可审核性。

（4）最大限度地向下委派权力和职责，确保对顾客需求的变化做出迅速而持续的反应。

（5）优化资源利用，降低各个环节的生产成本。

（6）追求质量效益，实施名牌战略，获取长期竞争优势。

（7）焦点从技术手段转向组织管理，强调职责的重要性。

（8）不断对员工实施培训，营造持续质量改进的文化，塑造不断学习、改进与提高的文化氛围。

4. 全面质量管理的实施措施

（1）采用科学的、系统的方法。目前，全面质量管理的很多方法和技术都引起了广泛的重视，例如，可以成立质量管理小组，定期讨论解决实施该项工作中遇到的问题，找出解决办法；实施业务外包，把公司内部职能承包给相关领域内较强的外部单位；简化工作周期；持续改进等。除此之外，还包括统计质量控制技术和方法、质量功能展开（Quality Function Deployment，QFD）和6σ法等这些定量的分析。QFD是对产品性能进行定量描述，实现对功能的量化评价。6σ模式是一种自上而下的革新方法，它由企业最高管理者领导并驱动，由最高管理层提出改进或革新目标、资源和时间框架。推行6σ模式采用由定义、测量、分析、改进、控制构成的改进流程。这种革新方法强调定量方法和工具的运用，强调对顾客需求满意的详尽定义与量化表述，每一阶段都有明确的目标并由相应的工具或方法辅助。

（2）以预防为主，实施事先控制。预防性质量管理是全面质量管理区别于质量管理初级阶段的特点之一。进入20世纪90年代以后，新的生产模式，包括适时生产、精益生产、敏捷制造等对事先控制提出了更高的要求，在产品的生产阶段，除了统计过程控制外，新的基于计算机的预报、诊断技术及控制技术受到越来越广泛的重视，使生产过程的预防性质量管理更为有效。同时，80%的产品质量问题是在产品设计阶段发生的，预防性质量管理在设计阶段更为重要。在产品设计阶段采用故障模式与影响分析以及失效树分析等方法找出产品薄弱环节，加以改进和消除隐患，已成为全面质量管理的重要内容。

管理实践

哈勃空间望远镜

经过长达15年的精心准备，耗资15亿美元的哈勃空间望远镜终于在1990年4月发射升空。但是，美国国家航天局仍然发现望远镜的主镜片存在缺陷。由于直径达4.3米的主镜片的中心过于平坦，导致成像模糊。因此望远镜对遥远的星体无法像预期那样清晰地聚焦，结果造成一半以上的实验和许多观察项目无法进行。

更让人觉得可悲的是，如果有一点更好的控制，这些是完全可以避免的。镜片的生产商珀金埃尔默公司，使用了一个有缺陷的光学模板生产如此精密的镜片。具体原因是，在镜片生产过程中，进行检验的一种无反射校正装置没设置好。校正装置上的1.3毫米的误差导致镜片研磨、抛光成了误差形状。但是没有人发现这个错误。具有讽刺意味的是，与其他许多美国国家航天局项目所不同的是，这一次并没有时间上的压力，有足够充分的时间来发现望远镜上的错误。实际上，镜片的粗磨在1978年就开始了，直到1981年才抛光完毕，此后，由于“挑战者号”航天飞机的失事，完工后望远镜又在地上待了两年。

美国国家航天局负责哈勃项目的官员，对望远镜制造中的细节根本不关心。事后航天管理局中一个6人组成的调查委员会的负责人说“至少有三次明显的证据说明问题的存在，但这三次机会都失去了”。

问题：哈勃空间望远镜的问题为什么没有得到及时解决？

（3）计算机支持的质量信息管理。及时、正确的质量信息是企业制定质量政策，确定质量目标和措施的依据，质量信息的及时处理和传递也是生产过程质量控制的必要条件。信息技术、计算机集成制造的发展为企业实施全面质量管理提供了有力的支持。计算机辅助质量管理系统以及集成质量系统在计算机网络及数据库系统的支持下不仅可以及时地获得正确的质量信息，有效地实现对全过程的管理，而且能够使企业的全体人员以先进的、高效率的方式参与全面质量管理。

（4）突出人的因素。与质量检验阶段和统计质量管理阶段相比较，全面质量管理阶段格外强调调动人的积极因素的重要性。实现全面质量管理必须调动人的积极因素，加强质量意识，发挥人的主观能动性。

管理实践

可靠的质量管理体系让大疆创新走得更远

大疆创新所建立的“以风险驱动的动态质量管理模式”，是从产品研发、制造、售后全过程以质量风险驱动为输入，依托信息化系统为纽带，实现了全流程、全生命周期动态的质量监控管理、异常收敛与闭环管控，该模式基本上达成了预期效果。

公司把对风险的关注覆盖到产品和业务可能涉及的方方面面，使其成为一种驱动力。这种驱动力源于一线，应用于一线，与信息化工具结合在一起，从生产来料的管理，到制造可追溯、生产趋势可视化、异常预警、高效质检等方面，建立起了大疆创新的“生产大脑”。

［例1］电批，也称电动螺丝刀，是很常见的工具。大疆创新独创了一个“电批伴侣”，一个外挂的计数装置，每个电批通过这个装置供电和计数。通过这个装置，我们可以追溯到每一颗螺丝安装的时间，螺丝的行程。一旦出现错漏我们的生产大脑会及时发出警示。通过这些信息也可以对原料可能存在的风险进行有效的管控。

［例2］公司做了一个互锁逻辑电路控制盒。主要应用在点胶的工位上。通过这种信息化的工具，可以自动监督每一次点胶作业是不是按规格执行，如果没有按规格完成上一步点胶作业，会自动锁定不把作业件推进到下一步，并会通知上下游的工位关注有错误发生。

还有许许多多这种终端上的小工具，和整体的信息化系统，大疆创新称之为smart solutions，也在申请这方面的专利，以提升整个制造环节的智能水平。

总览大疆创新制造环节的质量信息系统，系统非常庞大。其以制造执行系统为主信息传递系统，包含标准管理、供应商管理、进料系统管理、制程质量管控、量测系统管理、客户投诉管理、异常收敛模块。做到相互协同、动态监控、预警物料与成品的呆滞风险，有效支撑了风险驱动的动态质量管理模式，实现了产品质量精细化管理，并贯穿产品全生命周期和全流程的不同阶段，实现了动态的质量管控、收敛异常、闭环质量风险。

这些管理体系、技术体系以及多种多样的信息化工具是在“术”的层面。而真正在实践的“道”，是质量文化的演进。包括质量文化在内的企业创新文化，驱动着大疆创新走得更远。

大疆创新的企业文化推崇追求极致，不断推出有技术代差的产品，把原本高高在上的技术，变成可靠低门槛的产品让普通人也能便捷地使用。这个过程中没有质量文化的贯彻，是难以实现的。正是在优秀产品质量的基础上，大疆创新才顺利地建立起遍布全球的商业网络，这同时也对大疆提出了更高的要求，迎来更复杂的挑战。

全球范围内，越来越多的用户开始使用大疆创新的产品和解决方案，开始从低空空间中获得智能能力，这带来了巨大的变革。据统计，全球有十万名无人机技术开发者通过大疆创新的平台实现各种各样的任务，有些远远超出了我们想象，伴随而至的是对大疆创新的技术深化及质量管理提出了新的挑战。

（资料来源：搜狐网. 大疆创新：可靠的质量管理体系让创新走得更远 [EB/OL].（2019-10-25）[2025-05-13]. https://www.sohu.com/a/349604550_339661.）

问题：大疆创新以风险驱动的动态质量管理模式取得了哪些成效？

四、比率分析法

比率分析法是一种必需的控制技术。单个地去考虑反映经营成果的某个数据，往往不能说明任何问题。企业本年度盈利300万元，某部门本期生产了8000个单位产品，或本期人工支出费用为125万元，这些数据本身没有任何意义。只有根据它们之间的内在关系，相互对照分析才能说明某个问题。比率分析就是将企业资产负债表和收益表上的相关项目进行对比，形成一个比率，从中分析和评价企业的经营成果和财务状况。利用财务报表提供的数据可以列出许多比率，常用的有财务比率和经营比率两种类型。

1. 财务比率

财务比率主要用来分析财务结构，控制财务状况，并通过这种资金形式来集中对整个系统进行控制。主要包括流动比率、速动比率、负债比率与盈利比率等相关指标。财务比率及其分析可以帮助我们了解企业的偿债能力和盈利能力等财务状况，有助于直接控制企业的经营活动。

（1）流动比率。流动比率是企业的流动资产与流动负债之比。这一比率普遍被用来衡量企业短期偿债能力，流动比率越高，表示短期偿债能力越强。企业资产应有足够的流动性来增强企业的偿债能力和信誉。资产若以现金形式表现，其流动性最强。但要防止为追求过高的流动性而导致财务资源的闲置，以避免使企业失去本应得到的收益。

（2）速动比率。速动比率是流动资产和存货之差与流动负债之比。该比率和流动比率一样是衡量企业资产流动性的一个指标。当企业有大量存货且这些存货周转率低时，速动比率比流动比率更能精确地反映客观情况。

（3）负债比率。负债比率是企业总负债与总资产之比。它反映了企业所有者提供的资金与外部债权人提供的资金的比率关系。该比率用来衡量企业利用债权人提供的资金进行经营活动的能力，也反映了债权人借出资金的安全程度，负债比率低虽然表明了企业的长期偿债能力强，但会影响企业利用外部资金发展并获取额外利润，因此确定合理的债务比率是企业成功举债经营的关键。

只要企业全部资金的利润率高于借入资金的利息，且外部资金不会在根本上威胁企业所有权的行使，企业就可以充分地向债权人借入资金以获取额外利润。一般来说，在经济迅速发展时期债务比率可以很高。

（4）盈利比率。盈利比率是企业利润与销售额或全部资金等相关因素的比例关系。它们反映了企业在一定时期从事某种经营活动的盈利程度及其变化情况。常用的比率有销售利润率和资金利润率。

销售利润率是销售净利润与销售总额之间的比例关系，它反映企业从一定时期的产品销售中是否获得了足够的利润。将企业不同产品、不同经营单位在不同时期的销售利润率进行比较分析，能为经营控制提供更多的信息。

资金利润率是指企业在某个经营时期的净利润与该期占用的全部资金之比，它是衡量企业资金利用效果的一个重要指标，反映了企业是否从全部投入资金的利用中实现了足够的净利润。同销售利润率一样，资金利润率也要同其他经营单位和其他年度的情况进行比较。一般来说，要为企业的资金利润率规定一个最低的标准。同样一笔资金，投入企业营运后的净利润收入，至少不应低于其他投资形式（比如购买短期或长期债券）的收入。

2. 经营比率

经营比率（又称活力比率），是与资源利用有关的几种比例关系。反映了企业经营效率的高低和各种资源是否得到了充分利用，为企业管理控制工作提供依据。常用的经营比率有三种。

（1）库存周转率。库存周转率是销售总额与库存平均价值的比例关系，它反映了与销售收入相比库存数量是否合理，表明了投入库存的流动资金的使用情况。

（2）固定资产周转率。固定资产周转率是销售总额与固定资产之比，它反映了单位固定资产能够提供的销售收入，表明了企业资产的利用程度。

（3）销售收入与销售费用的比率。这个比率表明单位销售费用能够实现的销售收入，在一定程度上反映了企业营销活动的效率。由于销售费用包括了人员推销、广告宣传、销售管理费用等组成部分，因此还可进行更加具体的分析。比如，测度单位广告费用能够实现的销售收入，或单位推销费用能增加的销售收入等。反映经营状况的这些比率也通常需要进行横向的（不同企业之间）或纵向的（不同时期之间）比较才更有意义。

管理实践

中国华能集团的控制

中国华能集团从成立之初就建立了比较清晰的产权关系。目前中国华能集团内部可以分为三个层次：中国华能集团公司（母公司）、成员公司（子公司）和下设的生产经营单位。

以前，母公司对子公司只考评“两张表”（资产负债表和利润表）和“一个人”（总经理），对子公司监管不严。这种模式存在很大弊端，因为它无法控制子公司决策错误及其由此所产生的巨大损失，而且这类损失常常是不可逆转的。“事后控制”的风险相当大。

目前，中国华能集团对其子公司既给予一定的自主权，又实行必要的监控。母公司对子公司的财务控制主要体现在三个领域：①筹资控制。集团各成员企业的筹资由集团母公司统一规划，子公司筹集的资金金额较大时必须经母公司审批。②投资控制。现有规定是，投资金额超过一定限额就需母公司批准。如对一些大的子公司，自主投资限额为3000万元人民币，小公司则为500万元人民币。③财务业绩控制。每年的财务目标即为上一年的实际经营成果。财务业绩从三个方面来评价：利润、净资产收益率和经营活动中产生的现金流量。从结果看，几乎没有哪家子公司不能达到它们的目标。期望的净资产收益率是15%，但电力业务由于政策性补贴等因素，其净资产收益率可以稍低，为10%左右。

> 问题：
>
> 1. 中国华能集团采用了哪些控制方法？
> 2. 你认为华能集团所采用的控制方法是否有效？

五、审计控制

审计控制是对反映企业资金运动过程及其结果的会计记录及财务报表进行审核、鉴定，以判断组织有关的经济活动的真实、合法和效益，从而为控制和管理组织活动提供依据。根据审查的内容和主体不同，可将审计划分为：由外部机构进行的外部审计；有内部专职人员对企业财务控制系统进行全面评估的内部审计；由外部或内部的审计人员对管理政策及其绩效进行评估的管理审计。

1. 外部审计

外部审计是由外部机构（如会计师事务所）选派的审计人员对企业财务报表及其反映的财务状况进行独立的评估。为了检查财务报表及其反映的资产与负债的账面情况与企业真实情况是否相符，外部审计人员需要抽查企业的基本财务记录，以验证其真实性和准确性，并分析这些记录是否符合公认的会计准则和记账程序。外部审计实际上是对企业内部虚假、欺骗行为的一个重要而系统的检查，因此起着鼓励诚实的作用。由于知道外部审计不可避免地要进行，企业就会努力避免做那些在审计时可能会被发现的不光彩的事。

外部审计的优点是审计人员与管理当局不存在行政上的依附关系，不需看企业经理的脸色行事，只需对国家、社会和法律负责，因而可以保证审计的独立性和公正性。但是，由于外来的审计人员不了解内部的组织结构、生产流程及经营特点，在对具体业务的审计过程中可能产生困难。此外，处于被审计地位的内部组织成员可能产生抵触情绪，不愿积极配合，这也可能增加审计工作的难度。

2. 内部审计

内部审计提供了检查现有控制程序和方法能否有效地保证达成既定目标、执行既定政策的手段。例如，制造质量完善、性能全面的产品是企业孜孜以求的目标，这不仅要求利用先进的生产工艺、工人提供高质量的工作，而且对构成产品的基础——原材料提出了相应的质量要求。这样，内部审计人员在检查物资采购时，就不仅限于分析采购部门的账目是否齐全、准确，而且试图测定材料质量是否达到要求。

根据对现有控制系统有效性的检查，内部审计人员可以提供有关改进公司政策、工作程序和方法的对策建议，以促使公司政策符合实际，工作程序更加合理，作业方法被正确掌握，从而更有效地实现组织目标。

内部审计有助于推行分权化管理。从表面上来看，内部审计作为一种从财务角度评价各部门工作是否符合既定规则和程序的方法，加强了对下属的控制，似乎更倾向于集权化管理。但实际上，企业的控制系统越完善，控制手段越合理，越有利于分权化管理。因为主管们知道，许多重要的权力授予下属后，自己可以很方便地利用有效的控制系统和手段来检查下属对权力的运用状况，从而可以及时发现下属工作中的问题，并采取相应措施。内部审计不仅评估了企业财务记录是否健全、正确，而且为检查和改进现有控制系统的效能提供了一种重要的手段，因此有利于促进分权化管理的发展。

3. 管理审计

管理审计是以企业的管理活动为审计检查的内容，对其组织机构、计划、决策的科学性、可行性、效益性等进行审核检查，从而评价其管理素质的审计行为。相对于外部审计和内部审计，管理审计的对象和范围更广，它是一种对企业所有管理工作及其绩效进行全面系统的评价和鉴定的方法。管理审计虽然也可以由组织内部的有关部门进行，但为了保证某些敏感领域得到客观评价，企业通常聘请外部专家来进行。

管理审计的方法是利用公开记录的信息，从反映企业管理绩效及其影响因素的若干方面将企业与同行业其他企业或其他行业的著名企业进行比较，以判断企业经营与管理的健康程度。

反映企业管理绩效及其影响因素主要有以下八个方面。

（1）经济功能。检查企业产品或服务对公众的价值，分析企业对社会和国民经济的贡献。

（2）企业组织结构。分析企业组织结构是否能有效地达到企业经营目标。

（3）收入合理性。根据盈利的数量和质量（指盈利在一定时期内的持续性和稳定性）来判断企业盈利状况。

（4）研究与开发。评价企业研究与开发部门的工作是否为企业的未来发展进行了必要的新技术和新产品的准备，管理当局对这项工作的态度如何。

（5）财务政策。评价企业的财务结构是否健全合理，企业是否有效地运用财务政策和控制来达到短期和长期目标。

（6）生产效率。保证在适当的时候提供符合质量要求的必要数量的产品，这对于维持企业的竞争能力是相当重要的。因此，要对企业生产制造系统在数量和质量的保证程度以及资源利用的有效性等方面进行评估。

（7）销售能力。销售能力影响企业产品能否在市场上顺利实现，这方面的评估包括企业商业信誉、代销网点、服务系统以及销售人员的工作技能和工作态度。

（8）对管理当局的评估。即对企业的主要管理人员的知识、能力、勤奋、正直、诚实等素质进行分析和评价。

管理审计可以为指导企业在未来改进管理系统的结构、工作程序和结果提供有用的参考。

六、其他控制技术和方法

网络技术是指用网络图等方式，把一项任务的有关活动，有机地组成一个整体，通过分析和计算，寻求最佳规划与控制的一种方法或技术。网络技术一般包括计划评审法和关键线路法。

（1）计划评审法。计划评审法是一种计划和控制技术，用来分析在时间和项目的推移过程中如何把计划的各个局部恰当地结合在一起，这种方法重视计划和控制的时间因素。

（2）关键线路法。关键线路是一条从项目开始直至项目结束的整个过程中，由若干不间断任务组成的任务链。关键线路上任何一项任务的延迟都会威胁整个项目的如期完工。因此，这些任务被称为关键任务。关键任务在资源分配和管理精力投入上享有优先权，是项目管理和监督的重点。

甘特图是20世纪初，由甘特首创的一种计划控制工具，它简明地表示出每项任务的预计时间与实际使用时间，使管理者对哪些活动提前，哪些活动正好，哪些活动被拖延一目了然。

统计分析，是管理人员通过对过去的资料或未来的预测进行统计分析，从中发现规律，对比自己企业的经营实绩，实行有效的控制，这种控制方法被称为统计分析。该方法的优点是简单明了，例如，用曲线、图表画出的趋势图或历史资料使人一目了然。

制度和规范也是组织普遍使用的一种控制方法。即组织通过建立健全各种制度和规范来约束员工的行为，以达到控制的目的。

事实上最简单往往也是最有成效的控制方法是亲自观察，即主管人员到车间或办公室进行实地观察。这种方法有利于主管人员获得来自第一线的信息，且可以给予现场指导与控制。

8.4 企业内部控制体系

内部控制是为了保证企业实现经营管理目标，在分工负责的前提下，组织内部经营活动而建立的各职能部门之间对业务活动进行组织、制约、考核和调节的方法、程序和措施，用以明确单位内部各职能部门的职责和权限，形成一个完整、严密的相互联系、相互协调、相互制约的控制系统。内部控制体系主要由内部环境、风险评估、控制活动、信息与沟通和内部监督五项要素构成，企业应结合自身特点，将理论控制体系与企业实际融会贯通，建立符合本单位要求的内部控制体系，提升企业管理效益。

一、营造良好的内部环境

内部环境是影响制约企业内部控制建立与执行的各种内部因素的总称，是实施内部控制的基础，它对控制措施、程序及方法有着重要的影响。大量的管理实践证明：一个企业没有一个良好的环境氛围，一切控制就流于形式，形同虚设，就不能发挥应有的职能作用，就不能取得预期效果。内部环境主要包括以下要素。

1. 领导重视程度

企业领导要大力支持内部控制工作，宣传内控对企业发展的重要性。要消除法律法规意识淡薄，管理随意性大，规章制度缺失等不良现象，采取相应的管理政策与措施来保证内控制度的认真执行及科学评价。

2. 内控管理者的态度和素质

内部控制是全面、全员、全过程和全方位的四全控制，上至领导，下至普通职工，都对实施内部控制负有责任，要保持积极支持的态度参与内控管理；同时要加强素质教育，提高参与者思想及业务知识，对重要岗位的人员要求思想正，品德好，有责任感，确保内部控制管理顺利进行。

3. 完整的控制体系

建立与企业性质、规模相适应的企业目标、管理制度、组织机构、企业文化、反舞弊机制等，它们相互联系、相互制约，构成一个完整的控制体系。

二、及时做好风险评估

风险评估是及时识别、科学分析和评价影响企业内部目标实现的各种不确定因素并采取应对策略的过程，是实施内部控制的重要环节。

1. 科学合理设定控制目标

目标要符合企业自身发展特点，对所应达到的具体目标要逐层分解落实，要将细化指标细分至有关负责人，使其了解指标内容，并加以督促、落实。

2. 对目标进行风险评估

企业生产经营总是处于不断变化发展之中，要用动态的观点去参与内控管理，应组织相关部门或中介机构对目标进行风险评估，研究制定重大风险防范和解决方案。当实际与计划出现偏差时，不能轻易容忍差距，而应认真分析控制过程，寻找原因，对存在的控制缺陷及时修改，进一步补充完善，使企业的风险降到最低。

三、严格落实控制措施

控制措施是确保企事业内控目标得以实现的方法和手段，企业应根据风险评估结果，应用控制手段，保证控制措施有效、到位，将风险控制在企业可承受范围之内。严格落实控制的措施主要包括以下几种。

1. 职责分工控制

不相容职务分离控制，以明确各职能部门各岗位职责和权限，不得超越职权办理相关事项，对货币资金、物资采购、成本控制等岗位应实行不相容的分离措施，形成各施其责、各负其责、相互制约机制。货币资金不定期盘点，重要岗位定期轮岗，印、章分离等控制措施，杜绝舞弊行为。

2. 授权、审核、批准控制

明确审批人的授权范围及审核批准方式、权限、程序与责任，对越权事项，经办人有权拒绝并及时上报，形成相互牵制、监督的内控机制。

3. 预算和财产保全控制

企业年初编制预算，预算应符合企业发展战略、经营目标和其他重大决定。预算以上年度经营的实际状况为基础，综合考虑诸多因素，如市场竞争，产品发展前景等。预算指标应逐层分解与落实，并加以考核，做到考核有结果，结果要对应，奖优罚劣。建立财产保全内部控制，不定期进行财产清查，落实责任人，严禁限制未经授权人员对财产直接接触与处置，对财产处置要建立相应处置程序，确保财产安全、完整。

4. 会计系统控制

根据《中华人民共和国会计法》等法律法规，制定适合企业特点的会计制度，确保企业及其内部机构及人员全面落实和实现财务预算的过程，保证财务报告真实、可靠、完整。企业领导作为财务第一责任人，一要提高认识，二要加强财经法律法规学习，以实际行动支持会计系统控制。

四、信息与沟通及时有效

及时、准确、完整地收集与企业经营管理相关的各种信息，并使这些信息以适当的方式在企业有关层级之间进行及时传递、有效沟通和正确应用。对在内控中发现的问题，及时听取相关人员的意见，加以沟通、协调，在一定范围内披露并修改控制目标，确保控制目标的实现。收集符合企业发展的先进管理信息，结合企业特点加以修改、完善。加强同外部审计等部门的联系、沟通和协调，查找差距，弥补不足。

五、内部监督落到实处

内部监督是企业对内部控制的健全性、合理性和有效性进行监督检查评估，形成书面报告，并做出相应处理的过程。目前内部监督主要为企业内审机构。企业内审机构是在企业主要负责人领导之下开展工作，是对企业的生产、采购、成本等实施有效监督，是一项持续性的控制。企业内审机构是相对独立的，它可以利用对企业内部经营比较熟悉的优势，发挥参谋咨询作用，进一步规范企业治理行为，对检查出的问题要认真剖析，提出改进措施，堵塞漏洞，促进企业发展。

以上五要素，企业不能一味照抄照搬，应结合实际，开拓创新，建立自己的控制体系，促进企业全面可持续性发展。

8.5 绩效评价

一、绩效评价的含义与作用

绩效评价是衡量与判断完成工作的数量、质量与效率、效益的过程。控制的主要目标与结果就是绩效。绩效既是控制成效的核心标志，更是各类组织管理成效的核心标志。绩效评价的作用体现为：①有利于全面客观地反映组织和个人的工作状况与成果；②发现工作与管理过程中存在的问题，总结经验教训，以利于改进与提高绩效；③评价结果可作为奖酬发放、任用干部等的依据。

二、绩效评价的主要类型

根据评价对象的类型，绩效评价可划分为三类：①单位（组织）绩效评价，即评价某一个企事业单位整体的绩效；②部门（群体）绩效评价，即评价单位下属的一个分支机构或部门工作的绩效；③岗位（个人）绩效评价，是指评价某一工作岗位或某个人工作所取得的绩效。依据评价的目的与需要，可分别进行单位绩效评价、部门绩效评价与个人绩效评价。

三、绩效评价的基本内容

不同组织绩效评价的内容各不相同，现以企业为例，简要分析绩效评价的主要内容：①产品与服务的数量与质量，特别是其科技开发与创新程度；②各种生产经营与管理工作过程的效率与质量；③市场开拓与营销及顾客服务的效果；④人才数量、质量与发展状况；⑤企业的经济效益与社会效益；⑥企业的竞争力与长期发展能力。

四、绩效评价的基本程序

绩效评价的基本程序如下。①制订绩效评价计划。要根据管理的需要，确定评价管理工作的目标、活动计划或安排，并安排好人员及其他资源。②做好考核评价准备。重点是完成绩效评价的两项基础工作：选择制定工作要项，并确定相应的评价标准。③搜集信息。要通过多条渠道，采用多种方法搜集评价内容与工作要项的相关信息。信息要全面、真实、准确，尽可能实行量化。④衡量与判断。依据评价标准，对所占有的信息进行分析、衡量和判断。除了做出质的评价外，还要做出量的评价。有时根据需要还要将各部门或个人绩效进行分等，下达评价结论。⑤评价结果的运用。要对被考核者进行信息反馈；要做必要的公示；要为干部任用提供依据；要同奖惩挂钩。

五、绩效改进的过程与方法

1. 绩效诊断

绩效诊断，是指管理者运用绩效形成原理，经营管理结合实际情况，对已形成的绩效结果进行全面分析与研究，找出问题及其原因，以利改进的过程。

（1）影响绩效的基本因素。要对绩效结构进行诊断，就必须首先了解影响绩效的基本因素，按照这些因素来发现问题，进而寻找改进的路径。一个组织、部门或个人，其工作绩效高低受多重因素的影响与制约，主要可以归纳为以下三大类因素。

$$P=M \cdot A \cdot E$$

式中：P（Performance）为绩效；M（Motivation）为工作意愿；A（Ability）为工作能力；E（Environment）为工作环境。

工作绩效正是在员工的工作能力、工作意愿（态度），以及工作各种环境因素的综合作用下形成的。

（2）绩效诊断要点。根据上面提出的影响绩效因素，确定绩效诊断的基本思路。

首先，要对照工作计划与绩效标准，对绩效结果进行分析界定，要确定存在问题的性质与程度，后果与危害。

其次，要深入分析存在问题的原因，以寻求解决问题的方向。主要可以从工作能力、工作意愿（态度），以及工作环境等因素进行分析，即AME分析法。

A（Ability，工作能力）：主要分析造成绩效结果问题的员工能力方面的原因。应从负责该项工作任务的员工的工作能力、技术水平、专业知识以及相关素质等方面进行分析。

M（Motivation，工作意愿）：主要从员工的工作意愿方面分析造成问题的原因。应从对工作的认识、工作态度、动机、思想状态等方面进行分析。

E（Environment，工作环境）：主要从完成任务所涉及的各种环境因素方面分析造成问题的原因。这是最为复杂的方面，包括的因素很多，主要有工作设施与条件、技术手段、管理水平、市场形势、行业因素等。

最后，要进行分析与归纳。在运用上述影响因素分析法分析绩效结果存在的问题及其形成的原因之后，进行系统归纳，理清并解决存在的问题，实现绩效改进的路径。

2. 制订绩效改进计划

在正确的绩效诊断基础上，要制订科学可行的绩效改进计划，用以指导和推进下一阶段的工作。①针对影响绩效的主要障碍及形成原因，创造性地提出解决这些问题的有效措施，寻找提高绩效的可行途径。②确定改进的目标，制定改进的系统方案。计划的重点是提高绩效途径的正确性、措施的可行性与有效性，确保以人为核心的资源配置到位等。③建设更加有效的绩效改进与提高机制。通过改进计划，要改革相关的运行机制、动力机制、约束机制，健全各种程序与规范，加强精细化管理，解决存在缺陷的细节问题，全面提高工作质量。同时，要通过各种方式提高人员素质，这是改进绩效的根本所在。要运用在职辅导、系统培训等多种形式，提高员工的智力水平与技能，更好、更快地完成各项工作任务，以全面提高工作绩效。

3. 实施绩效改进计划

在实施绩效改进计划的过程中，要注意以下要领。

（1）沟通与激励。在评价后，特别是提出改进建议时，必须进行面对面的交谈，同员工进行深入的沟通。通过沟通，双方要就存在的问题与解决的途径达成共识；要明确具体改进目标、方案与措施；要对改进后的绩效提高充满信心，有改进的积极性；在评价双方之间彻底消除隔阂，融通情感。在整个过程中需注意运用各种有效方式进行激励，鼓舞士气，真正把绩效评价转化为巨大的激励力量。

（2）指导与建议。在实施的过程中，管理者应及时地进行指导，或提出解决问题、改进工作的建议，帮助控制对象（员工或下级）纠正偏差。①管理者应充分尊重员工的意见，以平等协商的态度，与员工共同分析解决问题。②对出现的问题要进行深入分析，较系统地进行思考，提出有创意的、可行的解决问题的思路或方案。方案应尽可能与员工共同研究制定，还要使员工尽可能多地感受到他对于形成该方案的贡献。③要以员工为主解决问题，由他们自主运作，自我控制。管理者绝不可越俎代庖，只能起指导与帮助作用。

④问题解决后，要帮助员工总结经验教训，并完善相关程序与规范，以杜绝问题的再次发生。

4. 绩效改进效果评估

当绩效改进计划执行告一段落后，要对计划执行结果进行评估，以确定改进的实际效果。如果仍存在较大的问题，就要进行新一轮绩效改进。而且，即使绩效结果没有明显问题，绩效的改进仍是要持续进行的。

管理实践

豪华水晶灯之谜

2024年5月8日，某五星级大酒店在鲜花的簇拥和鞭炮的喧嚣中正式对外营业了。这是一家集团公司投资成立的涉外星级酒店，该酒店不仅拥有装潢豪华、设施一流的套房和标准客房，下设的老宁波餐厅更是特色经营传统宁波菜和海派家常菜肴，为中外客商提供各式专业和体贴的服务。由于集团公司资金雄厚、实力强大，因此在开业当天，不仅社会各界知名人士到场剪彩庆祝，更吸引了大批新闻媒体竞相采访报道。一时之间，某五星级大酒店门前是人头攒动，星光熠熠。

最让酒店员工感到骄傲的是酒店大堂里的一盏绚丽夺目的水晶灯。这盏水晶灯是公司王副总经理亲自组织货源，最终从奥地利某珠宝公司高价购回的，货款总价高达120万美元。这样的超级豪华水晶灯不仅在全国罕见，即使在国外，也只能在少数几家五星级大酒店里见到。开业当天，来往宾客都对这盏豪华的水晶灯赞不绝口。尤其是经过媒体报道，更成为当天的头条新闻，某五星级大酒店在这一天也像那盏水晶灯一样，一举成名，当天客房入住率就超过了80%。

王副总经理也因此受到了公司领导的高度赞扬，一连几天，王总的脸上都洋溢着快乐而满足的笑容。

然而，好景不长。两个月后，这盏水晶灯就出了状况。首先是失去了原来的光泽，变得灰蒙蒙的，即使用清洁布使劲擦拭都不复往日光彩。其次，部分金属灯杆都出现了锈斑，还有一些灯珠破裂甚至脱落。人们看到这破了相的水晶灯，议论纷纷，这就是花费数百万美元换回的高档水晶灯吗？鉴于情况严重，公司领导责令王副总经理在限期内对此事做出合理解释，并停止了他的一切职务。这个时候，王副总经理再也笑不出来了。

事件真相很快就水落石出，原来这盏价值近千万元人民币的水晶灯根本不是从奥地利某珠宝公司购得的，而是通过南方某地的W公司代理购入的赝品水晶灯。王副总经理在交易过程中贪污受贿，中饱私囊。虽然出事之后王副总经理受到了法律的严惩，然而某五星级大酒店不仅因此遭受了数千万元的巨额损失，更为严重的是酒店名誉蒙受重创，成为同行的笑柄。这对于一个新开业的公司而言是个致命的打击。

那么，某五星级大酒店为什么会发生这样的悲剧，在以后的企业经营中又如何防范呢?

这个案例其实并不复杂，却很有代表性。某五星级大酒店在未经公开招标的情况下，即与W公司签订了价值为120万美元的代购合同。依照合同规定，W公司必须提供奥地利某著名珠宝公司出产的水晶灯，并由W公司向某五星级大酒店出具该公司的验证证明书，其中200万元人民币为支付给W公司的代理费。然而，交易发生后，W公司并未向某五星级大酒店出具有关水晶灯的任何品质鉴定资料，某五星级大酒店也始终没有同W公司办理必要的查验手续。

经查实，这笔交易都是由王副总经理一人操纵的，从签订合同到验收入库到支付货款都是由他说了算，而他之所以会这样做，正是因为收受了W公司的巨额好处费。

这样简单的过程和手法，却真实地发生了，这里面的教训是深刻和发人深省的。一笔采购业务，特别是金额较大的业务通常涉及采购计划的编制、物资的请购、订货或采购、验收入库、货款结算等。因此，应当针对各个具体环节的活动，建立完整的采购程序、方法和规范，并严格依照执行。只有这样，才能防止作弊，保证企业经营活动的正常进行。

根据这个案例涉及的环节应做如下控制。

首先，要做到职务分离，采取集体措施。诸如采购申请必须由生产、销售部门提出，具体采购业务由采购部门完成，而货物的验收又应该由其他部门进行。在本案例中，采购大权由王副总经理一人独揽，反映出该公司控制环节中权责不明；货物的采购人不能同时担任货物的验收工作，以防止采购人员收受客户贿赂，购买伪劣材料影响企业生产乃至整体利益；付款审批人和付款执行人不能同时办理寻求代理商和索价业务。付款的审批通常经过验货或验单后执行（预付款除外），以保证货物的价格、质量、规格等符合标准。

其次，要做好入库验收控制。应根据购货单及合同规定的质量、规格、数量以及有关质量鉴定书等技术资料核查收到的货物，只有两者相符时才接受；对于所有已收到的货物，应定期完整填写收货报告，将货物编号并登记明细账簿，对验收中所出现的问题要及时向有关部门反映；货物入库和移交时，经办人之间应有明确的职责分工，要对所有可能接触货物的途径加以控制，以防调换、损坏和失窃。本案例中王副总经理同时主管验货，那么验货查假自然只是走走过场了。

最后，还必须做好货款支付控制。发票价格、运费、税费等必须与合同符合无误，凭证齐全后才可办理结算、支付货款，如有部分退货，则注意要从原发票中扣除后再办理结算；除了向不能转账支付和不足转账金额的单位、个人支付现金外，货款一般应办理转账。货款支付前应由企业授权人签字，支票签章时应仔细审核有关票据；在购货发票以外增加的费用如装卸、搬运以及在途损耗等，支付前必须经会计部门进行审核，有关部门进行耗损原因分析，以确定其合法性和合理性；付款凭证要连续编号，付款业务及时准确记录；与供货商定期联系，了解未付款情况，追查耽误原因。

问题：某五星级大酒店为什么会出现水晶灯事件？如何预防？

同步测试

一、名词解释

控制　预算控制　目标管理　全面质量管理　比率分析　绩效评价

二、填空题

1. 控制是对________内部的管理活动及其效果进行衡量和校正，以确保组织的________以及为此而拟订的________得以实现的过程。

2. 根据控制时间的不同可将管理控制划分为________、________和________三类。

3. 控制是根据计划的目标与要求，对实际工作进行衡量和纠正的过程。对于组织的生产、财务、人员各环节的控制本质是一样的，都要经过________、________和________这三个基本过程。

4. 组织在管理活动中，可以利用各种技术、使用多种方法来进行控制活动，如________、________、________、________、________等。

三、判断题（正确的用T，错误的用F）

1. 控制过程一般可以分为三个步骤：衡量实际绩效；将绩效与标准进行比较；采取行动来纠正偏差。(　)

2. 计划与控制相互依存，没有计划就没有控制。(　)

3. 只要控制工作做得好，完全可以防止管理失误。(　)

4. 反馈控制最大的缺点是，在管理者实施纠偏措施之前，偏差已经产生，损失已经造成，对工作没有任何意义，所以我们没有必要进行反馈控制。(　)

5. 严格的控制，会使实际工作过程缺乏灵活性，极大地限制人的工作的积极性。(　)

6. 没有计划和控制系统，就无法实现组织中的沟通，组织中信息流就会中断。(　)

7. 组织中个人的自我控制依赖于其自身的素质，因而是不可靠的。有效的控制系统往往放弃组织成员的自我控制。(　)

8. 预算一旦确定，就应严格照办，不可再做修改。(　)

9. 所谓前馈控制实际就是预测。(　)

10. 控制要依据一定的标准，离开标准就无法对活动进行评估。因而标准一经确立，就不可以修订和撤销。(　)

四、单选题

1. 控制的根据是（ ）。

A. 计划工作 B. 组织工作 C. 人员配备工作 D. 领导工作

2. 控制工作得以开展的前提条件是（ ）。

A. 建立控制标准 B. 分析偏差原因 C. 采取矫正措施 D. 明确问题性质

3. 一般而言，预算控制属于（ ）。

A. 反馈控制 B. 前馈控制 C. 现场控制 D. 实时控制

4. 下面的论述中哪一个是现场控制的优点？（ ）

A. 防患于未然

B. 有利于提高工作人员的工作能力和自我控制能力

C. 适用于一切领域中的所有工作

D. 不易造成管理者与被管理者的心理冲突

5. 对于建立控制标准，哪一种说法不恰当？（ ）

A. 标准应便于衡量

B. 标准应有利于组织目标的实现

C. 建立的标准不可以更改

D. 建立的标准应当尽可能与未来的发展相结合

6. 为了对企业生产经营进行控制，必须制定绩效标准作为衡量的依据，这个标准（ ）。

A. 应该有弹性，以适应情况的变化

B. 越高越好，从严要求

C. 一旦制定便不能改动

D. 应尽量具体，最好用数量来表示

7. "根据过去工作的情况，去调整未来活动的行为。"这句话是对下述哪种控制的描述？（ ）

A. 前馈控制 B. 反馈控制 C. 现场控制 D. 实时控制

8. 外科实习医生在第一次做手术时需要有经验丰富的医生在手术过程中对其进行指导，这是一种（ ）。

A. 预先控制 B. 事后控制 C. 随机控制 D. 现场控制

9. 在常用的控制标准中，"合格率"属于（ ）。

A. 时间标准 B. 数量标准 C. 质量标准 D. 成本标准

10. 下面关于控制工作的描述，哪一种更合适？（ ）

A. 控制工作主要是制定标准以便和实际完成情况进行比较

B. 控制工作主要是纠正偏差，保证实际组织的目标

C. 控制工作是按照标准衡量实际完成情况和纠正偏差以确保计划目标的实现，或适当修改计划，使计划更加适合实际情况

D. 控制工作是收集信息、修改计划的过程

11. 现场控制工作的重点是（ ）。

A. 把注意力集中在历史结果　　B. 正在进行的计划实施过程

C. 计划执行过程的输入环节　　D. 控制行动的结果

12. 偏差、损失已经产生，只能“亡羊补牢”的控制是（ ）。

A. 预先控制　　B. 现场控制　　C. 事前控制　　D. 反馈控制

13. 在现代管理活动中，管理控制的目标主要是（ ）。

A. 纠正偏差　　B. 修订计划

C. 保持组织这一系统的稳定运行　　D. 以上都对

14. 进行控制时，首先要建立标准。关于建立标准，下列四种说法哪一种有问题？（ ）

A. 标准应该越高越好　　B. 标准应考虑实施成本

C. 标准应考虑实际问题　　D. 标准应考虑顾客需求

15. “治病不如防病，防病不如讲究卫生。”根据这一说法，以下几种控制方式中，哪一种方式最重要？（ ）

A. 前馈控制　　B. 现场控制　　C. 反馈控制　　D. 直接控制

五、多选题

1. 控制的基本步骤包括（ ）。

A. 确定标准　　B. 评估绩效　　C. 纠正偏差　　D. 修改目标

2. 一般来说，预算内容包括（ ）。

A. 经营预算　　B. 投资预算　　C. 学习预算　　D. 财务预算

3. 按照控制的性质划分，控制类型可分为（ ）。

A. 预防性控制　　B. 纠正性控制　　C. 程序控制　　D. 反馈控制

4. 要进行有效的控制必须（ ）。

A. 制订计划　　B. 有组织保证和正确的领导

C. 配备合适的人员　　D. 有一定的技术手段

5. 目标管理应遵循以下原则（ ）。

A. 科学制定目标　　B. 严格成本控制

C. 考核评估到位　　D. 认真督促检查

六、简答题

1. 简述控制的主要原则。
2. 简述控制的基本过程。
3. 谈谈组织是如何利用目标管理实现有效控制的？
4. 联系实际谈谈组织如何做到有效控制。
5. 比较增减量预算法和零基预算法。

6. 预算的作用有哪些?
7. 简述全面质量管理的特点。

项目实训

企业调研

1. 调研对象
就近的制造型企业。
2. 实训目的
(1)通过对企业生产服务过程的了解，对企业质量管理有更深的感性认识。
(2)具备全面质量管理意识和理念。
(3)拥有应用现代质量管理的理念与方法的能力。
(4)培养学生日后的质量管理水平。
3. 实训内容
(1)听取企业相关管理者对质量管理方法的情况介绍。
(2)通过与企业领导者交谈，了解他在质量控制工作中所遵循的原理。
(3)了解领导工作中采用的质量理念和质量管理方法。
(4)访谈领导在其日常质量管理工作中所遇到的问题和解决方法。
4. 实训考核
(1)每位学生上交一份实训报告。
(2)教师根据学生实训报告和交流情况进行打分。

案例研讨

甲公司内部控制制度的审核与评价

甲公司是一家多元化经营的国有大型企业集团公司，为了进一步加强和改进内部控制，特聘请一家会计师事务所对集团公司及其所属的A、B、C、D四家全资子公司的内部控制制度进行审核与评价。在审核与评价过程中，发现以下问题。

(1)甲公司对所属子公司进行年度业绩考评的依据过于单一，仅要求各子公司向集团公司报送按照国家统一的会计制度编制的财务会计报告，并根据报告中所体现的会计利润确定各子公司管理层的浮动薪酬。

(2)甲公司委托某咨询服务公司设计了一套内部控制制度，并以《内部控制手册》的形式印发公司本部和各子公司执行。但多数子公司反映这套内部控制制度没有很好地结合子公司的实际，且语言表述晦涩难懂，影响了内部控制制度的执行效力。

（3）A公司为了加快回笼销售货款，允许公司销售部门及其销售业务人员直接收取货款。

（4）B公司采购与付款业务控制中存在以下情况：公司规定单笔采购金额在10万元以下的，由生产部经理批准，单笔采购金额超过10万元的，由总经理批准，由于总经理经常出差而生产车间又急需采购材料，生产部经理未经请示多次批准了单笔金额超过10万元的采购业务；燃料采购由采购部业务员冯某负责，由于冯某对燃料市场比较熟悉且与供货商建立了良好关系，因此授权冯某自行决定采购价格和供应商；采购完成后，由采购部门指定本部门业务人员进行验收，并出具验收凭证交仓储部保管；为减轻工作量，采购退货集中在每个季度末办理。

（5）C公司成本费用控制制度中存在以下情况：成本费用内部控制制度的制定与实施由总会计师全权负责；成本费用预算控制的实施范围仅针对产品成本和各项生产费用；各车间的预算内和预算外生产费用均由车间主任审批后开支。

（6）D公司因仓库失火而遭受重大损失。经查，D公司的产成品仓库因温控和通风设备毁损失灵而引发火灾，造成2260万元的巨大损失。该仓库的保险合同已于2005年6月30日到期，因相关人员疏忽，未能及时与保险公司续约，保险公司以出险时间不在保险期内为由拒绝赔付。

该会计师事务所在内部控制审核和评价工作结束后，向甲公司管理层通报了有关情况。针对公司本部及所属全资子公司在内部控制方面存在的问题，甲公司召开由集团公司领导、各部门负责人和各子公司负责人参加的专门会议进行研究。在讨论过程中，有关人员发言要点如下。

甲公司董事长周某：其他方面的问题我都同意，但对考核指标问题我想保留看法。利润指标集中反映了内部控制的结果，结果控制好了，就管住了一切。以利润指标来考核子公司业绩，看似简单了些，实际上十分有利于衡量和操作，要继续坚持下去。

甲公司总经理吴某：大量事实表明，忽视内部控制制度建设，将给企业可持续发展埋下“定时炸弹”。集团公司和各子公司都要进一步抓好内部控制制度建设，不要怕程序复杂，也不要怕审批烦琐，只要能搞好内部控制，花多大代价都值得。

甲公司总会计师郑某：D公司仓库失火的教训很深刻。为了避免因职责交叉而出现疏忽，建议在该公司财务部设专人负责签订和保管保险合同、支付保险费用和办理保险索赔等事宜，其他子公司可比照办理。

A公司董事长钱某：制度很重要，但充分调动人的积极性、主动性、创造性同样重要。集团公司对子公司的管理应本着“用人不疑、疑人不用”的原则，尽量减少条条框框的控制制度，以体现对子公司管理层的信任。

问题:

1. 从内部控制的角度，分析、判断并指出甲公司、A公司、B公司、C公司、D公司内部控制中存在哪些薄弱环节?
2. 从内部控制的角度，分析、判断甲公司董事长周某、总经理吴某、总会计师郑某、A公司董事长钱某在会议发言中的观点有哪些不当之处? 简要说明理由。

模块9

企业战略与创新管理

学习目标

知识目标

1. 掌握企业的概念，了解企业制度，理解现代企业制度的内容；
2. 了解企业经营环境，懂得如何进行企业内、外部环境分析；
3. 了解企业经营战略的含义，懂得如何进行企业经营战略分层；
4. 掌握战略管理的过程；
5. 掌握创新管理的技能。

能力目标

1. 能够进行企业内、外部环境分析；
2. 能够进行企业经营战略分层；
3. 能够应用创新管理的基本技能。

素质目标

1. 通过国内大型企业管理案例分析，了解国内企业的发展情况，形成对民族品牌的认识，树立民族自信；
2. 培养良好的创新意识。

导入案例

华为的自立自强之路

2019年5月15日，美国商务部以“国家安全”为由将华为公司及其70家附属公司列入了出口管制“实体清单”，禁止华为从美国企业购买技术和配件。面对美国的围追堵截，华为放弃幻想，以向死而生的勇气，打响绝地反击战。

当天，华为的“备胎”在一夜之间全部“转正”，华为自己研发的麒麟5G芯片替代了进口芯片，鸿蒙和欧拉操作系统相继投入使用，给华为带来喘息的机会和应对挑战的底气。

为了解决“卡脖子”的问题，华为启动了“南泥湾项目”，加快“去美国化”的步伐。经过4年的艰苦努力，华为重新构建了一条半导体全产业链和元器件供应链，在自主芯片设计生产方面已经取得全面突破，华为麒麟5G芯片已经强势回归。同时，华为对旧有ERP系统进行替换，将其自主研发的MetaERP系统投入使用，重新定义企业核心商业系统，彻底摆脱对美国等西方国家的依赖。

艰难困苦，玉汝于成。华为经过几年的艰苦努力，终于突破了美国的技术封锁，经受住了严峻的考验，各项经营业务已经回归正常，2023年的销售收入超过7000亿元人民币，再次把大批竞争者都抛到了身后。

任正非说，“没有退路就是胜利之路”。我认为，胜利有三种：机会主义者只能得到暂时性的胜利，实用主义者会获得阶段性的胜利，长期主义者才能赢得持续性的胜利。华为能够战胜强大的美国，就在于坚持长期主义。

华为的价值观，包括华为的自我批判、自我纠偏机制，更多的是向中国共产党学习的结果，中国共产党的理论思想体系影响了几代人，今天的商业组织能够从这个巨大的思想理论宝库中汲取很多商业管理经验。

（资料来源：余海胜. 解密华为：如何“活下去”并走出一条教科书式技术自立自强之路 [N/OL]. 中国青年报，2024-03-10 [2025-05-14]. https://s.cyol.com/articles/2024-03/10/content_2bGw48U3.html.）

那么，华为取得成功的关键在哪里？如何分析和制定企业经营战略呢？

9.1 企业概述

一、企业的含义与类别

1. 企业的含义

企业是依法设立的从事生产、流通、服务等经济活动，以生产或服务满足社会需要，实行自主经营、独立核算、自负盈亏的一种营利性的经济组织。

2. 企业的主要类别

企业可以按照不同的分类方式进行划分，详见表9-1。

表9-1 企业分类一览表

分类方式	企业形式
按照企业财产组织方式划分	有独资企业、合伙企业、公司企业
按照企业组织形式划分	有公司企业和非公司企业。公司企业又分为有限责任公司和股份有限公司，有限责任公司包括国有独资公司；股份有限公司又分为上市公司和非上市公司
按照企业所有制形式划分	有全民所有制企业、集体所有制企业、外商投资企业（包括中外合资经营企业、中外合作经营企业和外商独资企业）及私营企业
按照企业在社会再生产过程中职能划分	有工业企业、商业企业、建筑企业、金融企业等

二、企业制度

企业制度是企业产权制度、企业组织形式和经营管理制度的总和。其中产权制度是核心，企业组织形式和经营管理制度均以产权制度为基础，三者分别构成企业制度的不同层次。从动态的范畴来看，企业制度是随着商品经济的发展而不断创新和演进的。

从企业发展的历史来看，具有代表性的企业制度有以下三种。

1. 业主制

业主制下的企业组织，即通常所说的独资企业。业主制是一种历史悠久的企业制度，在业主制企业中，出资人既是财产的唯一所有者，又是经营者。企业主可以按照自己的意志经营，并独自获得全部经营收益。这种企业形式一般规模小，经营灵活。但业主制也有其缺陷，例如，资本来源有限，企业发展受限制；企业主要对企业的全部债务承担无限责任，经营风险大；企业的存在与解散完全取决于企业主，企业存续期限短等。因此业主制难以适应社会化商品经济发展和企业规模不断扩大的要求。

2. 合伙制

合伙制是一种由两个或两个以上的人共同投资，并分享剩余、共同监督和管理的企业制度。合伙企业的资本由合伙人共同筹集，扩大了资金来源；合伙人共同对企业承担无限责任，可以分散投资风险；合伙人共同管理企业，有助于提高决策能力。但是合伙人在经营决策上也容易产生意见分歧，合伙人之间可能出现偷懒的道德风险。所以合伙制企业一般都局限于较小的合伙范围，以小规模企业居多。

3. 公司制

现代公司制企业主要包括有限责任公司和股份有限公司。公司制的主要特点有：公司的资本来源广泛，使大规模生产成为可能；出资人对公司只负有限责任，投资风险相对降低；公司拥有独立的法人财产权，保证了企业决策的独立性、连续性和完整性；所有权与经营权相分离，为科学管理奠定了基础。

三、现代企业制度

1. 现代企业制度的含义

现代企业制度是指以公司制度为主要表现形式，体现企业是法人实体和市场竞争主体要求的企业体制，是适应社会化大生产和市场经济要求的产权明晰、责权明确、政企分开、管理科学的企业制度。

2. 现代企业制度的内容

现代企业制度一般包括三个方面的内容。

（1）现代企业法人制度。现代企业法人制度主要体现为公司的产权制度，核心是要理顺和完善企业的产权关系。根据企业法人财产权理论，公司企业对企业财产（动产、不动产和流动资金）所享有的权利，应为法人财产权；出资者对企业的权利为股东权。

（2）现代企业组织制度。①现代企业的组织形式——有限责任公司、股份有限公司和国家独资公司。②现代企业的组织体制——以股东代表大会、董事会、经理人和监事会共同组成的法人治理结构。

（3）现代企业管理制度。①建立和完善企业的组织运营系统。②建立科学的劳动用工制度和灵活有效的激励机制。③建立现代企业财务会计制度。④坚持以人为本的企业管理，培育优秀的企业文化和团队精神，加强人力资源的开发和管理等。

9.2 企业经营环境分析与战略选择

一、企业经营环境

企业经营环境是指企业的经营活动所处的内外部条件与环境因素的总和。企业外部环境是指处于企业实体之外但对企业产生影响的各种因素的总和；企业内部环境是指影响企业生存和发展的内部条件与因素之和。

企业经营
环境与战略

（一）企业外部环境分析

企业的外部环境因素一般可分为三大类：一般环境因素、行业环境因素和具体环境因素。

1. 一般环境因素

一般环境因素是指对某一特定社会所有企业或其他经济组织都产生影响的环境因素，详见表9-2。

表9-2　企业外部一般环境因素一览表

一般环境因素	主要内容
经济因素	经济因素主要指国民经济的发展情况，包括国民生产总值、利率、通胀率、可支配收入、证券市场指数、外贸收支情况以及一般的经济周期等
政治法律因素	政治法律因素指总的政治形势及立法和司法现状，包括国家政局的稳定性、社会制度、党派关系、相关法律法规以及产业政策等
社会文化因素	社会文化因素包括教育水平、宗教信仰、风俗习惯等
技术因素	技术因素主要指目前社会技术总水平及其变化趋势
自然因素	自然因素包括地理位置、气候、资源、自然灾害等因素

2. 行业环境因素

行业环境是一般环境与具体环境的结合，它是对本行业内的所有企业都产生影响的环境因素。行业环境的分析主要有以下两方面的内容。

（1）行业发展阶段、规模和趋势分析。确定行业的各种阶段是行业分析的第一步。识别一个行业处于哪个发展阶段，可以用行业生命周期的理论和方法来进行。行业的发展也是有周期的，它同样会经历幼稚期、成长期、成熟期和衰退期四个阶段。在不同的阶段，有不同的市场和竞争特点，企业可根据这些特点来判断自己所处行业的发展阶段。

（2）行业竞争环境分析——波特“五力模型”。美国哈佛大学商学院教授迈克尔·波特（Michael E. Porter）将企业的竞争因素概括为五种基本力量，提出了一个产业竞争结构的基本模式，即波特“五力模型”，如图9-1所示。

“波特五力”模型

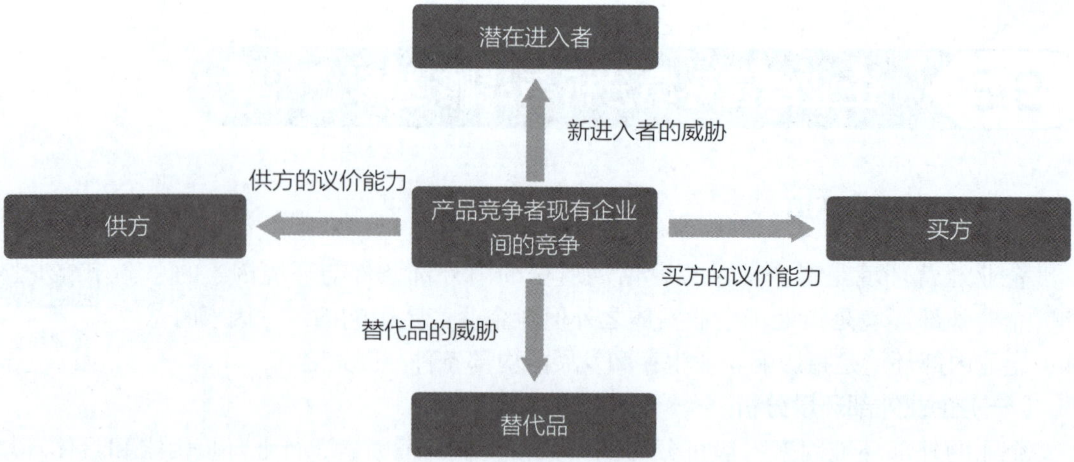

图9-1　波特“五力模型”

①供方的议价能力。供方主要通过其提高投入要素价格与降低单位价值质量，来影响行业中现有企业的盈利能力与产品竞争力。

②买方的议价能力。买方主要通过其压价与要求提供较高的产品或服务质量，来影响行业中现有企业的盈利能力。如果买方拥有讨价还价能力，他们一定会利用它。这会减少你的利润，其结果是影响收益率。

③新进入者的威胁。新竞争者的加入必然会打破市场平衡，引发现有竞争者的竞争反应，也就不可避免地需要调入新的资源用于竞争，因此使收益降低。

④替代品的威胁。市场上可替代的产品和服务的存在意味着你的产品和服务的价格将会受到限制。替代品价格越低、质量越好、用户转换成本越低，其所能产生的竞争压力就强；而这种来自替代品生产者的竞争压力的强度，可以具体通过考察替代品销售增长率、替代品厂家生产能力与盈利扩张情况来加以描述。

⑤产品竞争者现有企业间的竞争。竞争会导致增加对市场营销、研究与开发的投入或降价，结果同样会减少企业的利润。

这五种基本竞争力量都可能在企业竞争中产生影响。当然，在不同的行业中，这些因素对企业的竞争压力是不同的。分析竞争压力的来源，了解企业所处行业的竞争特点，使企业做到知己知彼，百战不殆。

3. 具体环境因素

企业的具体环境，是指对某一特定企业构成影响的环境因素。具体环境分析一般要考虑的主要因素详见表9-3。

表9-3 企业外部具体环境因素一览表

具体环境因素	主要内容
销售市场	销售市场主要包括顾客的需求或市场需求以及竞争者的情况
供应市场	应特别关注原材料、能源和协作件的供应情况，使企业生产顺利进行
资本市场	企业可以通过发行股票筹措资本，并通过资本的有效运营获得较高的经济效益，提升竞争能力
人力资源	人力资源的质量如何将影响经营战略的选择与实施
有关政府部门和社会组织	政府部门是指为国家和社会利益而监督企业经营的各有关部门，如国家税务总局、人力资源和社会保障局等。在社会上，为了公众利益，也有许多社会组织，如消费者协会、绿色和平组织等，对企业进行监督

管理实践

大疆创新无人机的竞争优势

大疆创新的无人机技术一直处于行业领先地位，这得益于大疆创新对技术创新的高度重视。大疆创新的创始人汪滔曾说过：“我们不是一个机械制造商，而是一个技术公司。”大疆创新在无人机的硬件、软件、传感器等多个领域都进行了大量的研发，不断推陈出新，不断提升产品的性能和功能。例如，大疆创新的无人机配备了高清摄像头、GPS导航系统、避障传感器等先进设备，让用户可以在更远的距离和更复杂的环境下控制无人机。此外，大疆创新还开发了无人机云平台，实现了无人机的自主飞行和自动化控制，为用户提供了更加便捷的服务。

消费者对无人机的需求主要来自三个方面：娱乐、航拍、商业及军事应用。随着大众对科技的认知日益增强，越来越多的人开始追求高品质、高科技的娱乐方式。大疆创新无人机及其附件正好满足了这种需求，成为娱乐市场的主力产品。同时，在航拍市场中，无人机集成了数字化光学设备和高分辨率摄像头，让用户不用安装设备就能获得高质量的航拍效果。这一市场也是大疆创新的主要目标客户之一。当然，在商业及军事应用领域，高精准定位、智能控制和对飞行数据的高可靠性一直是消费者关注的重点。

在无人机行业中，竞争格局十分激烈。作为行业领先品牌，大疆创新的竞争力主要体现在以下几个方面。

（1）技术实力。大疆创新在无人机及其相关附件的研发方面拥有强大的技术实力，并且在实践中不断推出高性能、高品质、多功能的无人机产品。

（2）品牌影响力。大疆创新已成为无人机行业的名牌，其品牌影响力在国内外都非常巨大。同时，由于其高品质的产品性能和客户服务，大疆创新赢得了消费者的信任和口碑，也增强了品牌的竞争力。

（3）生产能力。大疆创新在生产无人机方面，拥有完善的生产线和高效的生产流程，可以更快速地应对市场需求。

（4）价格优势。尽管大疆创新的产品价格高于同行竞争对手，但其高品质、高性能、多功能的产品在市场上的竞争力却越来越强。

大疆创新的成功不仅在中国市场上得到了证明，也在全球范围内获得了广泛的认可。大疆创新在全球范围内设有多个办事处和分支机构，销售网络覆盖全球100多个国家和地区。大疆创新在全球的布局，不仅是为了开拓市场，更是为了寻找全球最优秀的人才和资源，以推动公司的技术创新和发展。例如，大疆创新在美国加州设有研发中心，与当地的高校和科研机构合作，开展无人机技术研究和应用。此外，大疆创新还在欧洲设有研发中心和工厂，以满足当地市场的需求。大疆创新的全球化战略，让公司在全球范围内获得了更多的机会和挑战，也为中国企业走向世界提供了重要的经验和借鉴。

从全球市场的角度来看，未来无人机市场发展趋势将主要集中在两个方向：一是军事应用领域；二是民用应用领域。而在无人机领域的变革中，人工智能技术、大数据技术将会占据越来越重要的地位。同样，对于大疆创新来说，未来的发展趋势将不仅仅要专注于技术的发展，同时需要更加注重产品的创新，尤其在产品的使用场景方面，寻找新市场和新应用。在此基础上，还需要增强行业与产学研的合作，凭借技术优势和品牌优势，不断提高自身的核心竞争力，拓展更广阔的未来发展空间。

问题：大疆创新为什么会成为全球排名第一的无人机生产销售企业？

（二）企业内部环境分析

企业内部环境分析的主要内容有绩效分析、对企业战略选择的决策性因素分析。

1. 绩效分析

绩效分析的意义在于通过对量化指标进行分析比较，了解和把握企业的现状和资源状况，找出企业的优势所在。企业经营绩效的指标可分为五大类。

①成长性指标。成长性指标主要是反映企业的经营能力和扩张能力；②效益性指标。效益性指标主要反映企业的获利能力；③安全性指标。安全性指标主要反映企业的短期偿债能力和长期偿债能力；④流动性指标。从资本各种形态的流动性角度反映了企业资本的利用水平和经营效率状况；⑤生产性指标。从企业员工生产率的角度反映企业人均经营能力、经营成果以及经营成果的分配状况。

绩效分析的重点在于与历史时期、行业水平、主要竞争对手的比较，否则将失去意义。

2. 对企业战略选择的决策性因素分析

企业内部战略要素包括企业组织结构、企业文化和资源条件等。其中，企业组织结构、企业文化已在其他章节中加以论述，这里重点对影响企业战略选择的资源进行分析。

企业经营战略的制定必须建立在对企业资源条件全面认识的基础上，即通过对企业资源能力结构分析，识别资源条件的关键战略要素，找出其存在的战略优势与劣势。

（1）企业资源能力结构。企业资源能力结构是由企业经营要素决定的。管理专家用“6M+1T+1I”八大经营要素来体现企业资源能力结构。

①人力（Manpower）。人力资源通常是指企业内具有劳动能力的人的体力和脑力的总和，它是劳动力的数量、质量和专长的统一，是企业的第一资源。

②资金（Money）。资金是企业财产和物质的货币表现，企业的生产经营活动过程，也是资金运动过程。

③物料（Materials）。物料是指企业生产经营活动所需各种原材料和辅助材料等的总称。企业生产过程也是物料的消耗过程。

④机器设备（Machine）。机器设备是企业现代化生产物质技术基础。

⑤营销方法（Methods）。营销方法或技术是指企业在市场上所从事的旨在取得利润的各种活动。企业竞争优势在较大程度上取决于市场营销方法的优劣，特别是营销组合策略的优劣。因此，营销方法是企业资源的一种特别能力，关系到企业战略目标的实现。

⑥管理（Management）。管理是指利用各种企业管理职能，有效地运用人力、资金、物料、机器设备、营销方法等因素，使企业取得较大的经济效益。

⑦时间（Time）。时间是企业生产经营活动诸因素中最宝贵的资源。对企业战略管理来说，对时间的重视主要表现在：把握时机，抓住机会，才能出奇制胜；市场竞争要求快速响应；注重货币的时间价值。

⑧信息（Information）。信息是指为做出一项决策而必须具备的新知识。当今决定企业经营水平和企业能力的已不仅是装备、技术等，还取决于企业占有信息的程度。

（2）战略因素的分析与评价。在对企业资源能力的结构系统认识的基础上，就可以对资源条件的战略因素进行分析与评价，从而弄清企业在资源条件方面的关键战略以及优势和劣势之所在。

①历史比较法。历史比较法要求企业战略层将本企业的历史状况作为对企业内部战略因素进行比较的基础。

②竞争对手比较法。同一行业内的不同企业在营销技术、资金来源、生产设施、专门技术、管理能力、人员素质等方面都存在差别，这些差别便形成了企业间的相对优（劣）势。因此，在制定企业战略时，有必要将本企业主要内部能力与竞争对手相比较，从而找出企业的主要优劣势。

二、现代企业经营战略

（一）企业经营战略的含义

战略“Strategy”一词来源于希腊语“Strategos”，其含义是将军。到中世纪，这个词演变为军事术语，指对战争全局的筹划和谋略。除军事领域之外，战略的价值同样适用于政治、经济等领域。后来演变为泛指重大的、全局性的、左右胜败的谋划。将战略思想运用于企业经营管理之中，便产生了企业战略这一概念。

企业经营战略是指企业面对激烈变化、严峻挑战的经营环境，为求得长期生存和不断发展而进行的总体性谋划。它是企业为实现其宗旨和目标而确定的组织行动方向和资源配置纲要，是制订各种计划的基础。

具体而言，企业经营战略是在符合和保证实现企业宗旨的条件下，在充分利用环境中存在的各种机会和创造新机会的基础上，确定企业同环境的关系，规定企业从事的经营范围、成长方向和竞争对策，合理地调整企业结构和配置企业的资源，从而使企业获得某种竞争优势。

企业经营战略具有长期性、全局性、竞争性、创新性、应变性和风险性。

（二）企业经营战略层次

企业的目标是多层次的，它包括企业的总体目标、企业内各个层次的目标以及各经营项目的目标，各层次目标形成一个完整的目标体系。企业的战略，不仅要说明企业整体目标以及实现这些目标的方法，而且要说明企业内每一层次、每一类业务以及每个部门的目标及其实现方法。

1. 总体战略（公司战略）

总体战略又称公司战略，是企业的战略总纲，是企业最高管理层指导和控制企业的一切行为的最高行动纲领。在大型企业里，特别是多角化经营的企业里，它需要根据企业的宗旨和目标，选择企业可以竞争的经营领域，合理配置企业经营所必需的资源，决定企业整体的业务组合和核心业务，促使各经营业务相互支持、相互协调。可以说，从公司的经营发展方向到公司各经营单位之间的协调，从资源的充分利用到整个公司的价值观念、企业文化的建立，都是总体战略的重要内容。

总体战略主要有发展战略、稳定战略和收缩战略。在三种战略中最重要的是发展战略，包括决定向什么方向发展，是在原行业中进行产品或市场的扩张，还是通过一体化、多角化进入新的经营领域；还要决定用什么方式发展，要在内部创业、购并、合资等发展方式中做出战略选择。对于多角化经营的企业，要决定企业整体的业务组合和核心业务。

（1）发展型战略。通过新建、并购或战略联盟等方式扩大产销规模，提高市场地位的战略。其特征是投入大量资源扩大产销规模；不断开发新产品和新市场；通过创新引导消费，创造需求。具体又分为以下三种形式。

①集中型发展战略。集中资源提高一种产品的市场地位。

②一体化发展战略。一体化发展战略包括前向一体化（比如生产企业自己做销售），和后向一体化（比如生产企业自己生产原材料）。

③多元化发展战略。多元化发展战略包括两种形式：一是关联（同心）多元化，进入与现有产品相关的经营领域，如由冰箱进入空调业；二是非关联（同心）多元化，企业经营的多种业务不存在实质的相似性，即不强调多种业务共享企业的技术和价值链活动，而是强调每种业务都能为企业提供有吸引力的盈利机会。

（2）稳定型战略。稳定型战略是指维持现有产销规模和市场地位战略。其特征是继续提供相同产品给原有顾客；保持现有规模或略有增长；继续追求与过去相同的经济效益目标；战略期内每年所期望取得的成绩按大体相同的比率增长，实现稳步发展。这一战略适用于行业结构和市场需求稳定，企业决策层不希望承担改变战略所带来的风险企业。

（3）收缩型战略。收缩型战略是指缩减企业经营规模的战略。具体有三种基本形式。

①抽资转向战略。抽资转向战略指减少某一经营领域内的投资，并把节约下来的资金投入其他更需要资金的领域中的战略。

②调整性战略。调整性战略指企业为扭转不良的财务状况而采取的收缩生产经营规模的战略。比如裁减员工。

③放弃战略。放弃战略即出售企业的某个业务部门，可能是一个子公司，一个事业部或一条生产线。

2. 经营单位战略（事业部战略）

经营单位是战略经营单位的简称，是指公司内其产品和服务有别于其他部分的一个单位。一个战略经营单位一般有着自己独立的产品和细分市场。它的战略主要针对不断变化的环境，在各自的经营领域里有效地竞争。为了保证企业的竞争优势，各经营单位要有效地控制资源的分配和使用。同时，战略经营单位还要协调各职能层的战略，使之成为一个统一的整体。经营单位战略主要有基本竞争战略、投资战略，以及针对不同行业和不同地位的经营战略。

3. 职能战略

职能战略又称职能部门战略，是为了贯彻、实施和支持总体战略与经营单位战略而在企业特定的职能管理领域制定的战略。职能战略一般可分为营销战略、人力资源战略、财务战略、生产战略、研发战略等。

从战略构成要素来看，协同作用和资源配置是职能战略的关键要素，而经营范围则通常不用职能战略考虑。要根据经营单位战略的要求，在各职能部门中合理地配置资源，并确定各职能的协调与配合。

4. 基本竞争战略

基本竞争战略是指在影响竞争力的某个因素上取得显著竞争优势的一种竞争模式。迈克尔·波特在《竞争战略》一书中曾经提出过三种基本竞争战略：成本领先战略、差异化战略和目标集中战略。他认为，企业要获得竞争优势，一般只有两种途径，一是在产业中成为成本最低的生产者；二是在企业的产品和服务上形成与众不同的特色，企业可以在或宽或窄的经营目标内形成这种战略。这些战略是根据产品、市场以及特殊竞争力的不同组合而成的，企业可以根据生产经营的情况采用自己所需要的战略。

（1）成本领先战略。成本领先战略是指企业通过对其价值链的一系列环节的成本控制，使其在成本方面在产业内做到最低，以增强其竞争力的一种竞争模式。成本领先战略有两个重要特征：一是一定要在产业内做到最低，否则没有优势可言，或者丧失了这种战略的大部分优势；二是所提供的最终产品或者服务的总成本最低，而不是在价值链中的某一个环节最低。对第二个特征而言，如果企业实施成本领先战略，必须在从产品创意开始到产品设计、生产、运输、包装、销售、服务和广告等所有环节上把成本降到最低限度。

（2）差异化战略。差异化战略是指依据市场需求的差异化特征，通过提供与众不同的产品和服务，以增强竞争力的一种竞争模式。企业形成这种战略主要是依靠产品和服务的特色，而不是产品和服务的成本。但这并不意味着企业可以忽略成本，只是强调这种战略目标首要的是形成差异，为此可能要牺牲成本。

（3）目标集中战略。目标集中战略是指集中企业资源于某个细分市场上，以增强竞争力的一种竞争模式。这个细分市场可以是某个特定的客户群、某产品系列中的一个或者几个规格或品种、某一个特定的细分区域市场。目标集中战略是建立在市场细分的基础上的，它的最主要的战略意图是避开产业内强有力的对手的竞争，力图在一个不被这些竞争对手所关注的市场上形成竞争优势。目标集中战略是与那些企图成为专家型企业的战略定位相吻合的。

目标集中战略与其他两个基本的竞争战略不同。成本领先战略与差异化战略面向全产业，在整个产业的范围内进行活动。而目标集中战略则是围绕一个特定的目标进行密集型的生产经营活动，要求能够比竞争对手提供更为有效的服务。

企业一旦选择了目标市场，便可以通过产品差异化或成本领先的方法，形成目标集中战略。也就是说，采用目标集中型战略的企业，基本上就是特殊的差异化或特殊的成本领先企业。

波特“五力模型”与竞争战略的关系见表9-4。

表9-4 波特“五力模型”与竞争战略的关系

行业内的五种力量	竞争战略		
	成本领先战略	差异化战略	目标集中战略
新进入者的威胁	具备杀价能力以阻止潜在对手的进入	培育顾客忠诚度以挫伤潜在进入者的信心	通过集中战略建立核心能力以阻止潜在对手的进入
买方议价能力	具备向大买家出更低价格的能力	因为选择范围小而削弱了大买家的谈判能力	因为没有选择范围而使大买家丧失谈判能力
供方议价能力	更好地抑制大卖家的砍价能力	更好地将供方的涨价部分转嫁给顾客方	进货量低，供应商的讨价还价能力高，但集中差异化的公司能更好地将供方的涨价部分转嫁出去
替代品的威胁	能够利用低价抵御替代品	顾客习惯于一种独特的产品或服务因而降低了替代品的威胁	特殊的产品和核心能力能够防止替代品的威胁
产品竞争者现有企业间的竞争	能更好地进行价格竞争	品牌忠诚度能使顾客不理睬你的竞争对手	竞争对手无法满足集中差异化顾客的需求

（三）战略管理的过程

战略是计划的一种形式，但战略管理却不只是制定战略。战略管理是制定和实施战略的一系列管理决策与行动。一般认为，战略管理由几个相互关联的阶段所组成，这些阶段有一定的逻辑顺序，包含若干必要的环节，由此而形成一个完整的体系。

1. 战略分析

战略分析的主要任务是对保证组织在现在和未来始终处在良好状态的那些关键性影响因素形成一个概观，即对企业的战略形成有影响的关键因素进行分析，并根据企业目前的“位置”和发展机会来确定未来应该达到的目标。这个阶段的主要工作是：明确企业当前宗旨、目标和战略；外部环境分析；内部条件分析；重新评价企业的宗旨和目标。

2. 战略选择

战略选择阶段的任务是决定达到战略目标的途径，为实现战略目标确定适当的战略方案。企业战略管理人员在战略选择阶段的主要工作是产生战略方案；评价战略方案；选出供执行的满意战略。

3. 战略实施与控制

战略实施与控制过程就是把战略方案付诸行动，保持经营活动朝着既定战略目标与方向不断前进的过程。这个阶段的主要工作包括计划、组织、领导和控制四种管理职能的活动。

管理实践

农夫山泉的竞争战略

2025年年初，农夫山泉已连续14年稳坐中国包装饮用水市场的头把交椅。不仅如此，其旗下的东方树叶在纯茶饮料领域也表现出强劲实力，有望成为中国纯茶饮料市场的领头羊。

2000年，农夫山泉发起了一场饮用水领域的“世纪大战”。通过科学实验证明，纯净水对人类健康并无益处，从而决定停止生产纯净水，全面转向天然水生产。这一战略选择无疑将农夫山泉推向了饮用水领域的前沿，使其与行业为敌。但反映了农夫山泉一贯坚持的产品差异化战略。

农夫山泉通过制定天然水标准，自建优质水源地，构建了品类规则。不仅打破了纯净水的既有品类规则，还从零开始自建了天然水的品类规则。

农夫山泉在全国范围内发现了十二个优质水源地，并投入巨大的资本和精力进行技术开发，通过先进的工艺和严格的质量控制措施，确保天然水的卓越品质。这些水源地遍及东北、华北、华南、华中、华东等地区，为农夫山泉的天然水生产提供了坚实的保障。

农夫山泉的成功并非偶然，其背后是钟睒睒对品牌建设的重视和对社会责任的承担。他深知品牌是企业的核心竞争力，因此投入大量资源用于品牌宣传和推广。农夫山泉通过一系列创新的营销策略，如赞助公益活动、推出限量版产品等，与消费者建立了深厚的情感纽带，增强了消费者对品牌的忠诚度。

在产品方面，农夫山泉始终坚持高品质。其产品线丰富多样，除了经典的天然矿泉水，还有茶饮料、果汁饮料等多种健康饮品。这种多元化的产品策略满足了不同消费者的需求，进一步巩固了农夫山泉的市场地位。

问题：

1. 农夫山泉采用的是什么样的目标市场战略？
2. 农夫山泉采取了哪些有针对性的营销策略？

9.3 企业创新管理

一、创新与创新管理的含义

创新是指对原有事物的改变或新事物的引入，是创造新理念并将其付诸实践的过程。主要包括产品创新、技术创新、市场创新、商业模式创新、环境创新、组织创新和管理创新等方面。

任正非说："创新是应对市场变化的唯一途径，我们要保持持续的创新投入，提高核心竞争能力。我们要鼓励员工进行有益的尝试和探索，给予他们充分的支持和资源，推动公司的创新发展。创新不能一味追求新技术、新功能，而是要注重创新的实际效果，能够解决实际问题。"

创新管理是企业通过科学方法，系统化地激发、筛选、开发和落地创新，以实现增长、提升竞争力并适应市场变化的过程。它涵盖战略、组织、流程、文化等多个维度，最终目标是将创意转化为商业价值。创新管理的核心目标如下。

（1）推动增长。通过新产品、服务或商业模式开拓市场。

（2）提升效率。简化流程或技术降本增效（如精益生产）。

（3）增强竞争力。构建技术或品牌壁垒（如华为5G专利布局）。

（4）适应变革。应对市场颠覆。

二、创新活动的过程

就"一般创新"来说，它们必然依循一定的步骤、程序和规律。总结众多成功企业的经验，成功的变革与创新要经历以下几个阶段的努力。

1. 寻找机会

创新是对原有秩序的破坏。原有秩序之所以要打破，是因为其内部存在着或出现了某种不协调的现象，不协调为创新提供了契机。企业的创新，往往是从密切地注视、系统地分析社会经济组织在运行过程中出现的不协调现象开始的。

2. 提出构想

敏锐地观察到不协调现象的产生以后，还要透过现象究其缘由，并据此分析和预测不协调的未来变化趋势，估计它们可能给组织带来积极或消极后果，并在此基础上，努力利用机会或将威胁转换成为机会，采用头脑风暴、德尔菲、畅谈会等方法提出多种解决问题、消除不协调的方案，使系统在更高层次实现平衡的创新构想。

3. 迅速行动

创新成功的秘密主要在于迅速行动。提出的构想可能还不完善，甚至可能很不完善，但这并非十全十美的构想，必须立即付诸行动才有意义。一味追求完美，以减少受讥讽、被攻击的机会，就可能错失良机，把创新的机会白白地送给自己的竞争对手。

4. 坚持不懈

构想经过尝试才能成熟，而尝试是有风险的，是不可能“一打就中”的，是可能失败的。创新的过程是不断尝试、不断失败、不断提高的过程。因此，创新者在开始行动以后，为取得最终的成功，必须坚定不移地继续下去，绝不能半途而废，否则便会前功尽弃。要在创新中坚持下去，创新者必须有足够的自信心，有较强的忍耐力，能正确对待尝试过程中出现的失败，既为减少失误或消除失误后的影响采取必要的预防或纠正措施，又不把一次尝试的失利看成整个决策的失败，要知道创新的成功只能在屡屡失败后才姗姗来迟。伟大的发明家爱迪生曾经说过：“我的成功乃是从一路失败中取得的。”这句话对创新者应该有所启示。创新的成功在很大程度上要归因于“最后五分钟”的坚持。

知识拓展

创新精神是科学进步的动力来源

创新精神是抢占科技竞争和未来发展制高点、解决受制于人等重大瓶颈问题的重要保证。新中国成立以来，特别是改革开放以来，在党和政府的领导下，我国广大科技工作者奋勇攀登科技高峰，取得了一批以“两弹一星”、载人航天、超级杂交水稻、探月工程、北斗导航、高速铁路等为代表的重大科技成果。广大科学家和科技工作者的创新精神在这些科技成果中得到充分体现，并成为国家兴旺发达的不竭动力。

科学有永无止境的前沿，科学精神不承认有任何亘古不变的教条。一切因循守旧、抱残守缺的思维和行为都是不科学的。践行科学精神必然要求我们勇于探索、改革创新。

21世纪是一个创新的时代，国家对创新的需要比以往任何时候都更为迫切。在日益激烈的国际竞争中，唯创新者进、唯创新者强、唯创新者胜，只有创新才能引领未来。

三、企业创新管理的主要内容

1. 企业目标创新

企业目标创新是指企业根据内外部环境变化，重新定义或调整其战略目标和发展方向，以保持竞争力、实现可持续增长或开拓新机遇的过程。它不仅是目标的简单更新，更是对企业使命、愿景和核心价值的深度思考与重构。目标创新的主要方向如下。

（1）从盈利导向到价值共生。目标不再局限于财务指标，而是强调为股东、客户、员工、社会创造综合价值。从规模增长到高质量增长。关注客户终身价值、创新密度、单位资源效益而非单纯扩张。

（2）从竞争到生态协同。目标转向构建产业生态，与合作伙伴共享资源。

（3）从短期业绩到长期主义。设定环境、社会、治理（ESG）目标，如碳中和、员工福祉等。

（4）从静态目标到动态适应。采用敏捷目标管理（如OKR），定期迭代调整目标。

2. 企业技术创新

企业技术创新是指企业通过研发新技术、改进现有技术或整合跨领域技术，形成差异化竞争优势，从而创造市场价值的过程。主要包括企业要素创新与企业产品创新。它是企业可持续发展的核心驱动力，尤其在数字化、绿色化转型的背景下，技术创新能力直接决定企业的生存空间。

企业要素创新，是指企业对传统生产要素（如劳动力、资本、土地、技术等）进行重新定义、组合或升级，并通过引入新要素（如数据、生态资源、知识资产等）来重构价值创造体系的过程。在数字经济与碳中和时代，要素创新已成为企业突破增长瓶颈的核心杠杆。

产品创新是企业通过技术、设计、功能或商业模式变革，创造新产品或升级现有产品，以满足市场需求或开拓新市场的过程。在竞争激烈的商业环境中，产品创新是企业保持增长和差异化的核心驱动力。主要包括颠覆式创新（突破性创新），创造全新市场或替代现有产品，通常由技术突破驱动；渐进式创新（改进型创新），优化现有产品（性能、成本、用户体验）；模块化创新（组合式创新），将现有技术或功能重新组合，形成新产品；商业模式驱动的产品创新，产品本身变化不大，但通过新商业模式创造价值。

3. 企业结构与制度创新

企业结构与制度创新是指对企业的治理结构、管理机制、运营规则等进行系统性变革，以适应市场变化、提升组织效率并释放创新活力。它不同于技术或产品创新，而是通过规则重塑来改变企业的运行逻辑，是支撑其他创新的底层基础设施。主要包括治理结构创新，如平台型治理（如海尔集团"人单合一"模式，取消中层，全员创客），双重股权架构（如阿里巴巴集团合伙人制度，保障创始人控制权），ESG治理（将环境、社会、治理目标纳入董事会考核）；组织管理创新，如网状组织（字节跳动"飞书"驱动的透明协作），阿米巴经营（京瓷的细胞式独立核算单元）；激励机制创新，如OKR+股权激励，内部创业分红；流程制度创新，如AI流程自动化（万科用RPA机器人处理80%合同审批），逆向考核。

4. 企业环境创新

企业环境创新是指企业通过技术、管理和商业模式变革，系统性优化与自然、社会和政策环境的互动关系，在降低生态影响的同时创造新价值。这不仅是应对监管的被动调整，更是塑造未来竞争力的战略选择。企业环境创新的三大维度：①物理环境创新，如清洁生产，循环设计，生物友好；②制度环境创新，如碳资产管理，绿色治理，政策共创；③市场环境创新，如绿色消费教育，生态溢价变现，碳足迹可视化。

5. 企业文化创新

企业文化创新是企业为适应战略转型、技术变革或代际更替，对核心价值观、行为准则和组织氛围进行的创造性重构。它不仅是标语口号的更新，更是通过深层心理契约的重塑，让组织获得持续进化的基因。文化创新需把握三个核心原则。真实性：文化必须体现在关键决策中（如晋升谁/淘汰谁）；参与感：由员工共创而非人力资源部门单方面设计；动态性：建立文化迭代机制（如字节跳动每年修订文化手册）。

四、企业创新管理的注意事项

企业创新管理是推动持续发展的核心动力，但在实施过程中需要特别注意以下关键事项，以确保创新活动高效、可控且能真正创造价值。

1. 战略层面注意事项

（1）避免创新与战略脱节。确保创新方向与企业整体战略一致（如比亚迪新能源转型与其“绿色梦想”战略匹配）；需定期评估创新项目对战略目标的贡献度，建立动态调整机制。

（2）平衡创新组合风险。遵循“70—20—10”原则：70%资源投入渐进式创新，20%投入相邻领域，10%投入颠覆性创新。

2. 组织与文化注意事项

（1）打破创新孤岛。避免研发部门“闭门造车”，必须建立市场/生产/财务等多部门协同机制；可采用“创新委员会”形式（如海尔每个创新项目必须包含市场人员）。

（2）管理文化冲突。传统业务部门（追求稳定）与创新团队（需要容错）之间需设立缓冲机制。可采用“物理隔离（如阿里云最初独立运营）+差异化KPI考核”的方式。

（3）警惕创新形式化。避免“为创新而创新”，需建立结果导向的评估体系。

3. 流程执行注意事项

（1）控制创新漏斗的合理性。初期创意阶段宜开放（如乐高IDEAS平台收集用户提案）；中后期必须严格筛选，避免资源分散（使用NPV/IRR等财务工具评估）。

（2）防止过度追求完美，采用“够好就行”原则。典型案例为微信1.0版本仅含基础功能，通过迭代成长为超级App。

（3）规避知识产权风险。提前进行FTO（自由实施）检索，避免侵权（如某手机厂商因专利诉讼损失数亿美元）；核心技术创新必须建立专利池防御。

4. 资源管理注意事项

（1）避免创新资源透支。研发投入占比需与现金流匹配（建议科技企业控制在营收的8%～15%）。

危机案例：某AI初创公司技术领先但因过度研发导致资金链断裂。

（2）防止人才错配。创新项目需要“特种兵”而非常规部队。

（3）确定数据安全红线。开放式创新中需防范核心数据泄露。

5. 商业化注意事项

（1）验证市场真实需求。采用“前验法”：用极低成本测试市场反应。

（2）警惕创新扩散陷阱。创新产品要匹配市场接受度曲线（如早期电动汽车需从高端用户切入）。

（3）建立创新退出机制。设定明确的终止标准（如18个月未达关键里程碑则叫停）。

6. 特别风险预警

（1）技术悬崖风险。押注单一技术路线需谨慎。应保持技术路线多样性（如比亚迪同时开发混动/纯电）。

（2）政策合规风险。新兴领域创新需预判监管方向（如加密货币、基因编辑等）。

（3）生态协同风险。跨界创新要确保合作方能力匹配（如某智能家居项目因芯片供应商掉队而延期）。

（4）企业创新管理本质是在可控风险下追求突破的艺术。建议每季度进行“创新健康度检查”，重点审视战略契合度、资源使用效率、商业化进度三大维度，确保创新真正成为企业发展的引擎而非负担。

五、创新管理的技能

有效的创新工作需要管理者能够为部属的创新提供条件、创造环境，有效地组织系统内部的创新。

1. 正确地扮演“管理者”的角色

管理人员往往是保守的。他们往往以为，组织雇用自己的目的是维持组织的运行，因此自己的职责首先是保证预先制定的规则的执行和计划的实现，“系统的活动不偏离计划的要求”便是优秀的管理象征。因此，他们往往自觉或不自觉地扮演着现有规章制度的守护神的角色。为了减少系统运行中的风险，防止大祸临头，他们往往对创新尝试中的失败吹毛求疵，随意惩罚在创新尝试中失败的人，或轻易地奖励那些从不创新、从不冒险的人……这样狭隘地理解管理者的角色，显然是不行的。管理人员必须自觉地带头创新，并努力为组织成员提供和创造一个有利于创新的环境，积极鼓励、支持、引导组织成员进行创新。

2. 创造促进创新的组织氛围

促进创新的最好方法是多维度、高频率地宣传创新、激发创新，使每一个人都奋发向上、努力进取、跃跃欲试、大胆尝试。要造成一种人人谈创新、时时想创新、无处不创新的组织氛围，使那些无创新欲望或有创新欲望却无创新行动、从而无所作为者感觉到在组织中无立身之处，使每个人都认识到组织聘用自己的目的不是要自己简单地用既定的方式重复那些也许重复了许多次的操作，而是希望自己去探索新的方法，找出新的程序，只有不断地去探索、去尝试才有继续留在组织中的资格。

3. 制订有弹性的计划

创新意味着打破旧的规则，意味着时间和资源的计划外占用，因此，创新要求组织的计划必须具有弹性。

创新需要思考，思考需要时间。把每个人的每个工作日都安排得非常紧凑，对每个人在每时每刻都实行“满负荷工作制”，创新的许多机遇就不可能发现，创新的构想也就无条件产生。

4. 正确地对待失败

创新的过程是一个充满着失败的过程。创新者应该认识到这一点，创新的组织者更应该认识到这一点。只有认识到失败是正常的，甚至是必需的，管理人员才可能允许失败，支持失败，甚至鼓励失败。当然，支持尝试、允许失败，并不意味着鼓励组织成员马马虎虎地工作，而是希望创新者在失败中取得有用的教训，学到一点东西，变得更加明白，从而使下次从失败到创新成功的路程缩短。

5. 建立合理的奖酬制度

要激发每个人的创新热情，还必须建立合理的评价和奖惩制度。创新的原始动机也许是个人的成就感、自我实现的需要，但是如果创新的努力不能得到组织或社会的承认，不能得到公正的评价和合理的奖酬，继续创新的动力就会渐渐失去。促进创新的奖酬制度至少要符合下述条件。

（1）注意物质奖励与精神奖励的结合。

（2）奖励不能视作“不犯错误的报酬”，而应是对特殊贡献，甚至是对希望做出特殊贡献的努力的报酬；奖励的对象不仅包括成功以后的创新者，而且应当包括那些成功以前，甚至是没有获得成功的努力者。

（3）奖罚制度要既能促进内部的竞争，又能保证成员间的合作。

同步测试

一、名词解释

企业　现代企业制度

二、填空题

1. 企业制度是________、________和________的总和。企业制度的核心是________。

2. 从企业发展的历史来看，具有代表性的企业制度有以下三种：________、________、________。

3. 战略实施与控制过程的主要工作包括________、________、________和________四种管理职能的活动。

4. 职能战略一般可分为________、________、________、________、研发战略等。

5. 总体战略主要包括________、________、________。

6. 企业经营战略具有________、________、________、________、________和风险性。

7. 企业经营绩效的指标可分为五大类：________、________、________、________、________。

三、判断题（正确的用T，错误的用F）

1. 战略管理是制定和实施战略的一系列管理决策与行动。（　）

2. 采用目标集中战略的企业，不是特殊的差异化或特殊的成本领先企业。（　）

3. 一体化发展战略是集中资源提高一种产品的市场地位。（　）

4. 成长性指标，主要反映企业的经营能力和扩张能力。(　)
5. 安全性指标，主要反映企业的短期偿债能力和长期偿债能力。(　)
6. 资本市场的发展为企业的发展提供了资金来源。(　)
7. 企业经营环境是指企业的经营活动所处的内外部条件与环境因素的总和。(　)
8. 绩效分析的重点并非与历史时期、行业水平、主要竞争对手的比较。(　)
9. 按照企业财产组织方式划分，有独资企业、合伙企业、公司企业。(　)
10. 企业经营环境是指企业的经营活动所处的内外部条件与环境因素的总和。(　)

四、单选题

1. 企业是依法设立的从事生产、流通、服务等经济活动，以生产或服务满足社会需要，实行自主经营、独立核算、自负盈亏的一种营利性的（　）。

A. 经济组织　B. 政治组织　C. 文化组织　D. 工作组织

2. 按照企业财产组织方式划分，有独资企业、合伙企业和（　）。

A. 公司企业　B. 工业企业　C. 商业企业　D. 建筑企业

3. 按照企业所有制形式划分，有全民所有制企业、集体所有制企业、外商投资企业（包括中外合资经营企业、中外合作经营企业和外商独资企业）和（　）。

A. 独资企业　B. 合伙企业　C. 私营企业　D. 商业企业

4. 企业产权制度、企业组织形式和经营管理制度的总和是指（　）。

A. 企业制度　B. 企业文化　C. 企业组织　D. 企业资源

5. 某公司经过几年发展之后，在战略方面有很多经验和教训。所以，决定全面分析公司内外环境，制定一个系统的公司战略；在公司识别的如下竞争优势或劣势中，哪个不属于优、劣势的范畴？(　)

A. 公司高层管理者之间团结、凝聚力强
B. 经济增长速度加快，大幅度提高了对公司产品的需求
C. 公司销售渠道的实力比主要竞争对手弱，覆盖面比竞争对手小
D. 公司在新技术的整合能力方面有待于进一步加强

6. 在市场竞争的过程中，现有厂家相对于新进入者具有先入者优势（所谓在位优势）。请分析以下哪项因素不属于现有厂家相对于新进入者的在位优势？(　)

A. 拥有熟练的工人和管理人员　B. 产品差异优势
C. 进货渠道和分销网络优势　D. 专利优势

7. 企业组织结构必须与其战略相匹配。企业战略对组织结构设计的影响是（　）。

A. 战略不同，要求开展的业务活动也会随之不同，从而会影响部门设置
B. 不同战略有不同的重点，会影响各部门与职务的相对重要性及相互关系
C. A和B都对
D. A和B都不对

8. 通过目前的产品与目前市场的份额增长来表示的一种增长方式是（　）。

A. 市场开发　B. 市场渗透　C. 产品开发　D. 多种经营

9. 战略联盟至少需要的企业个数为（　）个。

A. 2　B. 3　C. 4　D. 5

10. 进行战略管理的起点是（　）。

A. 确定企业的使命　B. 制定和选择战略方案

C. 战略事业单位的划分　D. 战略管理职责的落实

11. 企业为扭转不良的财务状况而采取的收缩生产经营规模的战略是（　）。

A. 抽资转向战略　B. 调整性战略

C. 多元化发展战略　D. 放弃战略

12. 生产企业自己生产原材料属于（　）。

A. 集中型发展战略　B. 多元化发展战略

C. 一体化发展战略　D. 抽资转向战略

13. 在行业结构和市场需求稳定，企业决策层不希望承担改变战略所带来的风险时，则应该采取（　）。

A. 调整性战略　B. 一体化发展战略

C. 稳定型战略　D. 多元化发展战略

14. 通过新建、并购或战略联盟等方式扩大产销规模，提高市场地位的战略是（　）。

A. 稳定型战略　B. 发展型战略　C. 收缩型战略　D. 调整性战略

15. 企业制度的核心是（　）。

A. 产权制度　B. 组织制度　C. 文化制度　D. 控制制度

五、多选题

1. 现代企业制度一般包括的内容有（　　）。

A. 现代企业法人制度　B. 现代企业组织制度

C. 现代企业管理制度　D. 现代企业财务制度

2. 下列属于现代企业的组织形式有（　　）。

A. 有限责任公司　B. 股份有限公司

C. 国家独资公司　D. 个体户

3. 波特在《竞争战略》一书中曾经提出过三种基本竞争战略，分别为（　　）。

A. 差异化战略　B. 成本领先战略

C. 分散化战略　D. 目标集中战略

4. 企业内部战略要素包括（　　）。

A. 企业组织结构　B. 资源条件

C. 自然环境　D. 企业文化

六、简答题

1. 简述波特“五力模型”与竞争战略的关系。
2. 创新管理的技能有哪些？

项目实训

学生分组（每组3～5人）对网上同一行业的两家企业进行调研，了解和比较两家企业战略的异同点。要求每个小组提交一份调研报告。

案例研讨

腾讯音乐战略转型

2025年3月18日，腾讯音乐发布2024年全年及第四季度财报。财报显示，2024年，腾讯音乐营收284亿元，同比仅增长2.3%，但非国际财务报告准则下，净利润高达81.4亿元，同比大增30.7%。而第四季度，腾讯音乐营收74.6亿元，同比增长8.2%；非国际财务报告准则下，净利润同比增长43.0%至24亿元。足见，腾讯音乐2024年交出了一份“增利不增收”的成绩单。而这，主要源于其业务结构的持续巨变——在线音乐服务迅猛上涨的同时，社交娱乐板块持续下滑，两相抵消。对腾讯音乐而言，这无疑是一件好事——重新聚焦音乐本身的腾讯音乐，正逐步摆脱对社交娱乐的依赖，并进一步巩固了自己在在线音乐赛道上的话语权。

用户付费听歌的习惯正日益巩固，是腾讯音乐近年战略转型的一大成果。在此之前，腾讯音乐的主要收入来源更多依赖社交娱乐服务，即秀场直播与在线K歌等业务。然而，当监管趋严、市场饱和，整个直播行业集体降温、衰退终究无法避免。财报显示，2024年全年，腾讯音乐社交娱乐服务及其他服务营收66.6亿元，同比暴跌36.1%，且付费用户数、单付费用户月均收入均在下滑。

若是几年前，这种断崖式下跌对腾讯音乐而言无疑是场灾难。但腾讯音乐显然比市场预期更早嗅到了寒意，因此并未陷入恐慌，而是在近些年加速向音乐订阅转型。这背后是“用户质量”对“用户数量”的替代逻辑——直播打赏依赖少数“土豪大哥”，而订阅制培养的是可持续的付费群体。财报显示，在线音乐已贡献近3/4的营收，公司营收结构实现了“由娱归音”的根本性转变。

腾讯音乐的转身，也是国内在线音乐逻辑的转变——过往，当社交娱乐业务撑起半边天时，在线音乐玩家往往会将音乐会员绑定其他业务或直接折扣，换取更高的付费率。毕竟在线音乐内容可供用户重复消费，并不会面临如同做一锤子买卖的长视频平台那般严峻的会员续费问题。然而，现阶段，玩家们打法早已改变。一方面，通过定价更高的SVIP“提纯”核心用户，抬高在线音乐订阅服务的天花板；另一方面则将目光投向了那些始终不肯付费的用户，通过看广告免费听歌模式榨取用户残值。

以QQ音乐超级会员为例，其相对高昂的订阅价格，换取的不仅是臻品音质或动态皮肤，更是“身份特权”——独家演唱会直播、票务优先购、明星语音问候等权益，本质是将音乐消费与粉丝经济的阶级符号绑定，堪称一场商业实验。而这，正是腾讯音乐的“阳谋”之一——一旦付费规模上来，腾讯音乐的版权议价能力也随之水涨船高，从“买版权”变为“谈版权”，进一步优化成本结构。从短期来看，订阅制的成功让腾讯音乐实现了盈利模式切换与升级；但从长期来看，这只是其构建“音乐+”生态的第一步。

（资料来源：新浪财经. 腾讯音乐，由攻转守 [EB/OL].（2025-03-20）[2025-05-28]. http://finance.sina.com.cn/cj/2025-03-20/doc-ineqiarh4705946.shtml.）

问题：

1. 腾讯音乐在战略转型方面为什么会成功？
2. 请找一家中国企业谈谈其战略发展状况。

参考文献

[1] 周三多，等．管理学原理与方法[M]．5版．上海：复旦大学出版社，2009.

[2] 哈罗德·孔茨．管理学：第12版[M]．张晓君，译．北京：经济科学出版社，2008.

[3] 斯蒂芬·P. 罗宾斯．管理学：第9版[M]．孙健敏，译．北京：中国人民大学出版社，2009.

[4] 黄渝祥，等．企业管理概论[M]．北京：高等教育出版社，2006.

[5] 周健临．管理学教程[M]．上海：上海财经大学出版社，2002.

[6] 孙凤芝，赵善伦．管理学原理[M]．青岛：中国海洋大学出版社，2004.

[7] 王春利，李大伟．管理学基础[M]．北京：首都经济贸易大学出版社，2001.

[8] 许庆瑞．管理学[M]．北京：高等教育出版社，2001.

[9] 单凤儒．管理学基础[M]．北京：高等教育出版社，2003.

[10] 杨杜．现代管理理论[M]．北京：中国人民大学出版社，2001.

[11] 王利平．管理学原理[M]．北京：中国人民大学出版社，2003.

[12] 陈忠卫，王晶晶．企业战略管理[M]．北京：中国统计出版社，2001.

[13] 罗锐韧．哈佛管理全集[M]．北京：企业管理出版社，1999.

[14] 刘金胜．薪酬管理实务手册[M]．北京：机械工业出版社，2002.

[15] 周祖城．管理与伦理[M]．北京：清华大学出版社，2000.

[16] 蔡树堂．企业战略管理[M]．北京：石油工业出版社，2001.

[17] 张一弛．人力资源管理教程[M]．北京：北京大学出版社，1999.

[18] 郑晓明．现代人力资源管理导论[M]．北京：机械工业出版社，2002.

[19] 郭克沙．人力资源[M]．北京：商务印书馆，2003.

[20] 董速建，董群惠．现代企业管理[M]．北京：经济管理出版社，2002.

[21] 迈克尔·波特．竞争优势[M]．陈小悦，译．北京：华夏出版社，1997.

[22] 彼得·S. 潘德，罗伯特·P. 纽曼，罗兰·R. 卡瓦纳．6σ管理法——追求卓越的阶梯[M]．刘合光，译．北京：机械工业出版社，2001.

[23] P. F. 德鲁克．有效管理者[M]．杨万春，冷守一，译．北京：中国财政经济出版社，1988.

[24] 哈罗德·孔茨，海因茨·韦里克．管理学：第九版[M]．郝国华，等，译．北京：经济科学出版社，1993.

[25] 安妮·玛丽·弗朗西斯科，巴里·艾伦·戈尔德．国际组织行为学[M]．顾宝炎，译．北京：中国人民大学出版社，2003.

[26] 斯蒂芬·P. 罗宾斯．组织行为学：第七版[M]．孙建敏，李原，等，译．北京：中国人民大学出版社，2002.

[27] 弗雷德·R. 戴维．战略管理：第八版[M]．李克宁，译．北京：经济科学出版社，2001.

[28] 单凤儒．管理学基础[M]．7版．北京：高等教育出版社，2021.

[29] 王龙，李爱卿．管理学基础[M]．2版．北京：机械工业出版社，2019.

[30] 丁传奉，陈时禄．管理学基础与实践[M]．3版．北京：北京理工大学出版社，2019.